U1015254

戴逸文集

清后期史

中国人民大学出版社
·北京·

目　　录

太平天国拜上帝会不是邪教*

拜上帝会是太平天国运动的一面旗帜、一件战斗武器，并不是邪教。要判断它是不是邪教，不能只看它的外部特征，还要看它当时所起到的历史作用。当时社会上阶级关系十分紧张，下层人民不能照旧生活下去，迫切需要一种思想武器和组织工具来动员与凝聚分散的人民群众，参加斗争，促进农民起义的顺利发展，拜上帝会就是起了这样的历史作用。拜上帝会动员、宣传、组织和指挥了太平天国起义。乍一看来，似乎远离世俗的宗教制造了一场农民战争，因此有的先生说“政治邪教引起了太平天国战争”。事实远非这样简单，应该是世俗的利益冲突，是官府、地主的剥削、压迫和农民的反抗，赋予了宗教生命，使这种宗教变成呼唤农民起义造反的工具。不是宗教制造了农民战争，而是农民战争得用宗教加速促成起义。因此，判断宗教的性质必须根据当时农民战争的性质。只要承认太平天国是一场正义的、反压迫的农民战争，就不能把拜上帝会视为邪教。

中国历史上农民反对地主的斗争，往往利用宗教。从陈胜、吴广的“篝火狐鸣”到黄巾起义的“苍天已死，黄天当立”，从元末农民起义的“石人一只眼，挑动黄河天下反”到清代白莲教的“真空家乡，无生老母”，宗教在农民起义中发挥了巨大的作用。

为什么历代农民战争大多利用宗教？因为农民处在封建社会的最底层，担负着供养全社会的重担，但其政治和经济地位低下，没有文化知识。当社会矛盾十分尖锐，革命的形势已经成熟，平时存

---

* 本文为2006年7月21日笔者在国家清史编纂委员会学术讨论会小组会议上的发言。

在于民间的一些政治色彩并不浓厚的宗教，会随着革命形势而蜕变，变成一种反抗现政权的组织。洪秀全初创拜上帝会只是从基督教中吸取了平等的教义，劝人信拜上帝，行善戒恶，待人平等。由于当地阶级斗争的推动，拜上帝会迅速地“革命化”，成为反封建的锐利武器。当革命高潮即将到来的时候，为进一步动员农民参加斗争，必须用农民所能理解的语言和逻辑，来阐明这场斗争的必要性和合理性，阐明这场斗争的目的，阐明它必定会走向胜利。可是农民往往缺乏理性思辨的能力，只能用宗教的玄想加以说明；农民一家一户生活散漫，缺乏凝聚力，只能用宗教纪律加以组织约束。斗争已到了山雨欲来风满楼的时刻，但还没有人能科学地说明这场斗争的合理性，也没有人能有效地把农民组织起来，因此宗教就填补了空白。在当时的历史条件下，除了宗教以外，农民们没有更好的思想武器和组织手段。宗教告诉农民：赐给他们阳光雨露的天父天兄怜悯众生的苦难，要拯救众生，而为非作恶的阎罗妖暴虐残酷，涂炭生灵。双方壁垒对立分明，一方是天父天兄庇护的百姓，另一方是阎罗妖支持的官府和地主，两个营垒的界限划分得一清二楚，是非爱憎格外鲜明。这种在宗教外衣包裹下的反对封建的战斗精神，一旦被农民接受，农民就将自觉自愿、勇气百倍、信心十足地投入战斗。这样，农民战争中的宗教将发挥震撼封建统治的巨大力量。就像恩格斯所说：“对于完全受宗教影响的群众的感情说来，要掀起巨大的风暴，就必须让群众的切身利益披上宗教的外衣出现。”①

封建时期的农民宗教表面上看似乎是幼稚的、荒诞不经的，但要揭开它的外衣，观察它的实质。洪秀全在宗教作品中说，“天下多男人，尽是兄弟之辈；天下多女子，尽是姊妹之群”，“天下一家，共享太平”，这反映了农民的理想。《天朝田亩制度》中说，“有田同耕，有饭同食，有衣同穿，有钱同使，无处不均匀，无人不饱暖”。这真实地显示出被压迫者平均主义的愿望。当然，农民不是先进阶级，不可能实现自己的理想和愿望，最后必定以失败告终。但后人

---

① 《马克思恩格斯全集》，中文1版，第21卷，349～350页，北京，人民出版社，1965。

绝不应该指责这些朴素的思想是空洞的梦呓。

农民运动是一场暴风骤雨，它扫荡一切，破坏一切（其实官兵杀人放火，更无恶不作），像一头发怒的大象，它狂奔向前，必定会践踏路边的花花草草，打碎周围的瓶瓶罐罐。农民运动破坏了许多旧事物、旧关系、旧传统，但不能把它视作社会的倒退。旧的不除，新的不生。太平天国以后中国社会出现了许多新事物。30 年后的中国，出现了维新派和革命派，至 20 世纪之初，腐朽没落的清王朝在人民的努力下终于土崩瓦解，在中国土地上矗立起共和体制的中华民国。这就是历史的进步。

慈禧、奕䜣斗法记*

“飞鸟尽，良弓藏；狡兔死，走狗烹”，这是统治阶级鹰犬们悲惨而可耻的末路。恭亲王奕䜣虽然曾经受帝国主义赏识，又把慈禧太后扶上了统治的宝座，但是随后他就被主子一脚踢开，落得和历史上许多统治阶级的鹰犬一样的下场。

19 世纪 60 年代之初，奕䜣集团执掌政权，气焰熏天，颇有点“天下莫予毒”的派头，权力、地位、各方面的阿谀吹捧，弄得奕䜣有点昏昏然、飘飘然，他自以为和慈禧太后处在对等的地位。一个外国人描写当时的局势：“两个当权者，慈禧和恭亲王，在谨慎地互相监视着。”①

事实上，就奕䜣的实力、地位、统治手段来说，他只配充当慈禧的鹰犬，不配成为敌手。赵烈文对奕䜣下过这样的评语：“聪明信有之，亦小智耳……至己为何人，所居何地，应如何立志，似乎全未理会……恐不能无覆餗之虞，非浅智薄慧、涂饰耳目之技所能幸免也。”②

一切专制暴君绝不允许在自己身边有一个隐然钳制自己的力量，赵烈文懂得这一点，所以他讥评奕䜣不理会自己所处的危险地位。残忍的慈禧势必要把奕䜣踩到脚底才会甘心。但是慈禧和奕䜣的政治路线基本一致，慈禧在一段相当长的时间里还物色不到新鹰犬，不得不仍旧依靠奕䜣，这种情况决定了这场斗争的隐蔽性和曲折性，故而斗争只局限在宫廷琐事上。

---

* 原载《光明日报》，1962 年 8 月 27 日。

① 马士：《中华帝国对外关系史》，第 2 卷，张汇文等译，67 页，北京，三联书店，1958。

② 赵烈文：《能静居日记》，同治六年七月初九日。

一般官书对这场宫廷斗争都讳莫如深，但无意中又透露出蛛丝马迹。

《清史稿·奕䜣传》载：同治“四年三月两太后谕责王信任亲戚，内廷召对时有不检，罢议政王及一切职任”。这是慈禧打的第一棒。不过这一棒打得不是时候，奕䜣和外国侵略者的蜜月期还没有过去，侵略者竟跑到总理衙门提出质问。朝廷的戚旧大臣也恐慌起来，因为离开了奕䜣，他们既无法应付外国侵略者，也难于和湘、淮系汉族地主势力保持均衡。他们纷纷向慈禧进谏，慈禧为形势所迫，只好趁势转圜，让奕䜣复职。

1869 年奕䜣对慈禧进行了一次小小的报复，这就是著名的安德海事件。太监安德海奉慈禧的命令赴广东采办龙衣，沿途招摇。安德海是慈禧的亲信，据薛福成说，“往岁恭亲王去议政权，颇为所中”[①]，奕䜣自然对安德海痛恨入骨。按照清朝的祖制，太监不得擅离北京，所以安德海到达山东，就被山东巡抚丁宝桢扣押起来。奕䜣纠合一批亲贵大臣，极力主张把安德海就地正法，慈禧在奕䜣等的压力下，竟无可奈何，只得依议执行。奕䜣借丁宝桢的刀，翦除了慈禧的羽翼，而且使慈禧大大地丧失了面子。但是，杀了一个安德海，动摇不了慈禧太后的地位，反而激起了她强烈的复仇怒火。

1874 年，在重建圆明园问题上，斗争再一次爆发。自从圆明园被英法侵略联军烧毁之后，慈禧太后少了一个游耍行乐的场所，一直悒悒于心，希望再建这个名园，重圆她奢侈的旧日梦。当时清王朝刚刚从革命大风暴中挣扎过来，财政上千疮百孔，要兴建如此豪华的建筑，谈何容易。这不仅要搜刮亿万人民的脂膏，而且威胁到各级大小官吏的钱袋，所以是个很不得人心的措施。但是，慈禧一意孤行，借同治帝亲政的机会，用皇帝名义下令重建圆明园，说是以示皇帝对皇太后的“孝养”。命令发布后，御史沈淮、游百川首先反对，接着奕䜣又出头拦阻，气得慈禧索性撕破面皮，大闹一场，奕䜣以“语言失仪”的罪名被革去世袭亲王，降为郡王。盘踞在军

---

① 薛福成：《庸盦笔记·书安德海伏法事》。

机处和总理衙门的奕䜣集团，在大学士文祥的率领下（文祥是奕䜣的主要帮手）向慈禧“涕泣力谏”①，被慈禧臭骂一顿。文祥等称病辞职，以示抵制。两魔斗法，将达半年，弄成相持不下的僵局。一时朝廷内外，人心惶惶，连远在甘肃军中的左宗棠也自称“半载以来，忧惧靡已”②。

这时天津发生了一场讼案，给奕䜣集团解了围。原来慈禧太后派了一个候补知府李光昭，向法国、美国商人购买洋木，供建筑圆明园之用。李光昭是个财迷心窍的骗子，所购洋木值五万四千元，他却虚报为三十万两（约合四十二万元），法、美两国奸商更是存心欺蒙，运来的是霉烂脆劣的小块木材，根本不能供园工使用。木材运到了天津，李光昭一看木材的质量、尺寸与原议的合同不符，不肯给价收货，外国奸商就控告到北洋大臣的衙门里，反说李光昭不履行合同义务，并且举出合同内有“圆明园李监督代大清皇帝立约”的字样，一口咬定李光昭是太后和皇帝的代表，这样就弄成了外国奸商与太后、皇帝之间打官司。当时北洋大臣李鸿章恐怕影响到淮军的军饷，也不同意修建圆明园，他索性把这场官司和盘托出，公开宣示，请求朝廷指示处理的办法，弄得慈禧太后大出其丑、尴尬万分，只好拿李光昭开刀，说他“诈称内使近臣”，定了斩监候的死罪，主持圆明园工程的内务府大臣也被革职，圆明园工程只好取消。这场官司使统治阶级的内部斗争告一段落，不久，奕䜣、文祥等均复职。

经过这次斗争，奕䜣集团开始认识到慈禧的心狠手辣，只得低声下气，事事逢迎慈禧。这时李鸿章北洋集团已崛起，逐渐取代奕䜣的职权；慈禧又勾结上醇亲王奕譞（光绪的父亲）和庆亲王奕劻，以牵制奕䜣；奕䜣集团的骨干文祥等又相继病死。于是，奕䜣集团的势力日益衰落。奕䜣虽然仍保持着军机处和总理衙门的职权，但已沦为政治舞台上一个无关紧要的配角。

慈禧太后仍不放弃利用每一个机会来打击奕䜣。1878 年华北大

---

① 赵尔巽等：《清史稿》卷三百六十八，《文祥传》。

② 《左文襄公书牍》卷十四，《答李筱轩》。

旱，慈禧硬要奕䜣对这场天灾负责，把奕䜣“交宗人府严加议处”，集团中的宝鋆、沈桂芬、景廉等也受了处分。1884 年中法战争，清军在北宁战败，失败的责任主要应该由慈禧和李鸿章负责，舆论对清政府大加抨击。这时，奕䜣又被捉来当了替罪羊，奕䜣集团全班人马被清洗出军机处和总理衙门，奕譞和奕劻掌握了这两个机构，成为慈禧太后的新鹰犬。

在这场统治者内部斗争中，慈禧太后充分显示了她蛮横、毒辣的专制淫威。但是这种专制淫威的形成要有一定的条件，就是必须得到帝国主义的认可和支持。慈禧太后之所以能把一切官僚当作鹰犬使唤，正因为她自己首先是帝国主义的最大鹰犬。奕䜣固然和帝国主义最早拉上关系，但是他的实力有限，办事动辄受牵制，不能为帝国主义更好地服务，因此不久就失去了帝国主义的宠爱。帝国主义发现慈禧和李鸿章是比奕䜣更理想的代理人，于是把赌注从奕䜣的桌面上拿走，转押到慈禧和李鸿章的桌面上，这是奕䜣集团失败的主要原因。担任了多年驻华公使的美国侵略分子田贝以赞赏的口吻说：摄政的太后，在她的族人中，一向是第一个最能了解中国与其他国家的关系问题的人物。又说：19 世纪 60 年代以后美国在华势力的扩张，都是由于慈禧太后的意愿及行使其统治权力的结果。当中法战争中奕䜣的职位被奕譞取代，老牌的英国侵略分子赫德还为此欢呼，他说：“七爷（按：指奕譞，因为他是道光帝的第七子）将控制这政府，所以很可能中国真正地能够进步。”① 在侵略者的嘴里，凡是符合帝国主义利益的就是“进步”。所以，奕䜣的失势对慈禧太后来说是踢开了一只不甚驯服的鹰犬，而代之以更加驯服的鹰犬；对帝国主义来说，也不过是抛弃了一个不是很得力的奴才，而代之以更加得力的奴才。

---

① 中国近代经济史资料丛刊编辑委员会编：《中国海关与中法战争》，149 页，北京，中华书局，1983。

关于同文馆的争论*

1867年，奕䜣集团和以大学士倭仁为首的顽固派，为京师同文馆的招生条件而发生了公开的争论。

京师同文馆创设于1862年，目的是培养通晓外国语言文字的翻译人才，是洋务派早期的一项重要措施。最初，同文馆设立英文、法文、俄文三馆，聘请外国教习，招收十三四岁的八旗子弟，学习三国语言文字，这是中国近代化学校的先声，但它只相当于小学程度。不久上海和广州也分别设立同文馆。

随后，洋务派在各地设立工厂，制造洋枪洋炮，开始感到培养科学技术人才的重要性。1866年12月，奕䜣等奏请在京师同文馆内添设天文算学馆，并提高入学条件，招收三十岁以下的秀才、举人、进士、翰林及科举出身的五品以下官吏入学，厚给薪水，住馆学习。顽固派从极端保守立场出发，厌恶一切新事物。他们认为，从前的同文馆只相当于小学程度，不值得公开反对，现在居然要招收科举出身的人做学生，事情越来越不像话。这对热心保卫圣道的冬烘先生们是一个很大的刺激，他们不能再沉默下去了。第一个出来放炮的是监察御史张盛藻，他认为自强之道在于“养气”，天文算学、轮船枪炮都是不重要的，而且这些都是“精巧工匠”或“军营武弁”的事情，科举出身的人只应“读孔孟之书，学尧舜之道，何必令其习为机巧，专明制造轮船、洋枪之理”①。接着顽固派的主帅——大学士倭仁亲自出马，他说，立国之道，在于礼义人心，不在一技一艺之长，现在为学技艺，竟让外国人来当老师，“上亏国体，下失人

---

* 原载《光明日报》，1962年8月23日。

① 宝鋆编修：《筹办夷务始末》（同治朝）卷四十七。

心”，把读书人都引诱到歧路上去了，即使要学习天文算学，尽可以请中国人任教，何必“奉夷为师”①？

顽固派既然摆开了攻击的阵势，奕䜣集团也不甘示弱，奕䜣等反驳说：自强之道，必以轮船、火器为先，学习天文算学是制造轮船、火器的根本，忠信礼义等空话是不能拿到战场上打仗的。我们日夜忙碌、苦心筹划，倭仁一伙人却不负责任地唱高调，从中捣乱，使办事的人心灰意冷，妨碍自强大计。倭仁反对我们的办法，想必他有更好的“自强”妙策，那就请他来办，我们当追随其后；倭仁反对请外国人当老师，那就请他另设一个天文算学馆，找中国老师试一试。② 奕䜣这番话自然是将顽固派的军，倭仁哪里有什么“妙策”？又去哪里找中国老师？

接着顽固派于凌辰、钟佩贤、杨廷熙等出来声援倭仁，特别是杨廷熙举出五月初十日刮了两个钟头大风，说是天象示警，应赶快撤销同文馆。又指斥奕䜣集团“强词夺理，师敌忘仇，拒谏饰非”，破口大骂一顿。奕䜣就咬定杨廷熙的上书是倭仁指使的，骂倭仁“殊失大臣之体，其心固不可问”。双方就这样脸红脖子粗地争论了将近半年。

在这场争论中，奕䜣集团得到了表面的胜利。奕䜣和倭仁一起上朝时，连驳斥带讽刺，倭仁无话可说，竟至涕泪滂沱。奕䜣又命倭仁参加总理各国事务衙门的工作，要他开开眼界，换换脑筋，这个任命是故意拿顽固老头子开开心，倭仁认为这是奇耻大辱，坚决不接受，甚至气得从马上跌下来，得了痰厥症。翁同龢去看他的时候，“颜色憔悴，饮食甚少，相与唏嘘”③。

奕䜣集团尽管可以折磨这个顽固老头子，但却不可能战胜和倭仁站在一条战线上的整个顽固势力。当时，官场和知识界议论纷纷，绝大多数人同情倭仁。据《翁同龢日记》记载：

同文馆之设，谣言甚多，有对联云：“鬼计本多端，使小朝

---

①② 宝鋆编修：《筹办夷务始末》（同治朝）卷四十八。
③ 《翁文恭公日记》，同治六年四月十八日。

廷设同文之馆；军机无远略，诱佳子弟拜异类为师。”

京师口语籍籍，或粘纸于前门，以俚语笑骂，“胡闹胡闹，教人都从了天主教”，或作对语“未同而言”“斯文将丧”，又曰“孔门弟子”“鬼谷先生”。

知名学者李慈铭在他的日记中写了一段议论，深为倭仁不平。他说：

以中华之儒臣而为丑夷之学子，稍有人心，宜不肯就，而又群焉趋之。盖学术不明，礼义尽丧，士习卑污，遂至于此。驯将夷夏不别，人道沦胥，家国之忧，非可言究。朝廷老成凋谢，仅存倭公，然谋钝势孤，无能匡正，而尚见嫉于执政，龃龉于宫廷，以宰相帝师之尊，兼番署奔走之役。徒以小有谏争，稍持国体，遂困之以必不能为之事，辱之以必不可居之名。

在李慈铭看来，设立同文馆是一场灾难，向外国学习的人都失去了人格，叫倭仁担任总理衙门工作是一种侮辱。李慈铭的看法可以代表当时知识界的一般心理。

经过顽固派的一场搅扰，同文馆竟招不到学生，奕䜣说：“自倭仁倡议以来，京师各省士大夫，聚党私议，约法阻拦，甚且以无稽谣言，煽惑人心，臣衙门遂无复有投考者。”[①] 当时著名的数学家李善兰、邹伯奇本来已接受同文馆的聘请，要来北京任教，这场争吵发生后，吓得躲在家里装病，不敢来北京。可见顽固派的抵制产生了很大的作用。

就事论事，学习西方科学技术是有利于中国进步的好事。顽固派的反对论调既荒谬又可笑，他们像是躲在封闭器内的一堆蛆虫，不愿意有一点新鲜空气透进来。但是顽固派模糊地感觉到西方科学技术未必能够挽救封建统治，这一点却是很对的。洋务派开工厂、办学校，目的是巩固封建统治，但结果却在洋务派的意料之外。开工厂、办学校造就了中国的无产阶级、资产阶级和新型知识分子，正是这些人充当了封建制度的掘墓人。同文馆的争论反映着没落封

---

① 宝鋆编修：《筹办夷务始末》（同治朝）卷四十八。

建阶级无可奈何的哀鸣，顽固派企图阻止历史车轮滚滚向前，洋务派则企图把历史车轮引入歪曲的轨道，但是他们都是心劳日拙的。历史不顾反动派的阻挠而轰然奔向前方，顽固派和洋务派都不能为日暮途穷的封建制度找到出路，他们反而被前进的历史车轮碾成齑粉。

洋务历史试论*

从1864年太平天国革命失败，到1894年中日甲午战争爆发，这是中国近代史上以“洋务”为中心的历史时期，一般称之为“洋务运动”时期，时间共30年，占整个旧民主主义革命史的1/3以上。这30年间，人民革命运动虽然相对低落，但中国社会经济和阶级结构却发生了极其深刻的变化。

两次鸦片战争是封建主义的中国和资本主义的西方在军事力量上的较量，结果是中国失败了。中国社会开始了半殖民地化。但是经济和文化思想领域的激烈斗争与深刻变化，到19世纪60年代以后才真正开始。当时，外国侵略者在军事上、政治上、经济上、思想上向中国人民展开了全面的、猛烈的进攻，清政府在外国侵略势力和中国人民的两军对战中力图调整步伐，加固营垒，以应付来自双方的压力。它的主要办法就是把资本主义国家在武器制造、生产技术和自然科学方面的成果当作自己的强壮剂，在维护封建主义统治的目的下，仿效西方，实行枝枝节节的改革，这就是洋务运动的由来。

清政府的洋务运动有两个方面：一个是以“求强”为目的的军事方面，一个是以“求富”为目的的经济方面。但是在30年间，随着形势的推移，洋务运动的重点也在不断地调整，因而形成了洋务历史的三个阶段。

一

洋务历史的第一个阶段，是从1864年到1871年。这时，清政

* 原载《人民日报》，1962年9月13日。

府正在疯狂地镇压捻军和回民起义，急需用新式武器装备反动军队。同时，它对资本主义文明的理解也只有“船坚炮利”这一点。因此，洋务的重点集中在军事工业方面，沪（江南制造局）、宁（金陵机器局）、闽（福州船政局）、津（天津机器局）四大兵工厂相继创立。这些企业从设计施工、机器装备、生产技术一直到原料燃料的供应，完全都要依靠外国。

这一阶段创办的许多官办军事工业是不是资本主义的企业？目前学术界有不同的意见。我认为，它是封建主义和资本主义的复杂混合体。首先应该看到官办军事工业是非商品生产的企业，它生产出来的军舰、枪炮、弹药由封建政府直接调拨给军队使用，不计算产品的价格，不参加市场的交换，生产经费则由国库按定额拨付。企业本身没有盈亏可言，没有从利润转化来的资本内部积累，没有依靠自身运转而进行的扩大再生产。企业的繁荣或停滞取决于政府的财政盈绌和拨款多少，不取决于市场需求和企业本身的生产与管理。这种关系是一切官办企业（包括军事的或非军事的）缺乏生命力的根源，也是它非资本主义一面的突出表现。但是，同时应该看到，这些工厂在大机器生产下集中了大量的工人，工人以出卖自己的劳动力为生，是中国早期的工业无产阶级。工厂的产品不以商品的形式出卖，但工人的劳动力却以商品的形式被购买，这是近代官办军事工业的独特性之所在。实际上，它是封建主义和资本主义的一种复杂混合物，是封建官营企业向资本主义企业转化的中间形式。在这里，企业并没有一下子摆脱封建官营企业的固有性格，某些旧质态（非商品生产）仍然保存下来，但企业不是旧日官营企业的简单再版，某些新质态（大机器生产下的雇佣劳动）已经开始萌生。

军事工业在资本主义国家是整个经济政治体系中的一个环节，把这个环节孤零零地摘取下来，移植到中国，必然要发生畸形现象和产生一连串的困难。经费来源枯竭、原料燃料供应不上、技术落后、人才缺乏、管理制度混乱等，堵塞了军事工业进一步发展的通道。清政府不久就发现：军事工业很是缺乏经济效益和军事价值，产品成本高昂，一艘自造军舰所花的经费，可以用来向外国购买两艘或三艘同样类型的军舰，而且自造的舰只、枪炮质量低劣，除了屠杀手无寸铁的老百姓之外，难以用来应付外来侵略。19 世纪 70 年代之初，清政府内部发生了关于造船和海防的两次争论，检讨军事工业腐败、停滞的原因，并确定海防的方针。当然，封建阶级并未从失败中吸取教训，而只是稍稍改变了步伐。洋务重点从自己制造武器转变为向外国购买武器，同时又注意到经费筹集和人才培养等方面。这样，洋务历史就进入了第二个阶段。

二

洋务历史的第二个阶段，是从 1872 年到 1885 年。当时外国侵略势力加紧了对中国的进攻。日本入侵我国台湾，英国在烟台谈判中的讹诈，中俄伊犁交涉的波折，一直到震动远东的中法战争，边疆危机，纷至沓来。清政府为应付来自外部的危机，购买更多军舰和枪炮，部署沿海的防务，从 1874 年到 1885 年先后向英、德、美、法购买大小舰艇 39 艘，建立了以定远、镇远两艘铁甲舰为主干的北洋舰队，1885 年新设了海军衙门。

新式的防务体系需要大量经费、技术、军事人才以及新式的后勤支援。因此，清政府开始经营和提倡采矿、运输、电信、教育等事业。1872 年轮船招商局成立，1875 年派遣赴英法留学生，1876 年创办台湾基隆煤矿，1878 年创办直隶开平煤矿，1880 年架设津沪电报线路、开设天津水师学堂，1881 年创办热河平泉铜矿，1883 年创办山东平度、招远金矿，等等。当然，这些事业在技术、装备、原料等方面仍不能不依靠帝国主义。

在这一阶段，军事仍然是洋务运动的中心，但是洋务运动的范围已大大拓展，前一阶段清一色官办军事工业的局面已经突破，开始生产民用品（如采矿）和提供民用服务（如运输、电信）。并且，为了解决经费和管理上的困难，在非军事部门内吸收了私人投资或鼓励私人经营。以上列举的矿场企业中除基隆煤矿外，都有大量私股。所谓官督商办的形式，盛极一时。在一些远离军事的部门，民间还出现了纯粹商办的小型加工企业（如广东的缫丝业）。这时候，清政府已经不可能阻止新式企业的出现，而且它为了自己的军事、财政利益，不得不借重私人的财力支援。一部分地主、官僚、商人在清政府的荫庇下，开始步上资本主义的轨道，向资产阶级转化。

在中国的早期工矿企业中，官督商办是一种普遍的形式，官和商的这种特殊结合表明了中国工业发生发展道路上的严重困难。在那时，一系列障碍摆在每一个创业者面前：帝国主义的竞争，厘金剥削，封建势力的阻挠，官吏豪绅的勒索。仅仅依靠单个企业自身的力量，不可能抗衡这些强大的阻力，处在襁褓时代的新式企业必须从企业的外部找到奥援和靠山。在封建专制主义长期统治下的中国社会，政权具有至高无上的权威，工业襁褓儿除了匍匐在封建专制政权脚下，乞求它的荫庇之外，没有更好的出路，这就是官督商办盛极一时的原因。有一种例外情形，某些企业没有从政权这边找荫庇，而是到侵略者那边找依靠。这些企业挂上外国字号，聘请外国经理，向外国政府注册。虽然所依靠的主体不一样，但同样说明企业离开外部荫庇就难以生存下去。在当时，资本主义企业还缺乏独立活动的充足条件。

近代工业所碰到的阻力是从帝国主义和封建主义方面来的。为了克服或缓和这种阻力，它又必须依靠帝国主义和封建主义。“解铃还须系铃人”，这是一个历史的矛盾，而“官督商办”就是这种历史矛盾的产物。从商的方面来说，它只有躲进封建政权的荫庇所，才能绕过很多自己无力克服的障碍，如请求获取减税免税的优待，请求政府贷款，获得专利权和特别保护，等等，依靠这些支持，企业活动才有较多的保障。从官的方面来说，急剧变化着的形势迫使自己不得不在一定程度上利用私人的工业投资，不得不在压抑工商业的传统政策上打开一个缺口，通过这个缺口吸引资本主义的涓滴之水，来润泽即将枯萎的旧秩序。

官和商的合作虽然暂时缓和了外部压力，但是企业内部引进了封建势力，同样又产生了许多困难。政府的贷款利率极高，是一种饮鸩止渴的高利贷；企业得到减税、免税、专利等特权，要以承担苛重的封建性义务作为代价；一批寄生虫官僚，硬被安插在企业的各级机构里，贪污舞弊，无所不为。官督商办把官和商两种不同的力量糅合在一个企业里，两者的矛盾不可避免地愈演愈烈。事实证明，官督商办的形式并没有给中国工业铺筑一条康庄大道，恰恰相反，它愈来愈成为工业进一步发展的严重障碍。

三

洋务历史的第三个阶段，是从 1886 年到 1894 年。这时，边疆危机略有缓和之势，而贸易危机又接踵而至。在 1885 年到 1894 年的 10 年间，对外贸易总额达白银 22 亿两，入超达 2.6 亿两，而清政府每年财政收入不过 7 000 万两左右。洋纱洋布像决堤的狂潮一样，冲刷着自给自足的中国经济结构。大批农民和手工业者被抛入贫困破产的深渊，经济领域的残酷斗争在激烈地进行着。一部分知识分子中响起了“商战”的呼声，清政府也企图从对外贸易的巨大逆差中捞回一点利益。于是，洋务的重点又从军事方面转移到了经济方面。

在这个阶段，由于海军经费已移拨给颐和园修建工程，海军的发展基本停顿，军事项目退居次要地位，纺织、铁路、炼钢成了最重要的项目。李鸿章大力建设津榆铁路（天津到山海关），以及漠河金矿、上海织布局、华盛纱厂等等，张之洞在武汉忙碌地搞一个“自相挹注”的工业体系，其中包括汉阳铁厂、大冶铁矿、马鞍山煤矿、汉阳枪炮厂，以及纱、布、丝、麻 4 个轻工业工厂。有些一向反对任何新事物的顽固派也在逐步改变态度，认识到采矿、设厂能带给自己利益，更多的官僚、地主、买办以投资者的身份被卷入洋务潮流。工业投资总额正在增加，官办、官督商办虽仍是洋务运动的主要形式，但在洋务运动之外，纯粹商办的企业已逐步增长。特别是 19 世纪 90 年代初，主要由私人投资和经营的纺织业、缫丝业、火柴业有蒸蒸日上之势，可惜不久就爆发了中日甲午战争。战后的《马关条约》规定了外国在华的设厂权，这对中国工业是一个严重的打击。幼弱的民族工业刚刚显露发展的迹象，就立即遭到帝国主义的当头一棒。

30 年的洋务历史在经济上究竟造成了怎样的局面？到 1894 年中日甲午战争爆发时为止，各类近代化企业（不包括军事工业和运输、电信事业）的资本约 2 000 万两。约略而言，这个数目等于 1894 年一年中贸易赤字的 2/3（该年入超 2 900 万两），等于大半个颐和园的修建维护费用，等于清政府每年财政收入的 1/4，等于甲午战争赔款的 1/10。这个微小的数目就是 20 多年来经历了千辛万苦的中国工业资本的全部积累，可见洋务历史上工业发展的速度十分缓慢。

中国的工业为什么只积累起这样微薄的资本？中国社会当时虽然穷困，但并不是绝对地缺乏资金。问题在于集资千万的官僚、地主、富商缺乏投资工业的迫切愿望。在半殖民地半封建社会里，地主对农民的剥削仍是主要的经济基础，这种经济基础被全部政治上层建筑支持着，购买土地是传统的、可靠的资金出路。此外，高利贷剥削和商业投机也是发财致富的捷径。而工业投资由于缺少政治和社会的保障，反而是一种极冒风险的事业。在这样的条件下，富翁宁肯把资金用来购买土地，发放高利贷，投机倒把、囤积居奇，而不愿意投放到自己不熟悉的、很有亏折可能的工业中去。人们的愿望总是受一定的社会条件制约，当社会资金向工业流转的渠道还被整个旧制度堵塞着，那就不会有热情迸发的创业欲和投资欲。因此，归根到底，不动摇、不推翻旧制度，中国的工业就不可能正常地、顺利地发展起来。

上述洋务历史的三个阶段反映了中国资本主义产生的一个特殊环境和一条特殊道路。可以看出，中国资本主义的产生和帝国主义、封建政权有密切的关系。大机器首先是在帝国主义支持的官办军事工业中采用，在军事工业的带动和影响下，依次扩及其他部门。其他经济部门开始时大多作为政府军事项目的附庸和补充，并且在官督商办的形式下才获得了比较方便的活动条件，只是后来才稍稍摆脱政权的控制而出现更多的商办企业。至于工业投资人，主要是封建的官僚、地主或洋场买办。中国资产阶级中虽然也有从工场手工业主或包买商直接转化来的，但这种情况毕竟是少数。对这些和帝国主义、封建政权联系很少的旧式工商业者来说，近代企业的入口处显然有一重难以逾越的门槛，这是和西方资本主义发展的一般道路不同的。帝国主义和封建主义是近代企业发展的阻碍，但同时又是近代企业不得不依赖的靠山。这种矛盾的关系表现了中国资本主义的特点，中国资产阶级在经济上的软弱性和在政治上的两面性也可以从中得到清楚的说明。

四

竭力地鼓吹和推进洋务运动的是以李鸿章、张之洞为首的一批官僚、地主、买办，这些人被称为洋务派。历史学界对洋务派有不同的评价。从根本上说，洋务派是一个反动政治派别，它在太平天国革命中屠杀人民，在历次对外交涉和对外战争中妥协投降，带来了民族的屈辱和灾难。在以后的资产阶级改良主义和革命运动中，它又站在反对立场上进行破坏和镇压。这个集团在近代历史上造成了无穷的罪恶。

但是，洋务派又是带有资本主义倾向的一个官僚集团。它的某些主张和某些措施，如开工厂、采煤铁、行轮船、筑铁路、设学校、译书籍等客观上有利于社会的发展。在洋务派的主持和倡导下，中国第一批资本主义近代企业开始出现，这是和帝国主义、封建主义相对立的新事物。随之也产生资产阶级和无产阶级，新的社会力量在和周围旧势力的斗争中逐步成长壮大，毁灭旧制度的条件也在日积月累中形成。洋务派本来期望自己的措施可以加强封建统治，结果和它的期望恰恰相反。它不自觉地把机棙拨了一下，当机棙一旦转动，就逐渐向着毁灭旧制度的爆炸点走去，再也没有任何力量能够迫使它停止下来。中国近代历史就是这样走过来的。

有的同志拿洋务派的动机是维护封建统治和个人升官发财为理由，否认它有资本主义倾向以及它在客观上所起的历史作用，这是不全面的。洋务派是一个由官僚、地主和买办商人构成的复杂混合体，它的封建性、买办性非常鲜明，它办工业的动机不可能纯正。但是，还应该看到中国第一批资本主义工业是由洋务派创办的这个众所周知的事实。历史上很多进步措施，往往不是出于什么高尚意志和善良愿望，而是和微小卑劣的动机结合在一起。在这里，重要的不是人们采取措施的主观动机怎样，而是这些措施本身是不是符合客观历史发展的要求。至于考察洋务派的动机，那就应该进一步探究隐藏在主观动机背后的客观历史潮流。洋务派为什么不完全仿效其前辈，在传统政策的范围内寻求巩固封建统治的途径？为什么要把升官发财寄托在近代工矿企业方面？正因为中国社会发展的进程已经使资本主义近代企业的出现必不可免，洋务派只是在一定程度上迎合了历史潮流，才会产生不同于以往的新动机、新愿望，在这种动机促使下采取的各种措施就成了向资本主义转化的杠杆。一部分官僚、地主、商人，借这根杠杆的助力，开始转入资本主义的轨道。

当然，洋务派主要是以官僚身份而不是以资本家身份投身于创业活动的。它是一个略带资本主义倾向的集团，而不是一个资产阶级集团。真正的资产阶级的形成，有待于这个集团的进一步分化。由此，洋务派必然会把官场习气、封建作风带到企业中，使企业中发生惊人的贪污、浪费和种种腐败现象。洋务派在创办企业的同时又给企业造成了限制和束缚。应该谴责的不是洋务派曾经创办了近代企业，而是其创办企业的封建方式和封建作风，这正是洋务派的官僚立场和封建性格的反映，也是中国近代社会历史特点的反映。近代历史的发展已经使创办机器工业成为一个需要付诸行动的课题，但社会上缺乏像在西方世界中那样一个足够强大的、能抗住一定压力的阶级来肩负这个任务，于是掌握政治权力而又崇拜西方文明的洋务派就不自觉地进来填空补缺，上演一出自己都不懂得的、不熟悉的戏剧。中国资本主义企业在洋务派手里开始，这就显示了历史条件的特殊性和前途的困难。洋务派给企业带来的不良影响是不可能在短时期内轻易地清除干净的。中国资本主义只能背着旧社会所加予的沉重包袱，在曲折的道路上蹒跚行进。

洋务运动经历了30年之久，最后中日甲午战争结束了这段漫长的历史。日本侵略者的炮火摧毁了洋务派的新式海陆军，《马关条约》又把刚抬头的民族工商业紧紧地束缚起来。洋务派的活动从以上两种意义上来说都是失败的，地主阶级并没有达到强化封建统治的目的，资本主义也没有找到顺利发展的途径。洋务运动的失败是一件好事情。人们接受了这样的教训：仅仅是军事和经济范围内的枝节改革，不可能使中国独立富强，根本问题是政治问题，任何有成效的改革都必须从政治制度领域开始，而这种有成效的改革不能指望地主阶级当权派来推行。封建阶级的洋务幻想破灭了，它再也编制不出一套可以骗人的“富强”神话。封建阶级在社会上造就了资产阶级和无产阶级这两个反对力量，而在思想上失去了统治人民的阵地，这样就促使戊戌变法和辛亥革命运动迅速到来。

第一个洋务派集团的兴衰*

19世纪下半期，一部分官僚主张学习外国的枪炮、机器和科学技术，拿来作为维护封建统治的手段，这些官僚被称为“洋务派”，洋务派的第一个重要代表是恭亲王奕䜣。

奕䜣是道光皇帝第六子，他在政治上发迹，完全是由于在第二次鸦片战争中和外国侵略者达成了紧密的勾结。当时清王朝的统治处在风雨飘摇中，南方有汹涌澎湃的太平天国革命，北方英法侵略联军又气势汹汹地闯进了北京城，咸丰皇帝逃难到热河行宫，把他的弟弟——奕䜣留在北京，以便向侵略军投降。在清王朝危急的关头，奕䜣连续立了三件“功劳”。

第一件“功劳”是和英法侵略军议和，签订了《北京条约》。奕䜣以御弟身份，主持这次卖国谈判。外国侵略者把清王朝狠打了一棒，使它不敢再违背自己的意志，又立即换了一副笑脸，竭力拉拢和支持清王朝，以便共同对付太平天国革命。从此奕䜣和外国侵略者经常厮混在一起，关系十分亲密。

第二件“功劳”是和慈禧太后一起，发动政变，杀了端华、肃顺等人，夺取了政权。原来咸丰皇帝于1861年8月病死于热河，幼皇帝载淳（即同治帝）即位，政权落到了一直受咸丰皇帝信任的端华、肃顺等人之手。同治帝的生母慈禧太后是一个很有野心的人，企图独揽政权，和端华、肃顺等人展开了争夺权力的斗争。在这场斗争中，奕䜣是慈禧太后的主要帮手，他给慈禧太后和外国侵略者建立了联系，在北京布置了一个有利于慈禧太后的形势。然后，太后带着幼皇帝突然从热河回到北京，捕杀了端华、肃顺等人。慈禧

---

* 原载《光明日报》，1962年8月22日。

太后在晚清独揽大权四十多年，奕䜣是给她立了很大功劳的。

第三件“功劳”是“借夷助剿”，就是借用外国军队镇压太平天国革命。实际办理这件事的人是在长江流域和太平军作战的薛焕、曾国藩、李鸿章、左宗棠等人，奕䜣是处在决策者和赞助者的地位。《北京条约》签订后不久，奕䜣在一个奏折里把太平天国和捻军比作“心腹之患”，把外国的入侵比作“肘腋肢体之患”，所以他的政治路线是，“灭发、捻为先，治俄次之，治英又次之”，重点放在对内镇压人民革命，对外则是“外敦信睦，而隐示羁縻”。奕䜣还把当时的斗争形势比作三国鼎立的局面，把清王朝比作刘蜀，太平天国比作曹魏，外国侵略者比作孙吴，竭力主张“联吴伐魏”，这个不伦不类的比拟，充分表现了奕䜣集团的媚外性格。清王朝当时执行着奕䜣的这条路线，和外国侵略者勾结起来，共同镇压太平天国革命。

奕䜣由于立了这三件“扶倾定危”的反革命功劳而烜赫一时，他以议政王的名义，破例任军机处领班大臣（按清朝成例亲王不得任军机大臣），并兼管总理各国事务衙门（第二次鸦片战争后新设立的对外交涉机构），内政、外交大权总揽于一身。但是，随后我们可以发现一个奇怪现象，奕䜣集团按照资格、地位和反革命功劳，应该权倾一时，但实际上这个集团的权力却有限，19 世纪 60 年代还有点表面威风，到了 70 年代就渐渐不济事了，李鸿章的北洋集团逐渐崛起，取代了奕䜣集团的地位，到中法战争期间，奕䜣集团全班人马被赶出军机处和总理衙门。奕䜣集团竟是如此短命，究竟是什么道理？

原来太平天国革命给予清王朝极大的打击，清王朝为了镇压革命不得不提高反革命各派系的权力和地位，这个王朝内部充满着派系矛盾，满族亲贵和汉族官僚之间、中央和地方之间、顽固派和洋务派之间，展开了激烈的斗争。奕䜣集团并没有从咸丰皇帝那里继承到一份巩固的统一权力的遗产，它必须在和各派系的斗争中使自己巩固。而且，奕䜣也不算清王朝权力的继承人，实际上继承人是垂帘听政的慈安和慈禧两太后，以及太后怀抱中的同治皇帝。奕䜣既不能撇开两个太后而“挟天子以令诸侯”，又不可能越过湘、淮系头子，直接指挥军队，因此他在派系斗争中进退失据，无所依傍。阴险毒辣的慈禧初时需要奕䜣集团的支持，离开奕䜣集团，她就成了一只没脚蟹，但等到地位渐趋稳固，她就不能容忍奕䜣集团分享权力。“利尽则交亡”，这是统治阶级相互关系的一条铁律。慈禧太后的手段很厉害，她善于在复杂的派系关系中保持平衡，又能够觑准奕䜣集团的弱点而屡加打击。关于慈禧太后和奕䜣之间的斗争，情况复杂，在这里不及详叙。总之，奕䜣集团像孙悟空那样，虽然神通广大，但仍然跳不出如来佛的手掌心，最终被压倒在五指山下。奕䜣集团对外国侵略势力来说，是打入清政权内部的便桥，对慈禧太后来说，是爬上统治宝座的阶梯，它在近代历史上的作用就是如此。

曾国藩在私底下跟亲密幕僚赵烈文议论奕䜣集团，说奕䜣“晃荡不能立足”①，这句话颇说中奕䜣集团的弱点。奕䜣集团在湘、淮系头子面前以清王朝统一权力的捍卫者身份出现，主张削弱地方实力，因此引起湘、淮势力的不满，李鸿章说其“庸鄙无远识”②，“但以内轻外重为患，日鳃鳃然欲收将帅疆吏之权”③；在满蒙亲贵面前，奕䜣又以洋务派姿态出现，惹起那班冥顽不灵的亲贵大臣的老大不快，他的弟弟醇亲王奕譞和大学士倭仁等对他均抱反感；奕䜣在慈禧太后面前以权力的分享者面目出现，限制太后宠信太监和重建圆明园，更引起慈禧太后的愤懑。至于在人民的眼里，奕䜣更是一个典型的卖国贼，人民送给他“鬼子六”的诨号（因他是道光第六子），甚至在中小官吏、地主中间，奕䜣也是名誉扫地。1862年法国教士文乃耳拿着钤盖恭亲王印章的文凭在贵州省开州知州的公堂上无理取闹，知州戴鹿芝对他说：“恭亲王乃久蓄异志、私通外洋之人，其人何足道哉。”④ 可见奕䜣的媚外路线在稍具民族意识的中下级官吏中也遭到唾弃。就像曾国藩所说，奕䜣集团是处在“晃荡

① 赵烈文：《能静居日记》，同治八年五月二十八日。

② 李鸿章：《致潘鼎新书札》。

③ 李鸿章：《复郭嵩焘书札》。

④ 宝鋆编修：《筹办夷务始末》（同治朝）卷六。

不能立足”的孤立地位。

奕䜣集团的孤立，反映了帝国主义对清朝政权的控制才刚刚开始，它虽然幸运地物色到了像奕䜣这样的高等奴才，但是还来不及广泛地培植爪牙。帝国主义本来对奕䜣的期望很大，1860 年英国公使普鲁斯兴奋地说：“假使要从他们身上搞点什么，那是再方便也没有了。”① 但是，后来侵略者发现奕䜣集团在各派牵制下竟不能有所作为。1866 年英使馆参赞米特福写道：“铁路、电报、违背条约等等，这一切老话已经谈过一百次了。恭亲王很烦躁不安，他像一只野兔子似的踌躇、绕圈子、回避。”② 奕䜣没有权力完成外国主子交给他的任务，就逐渐失去主子的欢心。因此，外国侵略者宁肯转而支持李鸿章的北洋集团。北洋集团有军权、财权，有全班淮系喽啰供驱遣，是比奕䜣集团更合适的工具。于是，失去外国支持的奕䜣集团，被慈禧太后轻而易举地打入冷宫，得到外国支持的李鸿章集团起来填补了奕䜣集团的空缺。

---

① 《普鲁斯致罗塞尔的信》。

② 《米特福信件》。

抗法保台　功不可没*
——纪念刘铭传

1996 年是刘铭传诞辰一百六十周年，也是他逝世的一百周年，安徽省召开学术研讨会纪念他，因为刘铭传在中国近代史上是一位杰出的人物，是一位爱国将领、有远见的政治家，他对国家和民族做出了重大贡献。

刘铭传生于道光十六年（1836），逝于光绪二十一年十一月。他的主要历史活动可以分成两段：前一段是在同治年间的八年，后一段是在 1884 年中法战争及其以后，大约也是八年。第一个八年，他跟随李鸿章到上海参加淮军，组织铭字营，和太平军作战，以后又和捻军作战，可以说是八年的戎马生涯。铭军是清政府军队中首先使用洋枪洋炮、聘请外国教练进行训练的军队，在当时是一支战斗力很强的部队。刘铭传在这一时期是镇压太平天国和捻军的急先锋。在这以后，他回到安徽，赋闲在家长达 16 年之久。在中法战争中，清政府起用宿将，把他请出来，他在 48 岁时以巡抚衔督办台湾防务，跟法国侵略军作战，以后又任福建巡抚，并首任台湾巡抚。1891 年，他辞官回乡，最后在安徽逝世。

我们肯定刘铭传的功绩，是因为他在后八年做了有功于国家的事情，主要就是反抗法国的侵略和建设中国台湾。任何人对国家、对民族做了好事，人民都是不会忘记他的。刘铭传的历史功绩首先和当时的历史背景、历史条件有关。刘铭传年轻时，适逢中国大地上农民革命大潮汹涌澎湃，地主阶级和农民阶级正在进行生死搏斗，当时，刘铭传站在地主阶级一边，镇压农民军，以“军功”封一等

---

* 原载《安徽史学》，1996 年第 2 期。

男爵。但 16 年以后，刘铭传第二次出山的时候，中国的形势有了很大的变化，帝国主义侵略步步深入，发生了一系列严重的边疆危机：在中国的南边，云南发生了英国人马嘉理被杀的案件，当时英国侵占缅甸，法国侵占越南；西边发生了俄国占据伊犁的事件；同时，日本派出了 3 000 名远征军，借口琉球人被害事件入侵台湾。1884 年，爆发了中法战争。刘铭传在国家危急时刻挺身而出。他复出的时候，中法已经交战，当时有三个战场：一个战场在越南北部，是陆战；一个战场在福建马尾，是海战；再一个战场就是台湾，主要在台湾北部基隆、淡水、台北一线。刘铭传就是在这种背景下出山督办台湾防务的。

从刘铭传后八年的事业来看，他主要做了三件事情：第一件是抗法，反抗法军对台湾的侵略；第二件是建省，即台湾建省；第三件是进行台湾的建设，包括经济、文化建设。这三件事应该说都是具有爱国精神的。

第一件事，在抵抗法国军队、法国侵略军方面，刘铭传是坚决的主战派，反对妥协。但他不是空谈，不是坐在那里发表议论，而是亲自到第一线指挥作战。1884 年 6 月底，他在北京奉旨督办台湾防务，这时中国的形势很危急，法国的军舰麇集在中国的海面上，东南海疆战云密布，台湾是海中孤岛，岌岌可危。刘铭传可以说是受命于危难之际。他的任务是非常艰巨的，也是非常危险的。其实，当时他完全可以推辞不到台湾，因为李鸿章再三要求他留在天津帮办军务，但在这个关键时刻，他义无反顾，而且是受命即行。在领到圣旨向皇太后、皇帝请训后立刻就走。他是 6 月 20 日请训，请训之后到天津，与李鸿章商量，商量以后就启程去台湾，7 月 16 日到达基隆。不到一个月的时间就到达台北，速度不可谓不快，而且他是排除法方追踪秘密渡台的，因为当时海上法国军舰很多。

刘铭传到达台湾以后半个月，部署稍定，便于 8 月初投入战斗。有人说刘铭传受李鸿章影响，消极应战，我看他的时间表，不像是消极应战，在抗法保台上态度非常积极。可以比较一下，鸦片战争中，有一位统帅叫奕经，是道光皇帝的侄儿，被任命为浙江方面统帅，抵抗英国侵略军。他从北京到杭州走了 4 个多月，比较起来，刘铭传的行程是非常紧促的。说刘铭传受李鸿章影响而态度消极，对他可是一个极大的误会，因为如果真是那样，那么，第一，他不会接受任命，因为这是一件危险且吃力不讨好的任务；第二，他可以走得慢一点，稍微慢几天，刘铭传就进不了台湾，因为 8 月初法军就炮轰基隆，封锁海面了。可以说刘铭传是披星戴月赶到台湾去接受指挥的任务，而且立即投入战斗。

那么，他在台湾的战绩如何？我觉得应该说是很出色的，指挥也很出色。因为台湾孤悬海中，被法国舰队封锁，得不到大陆的接济，刘铭传只能孤军奋战。当时法国军队在台湾的力量很大，所以刘铭传在沪尾作战、在淡水作战，为保卫台北，打了很多漂亮仗。8 个月的作战，尤其是沪尾一仗，据说歼毙法军 300 多人，这在当时是个相当大的数目。法国军队在这 8 个月里始终未能攻进台北。当时法国准备占据台湾，以此作为迫使清政府赔款、割地的筹码，但是没有得逞。刘铭传在敌强我弱的情况下和法国军队作战，因此，他唯一能采取的正确战略就是防守。这是一种积极防御战略，因为法国有军舰的强大炮火，所以他只能在近海一带，而不能在海边作战。在海边作战非常不利，后来他还退守内地山区，诱敌深入，采取伏击战，避开法军强大的火力。同时他还组织团练，组织起一支庞大的民众队伍配合军队作战。正因为他实行了这种正确的战略，才能够支撑 8 个月之久。在整个中国近代战争史上，能够面对强敌在一个地方支撑 8 个月，这种情况很少。

当时法军寸步难进，虽占领了基隆，但再也不能向前推进，它想占领台北，但占领不了。有人责备刘铭传没有经过战斗就放弃了基隆，说他怯战，这是不对的。当时法国军队分成两路，一路进攻基隆，一路进攻淡水、沪尾。基隆已遭到炮击、破坏，不利于防守，刘铭传主动撤出，确实没有经过大的战斗，是主动撤退，目的是集中兵力防守淡水、保卫台北。我们看近代海防战争，一个重要的策略就是，在敌强我弱的条件下，应该采用战略撤退，而不计较一城一地的得失，哪怕这个城市再重要也不能计较。我看后来在甲午战争中一个很严重的失策就是，清政府害怕日本军队攻入北京，它背着北京的包袱，就不能坚持下去。刘铭传当时的撤退不是不战而逃，而是集中兵力打击敌人，是为了更有效地打击敌人。在敌强我弱的情况下，分散兵力，两个拳头打人，既要防守基隆，又要防守淡水，恐怕是不行的，所以他的撤退，我认为是必要的撤退。这是关于他抵抗法国侵略的问题。

第二件事，是关于台湾建省。清政府在台湾建省，主要是基于抵抗外国侵略的考虑，因为从鸦片战争以后，台湾一直是在风口浪尖上，一直是外国侵略的目标。鸦片战争的时候，英国军队就在台湾登陆，当时姚莹与达洪阿进行了顽强抵抗；以后是美国的海军将领贝尔率领军舰来到台湾；再以后是 1874 年日本派了 3 000 名远征军入侵台湾，王家俭先生（台湾师大历史系教授）说，当时是铭军将领唐定奎率部驰援台湾，他也是安徽合肥人，后来通过和谈解决了，清政府赔款白银 50 万两，日本撤退；到了中法战争，又是法国军队入侵。所以，鸦片战争以后，台湾一直处在外国侵略者的炮口下，为了加强海防，所以清政府要在台湾设立行省。中国有几个行省都是在近代设立的，一个是新疆，是为了抵抗俄国的侵略；再一个就是台湾，为了抵抗列强海上的侵略；后来为了抵抗日、俄的侵略，又在东北设立东三省。

当时主张台湾设省的有沈葆桢、丁日昌、左宗棠、杨昌濬、刘铭传等。他们的主张当然不完全相同，有的主张设省，有的主张把福建巡抚移驻台湾，但他们的基本精神是一致的，就是提请清政府重视台湾的战略地位。1885 年，清政府采纳了这个意见，决定在台湾设省，刘铭传担任第一任台湾巡抚。有人说，刘铭传对台湾建省不积极，因为拖了两年之久，才在台北建立起巡抚衙门。当然这是学术意见，可以讨论。我觉得刘铭传对台湾建省还是比较积极的，但他确实有不同意见，他曾向清政府提出暂缓设省的意见，清政府没有采纳。他之所以提出这个意见，是有一个长远的考虑。他认为建省应该有充分的准备，应该有步骤、有计划地进行。他说，要建省，首先要解决几个问题：一个是办防，就是防务、防御；一个是练兵，就是训练军队；一个是理财，就是清理财政；一个是“抚番”，就是招抚少数民族，即当地的原住民。他又认为，福建与台湾声气相连，互为一体，不要一下子切断联系；如果一下子切断了军事、财政的联系，台湾就不可能存在。正是由于这个原因，他建议暂缓设省，先做准备工作，这个意见被清政府否决了，但清政府对他的建议里的许多主张是采纳的。比如刘铭传讲到台湾单独建成不了一个省，与福建关系太密切，后来清政府决定由福建每年协饷四十四万两，这是一个相当大的数目，台湾全年协饷才八十万两，福建就承担了四十四万两，另外，福建海关还有一部分资助经费不算在内。他是靠福建的财政支持，才能建立起一个省来，没有这笔财政支持是很难的，因为当时台湾的财政收入很少，所以要协饷。如果刘铭传对建省不积极，清政府就不会任命他为第一任台湾巡抚；即使清政府任命他，他也不会接受这个任务。刘铭传这个人对名看得比较淡，而且从他担任台湾巡抚以后的紧张工作来看，他对台湾的建省热情很高，工作认真，贡献巨大。这是我对台湾建省中刘铭传作用的一点浅见。

第三件事，关于台湾的建设。刘铭传担任巡抚以后，在六年多的时间里做了大量的工作，看了他的奏折，觉得这个人真是精力充沛，是实干家，使得台湾从一个新建的、后进的、不能自给的省，一跃而成为一个全国先进的、能够自给的、近代化水平居于前列的省。六年多的时间里，他的工作非常多，非常繁忙，可以说是百废俱举，也可以说是与时间赛跑。读他的奏折，会感受到他那种想把台湾迅速建设起来的非常迫切的心情，这完全是出于他的一片挚诚。他感到台湾是东南七省的门户，孤悬海外，列强随时都会插足，如果不赶快建设，就不能永保海疆。在他的奏折中，这种对国家负责的精神、爱国的精神溢于言表。

从台湾近代化建设的实际情况来看，也是如此。他任内台湾建筑了第一条铁路，其开创之功不可没。基隆到台北一段，1891 年竣工，后来向南续修，虽然花的钱比较多，但是这条铁路是自己建筑、自己管理的，不像后来的铁路，除京张路以外基本上全由外国人建筑。他创办了中国第一个邮政局，中国最早的邮政局是由他在台湾创办的，在1888年就开设了，而全国的邮政总局在戊戌变法前夕才开设，晚了八年。他第一个引进华侨资本，派人到新加坡去招商，利用华侨资本。他任内架设第一个铁路大桥——淡水大桥，这在当时应该是很伟大的一件事，而且是由中国的工程师自行设计的。他经营了基隆煤矿，中国近代煤矿最大的是唐山的开平煤矿，是李鸿章办的。当然，基隆煤矿在刘铭传到台湾以前已经开设了，但后来是由他经营并发展起来的。他还搞了全国比较早的市政建设——台北市政建设。台北本来比较荒凉，他修建了几条大街、房屋，比较早地使用了自来水、煤气灯。并且比较早地在台湾制造银洋，设立新式学校，使用电报，铺设海底电缆；改编、训练军队，开设兵工厂，建筑防御工事；还有整顿吏治，兴修农田水利，清丈土地。他的清丈土地工作在台湾很有影响，有人说他为台湾农业的现代化奠定了基础。此外还发展对外贸易，出口樟脑、蔗糖，招抚少数民族等。有人说他的精力过人，一看他的工作就吓一跳，六年多的时间内干了那么多事情，当然头绪繁多、工作紧张。

在刘铭传任内，全省的财政收入有很大的增长，据说从每年的九十万两增加到了三百万两，所以五年以后，福建的协饷就取消了，台湾再不是一个财政补贴省份。当然以后台湾的经费还是很紧张，因为上的项目很多。从总体上看，他的这些建设远远超过大陆其他省份，当时没有哪一个省能在六年多的时间里干那么多的事情。清代末年，全国许多督抚仍然趋于保守、思想顽固，不懂经济建设。但刘铭传确实有远大的抱负、远大的理想，他曾经立志要用十年的时间使台湾富强，成为东南的门户，成为各省的模范，成为抵抗外来侵略的前哨堡垒。在他的奏折中表达了这样的意思。虽然他在离任前没有完全实现，他也没有当上十年巡抚，只当了六年，但这个成绩相当突出。所以，《台湾通史》的作者连横称赞他："台湾三百年间，吏才不少，而能立长治之策者，厥维两人：曰陈参军永华，曰刘巡抚铭传。"连横认为这两个人对台湾的贡献最大，都是有远见的政治家。

当然，刘铭传的这些近代化建设也遭到了批评，有人说刘铭传想做的事情太多，摊子铺得太大，影响了效果。刘铭传建设台湾的摊子是否铺得太大，这个问题我没有研究，不敢发表意见，可以进一步讨论。至少，他是为了增强当时台湾的军事、经济实力。这种只争朝夕、勇于任事、知难而进的精神是十分可贵的，比起当时大多数的封建官僚庸庸碌碌、无所事事，是不可同日而语的。试想在一百多年前搞建设，没有经验，没有人才，没有资金，整个官僚机构已经腐败，效率很低，刘铭传处在那样的大环境中，当然要受到各方面的制约，在建设中当然会有种种失误，这并不奇怪。他没有经验，第一次搞，在他之前李鸿章也搞过一些，但没有刘铭传上的项目那么多，而且刘铭传与大陆洋务派有一点不同的地方就是，他非常重视商民的力量，强调商办，他想把基隆煤矿归商办，铁路也归商办。他上奏主张把经营非常困难的基隆煤矿改归商办，官方不过问，就因为这一点而受到清政府的责备，清政府坚决不同意商办，而且给刘铭传以处分，交部议处。刘铭传也正因为这一点而称病辞去台湾巡抚一职。自己的主张得不到实行，宁肯不干。这一点比他同时代的许多洋务官僚唯唯诺诺、缺乏主见、没有责任心要高出一筹。

总之，刘铭传在台七年，在抵抗法国侵略、台湾建省和建省后进行经济、文化建设方面，做出了卓越贡献，他是中国近代史上杰出的爱国主义人物，是台湾近代化建设的先驱。当然，刘铭传处在那个时代、那种地位，也像所有的历史人物一样，有他的缺点，有他的局限。评价历史人物要从大处着眼，从大的历史潮流中进行评价。刘铭传在中国近代史上的确是一位值得大书特书的人物。他身上闪耀着爱国主义的光辉，他在抗击法国侵略、推动台湾近代化建设等方面做出了不可磨灭的贡献，值得我们永久纪念。

从大清史角度看待刘铭传保台建台的意义*

2005 年 10 月 12 日，是台湾建省 120 周年，也是刘铭传首任台湾巡抚 120 周年。为什么这样一位历史人物会引起两岸学者日益浓厚的研究兴趣和关注，一而再，再而三地举行各种形式的学术活动来纪念他？这是因为从刘铭传所处的时代环境和担负的历史使命来看，他是“有大勋劳于国家者”（连横《台湾通史》“刘铭传列传”中的评语），在抵御外敌入侵、捍卫国家领土主权这一涉及国家民族根本利益的问题上毫不含糊，闻警即起，奉诏出山，临危受命，孤身渡台，在十分险恶的局势下，领导台湾军民进行了英勇卓绝的抗法保台战争。战后，台湾建省，他作为首任巡抚，又以极大的热情为台湾省的近代化建设殚精竭虑，呕心沥血，使台湾在省区规划、城市建设、交通、邮政、矿务、开发山区、整顿吏治、开辟财源、推行新式教育等各方面都取得了突飞猛进的成效，被一些史著誉为“台湾近代化事业的奠基人”，甚至“台湾近代化之父”。这些称谓，表达了海峡两岸人民对这样一位历史人物浓厚的怀念之情。我在 10 年前的研讨会上说过：“刘铭传在中国近代史上是一位杰出的人物，是一位爱国将领、有远见的政治家，他对国家和民族做出了重大贡献。”现在看来，对刘铭传的这样一种定位和评价是基本准确的。

一、从大清史角度看待刘铭传的保台建台

在党中央、国务院的重视和支持下，我们正在开展重新纂修大

---

* 原载《学术界》，2006 年第 1 期。

型《清史》的工程。由于清朝是我国历史上的最后一个封建王朝，它的后期已经进入近代社会，对于当代社会有着直接的影响，我们在当代所面临的许多重大问题，如经济建设、政治改革、文化发展、中外交往、人口、宗教、民族、边疆、生态、城市化、地区发展不均衡等问题，都要追溯到清代才能了解其缘由。所以，《清史》的修纂，不仅是我们在21世纪的一个标志性文化工程，而且对于我国现阶段的社会主义现代化建设，有着极为重要的借鉴和参照价值。现在，大型《清史》工程的通纪、典志、传记、史表、图录，以及基础文献、译著等各个部类的子项目已经逐步分解、分配下去，正在有条不紊地进行。

那么，如何从宏观的角度认识和把握清代历史？美国有一位华裔史学家黄仁宇写过一部《中国大历史》，他讲的是中国上下五千年的宏观历史，影响比较大。我们要修纂的这部大型《清史》，资料浩瀚，事理纷繁，也应该有一个宏观的思路。我2004年8月在上海举行的“世界中国学论坛”上曾经提出，要从三个视角认识清代历史的发展：第一个视角是从传统走向现代社会这样一个过程来看待，第二个视角可以从国内民族、地区和国家统一的高度来把握，第三个视角是从世界一体化进程这样一个角度来观察。

从第一个视角看，中国在经历了漫长的封建社会后，到清朝的康雍乾时期，它的综合国力可以说达到了一个鼎盛时期，出现了封建社会的最后一个盛世——康乾盛世。一个显著的例子就是乾隆时期中国有3亿人口，而当时全世界一共才有9亿人口，要养活这3亿人口，就需要生产大量的粮食。中国以农立国，在当时分散的小农耕作方式下，要做到丰衣足食很不容易，乾隆朝基本上做到了。乾隆本人是一个十分勤勉的皇帝，宵衣旰食，昼夜辛劳，他一生写了41 800余首诗，相当大的一部分是有关气象、灾害和农业收成的。在当时，西方产业革命以前，欧洲国家也是靠手工劳作，也没有工厂制度和机器生产。中国和西方相比，生产差距不是很大，而且中国是大国，英、法都是小国。从中国国内生产总值来讲，应该说它的整个GDP接近于全欧洲的GDP。也许正因如此，当英国派马戛尔尼来华时，乾隆才会说出“天朝物产丰盈，无所不有，原不借外夷货物以通有无”的话，并坚持实行闭关锁国政策。

尽管如此，中国也受到许多问题的困扰。一个就是人口多，人均生产少。当时中国人均耕地是 3.5 亩，而英国当时人均耕地折合成中国的亩则是 10 亩，是中国的近 3 倍。农村的富裕能够为工业化提供充分的资金、原料和广阔的市场。再就是中国封建统治者在统治上坚持封建专制主义，而且闭关锁国，失去了向世界先进国家学习的机会。

因而自 18 世纪西方英、法诸国实行产业革命以后，中国经济就落后了，而且差距一步一步拉大，可以说是一落千丈。落后就要挨打，先后有过两次鸦片战争，中国可以说是被洋枪大炮轰出中世纪的。这时候中国的先进人士为了救国救民，想了各种办法进行富国强兵，于是有了洋务运动、戊戌变法、辛亥革命、五四运动，向西方学习，把西方国家的许多新事物一件一件搬到中国。但是，中国长期的优势文化对外来事物有一种强烈的抗拒力量，形成一股极为强大的保守势力，所以在长时间内形成了“新学”和“旧学”、“中学”和“西学”之争，近代化进程十分缓慢。

从第二个视角看，中国多民族国家的形成和国家的统一这个基础是在清代奠定的。中国是个版图广阔、民族众多的国家，中原地区以汉族居多，人口多，有悠久的文明。周边地区有游牧民族、山地民族，从匈奴、鲜卑、突厥、契丹，到女真、蒙古，它们在历史上都曾经是组织良好、武力强大、具有勇武精神的民族。中国历史就是在多民族、各地区间的交往、斗争、融合、统一中前进的。到了清代，统一、融合的力量大大增强，尽管各民族、各地区之间也有很长时间的战争，但是到了乾隆以后，中国基本上形成了民族大家庭，民族的凝聚力大大增强，地区间的联系也大大加强。满族作为一个统治民族，它懂得要和汉族和睦相处，所以它努力学习汉文化。另外，满族作为一个少数民族，它又理解少数民族的要求，理解少数民族的心理，知道怎么尊重它们的风俗习惯，所以在统一中国以后，它是按照各个地区、各民族的特点，分别设立行政机构，这在中国历史上是没有的。清朝在东北和伊犁地区设立将军制度，在蒙古设立盟旗制度，在西藏设立噶厦制度，在维吾尔族地区沿袭以前的伯克制度，在西南少数民族地区改土归流，实行和内地一样的行政制度，所以它是因地制宜、一国多制，这是它非常成功的一方面。可以说中国历史到了清代，游牧民族和农耕民族之间长期的战争状态大大缓和，中国的民族团结和睦关系达到了史无前例的程度。所以清朝200多年留下了一个非常重要的遗产，就是民族团结和我们版图的统一。因此近代以后，帝国主义入侵中国，尤其是从19世纪七八十年代起，我们国家面临着严重的边疆危机，新疆、台湾就在这时先后建省，这是当时的清政府回应列强瓜分觊觎的重大举措。中国并没有分崩离析，多民族的和睦相处、国家领土的不可侵犯，是我们民族凝聚力的一个重要标志。

第三个视角是从世界一体化的角度，看待清代中国是如何融入这个一体化进程的。古代世界的几大文明板块之间是相互隔离、不相往来的。从哥伦布发现新大陆以后，各大洲之间的距离相对缩短了，全球逐步走向一体化。这个一体化的进程，在鸦片战争前的几个世纪里可以说是腥风血雨，充满了殖民侵略、战争、掠夺。殖民地国家为发达国家提供了大量资金、原料和廉价的劳动力，为西方国家的发展做出了很大的贡献和牺牲。随着清朝国力的衰落（衰落的重要原因之一就是闭关锁国），中国到鸦片战争时，国门也被迫打开，国人所要面对的是伴随着军舰、大炮滚滚而来的商品、资本输入，以及以对生产原料、廉价劳动力的掠夺等为特征的资本主义市场经济和生产方式，面对的是一个数千年来未有的“大变局”。我们这个民族要在这样一种世界一体化的进程中生存和发展下去，就必须奋起直追，向西方学习，也就是向侵略自己、掠夺自己的敌国学习，学习它们先进的文明。我们的近代化就是在这样一个特殊的历史背景下开始的，这里面有许多深刻、惨痛的教训。今天，我们提出缔造和平的世界环境，以保障中国和人类的安全。只有在和平的环境中，中国才能崛起，而中国的崛起也会增加保障世界和平的力度。我想这是我们在21世纪的一个重大课题，我们必须善于和世界各国相处，中国绝对不会重蹈清朝的覆辙，再回到那个闭关锁国的时代。

以上述三个视角作为切入点，我们再来考察刘铭传在台湾的活动，是不是可以在更为广阔的视野里得出更加深远的一些看法？结论是肯定的。

其一，中法战争爆发，法国方面意图以它的远东特遣舰队迅速占领台湾，夺取一两个港口“踞地为质”，作为向清政府讨价还价的筹码，台湾作为“东南锁匙、七省门户”的战略地位得到凸显。对法方的企图，清方的高级统帅如李鸿章、曾国荃等也都十分清楚，问题是，谁是最合适的台湾方面的军事统帅？一个重要的事实是：自19世纪70年代起，尤其是海防大讨论来，李鸿章系统的淮军已经逐渐在东南沿海一带层层布防，成为国防军的主力。当时，直隶有周盛波、周盛传的盛军，山东有吴长庆的庆军（一度驰援朝鲜），浙江有刘秉璋的良军，广东有张树声的树军，广西有潘鼎新的鼎军，长江口的吴淞口和江阴炮台，也都有淮军的开花炮队驻守。至于台湾，早在1874年日本军队入侵时，就有刘铭传旧部将领唐定奎率领6 500名铭军将士前往驰防，有力地支持了钦差大臣沈葆桢的谈判。因而就全局的战略态势来讲，由刘铭传出任台湾防区的最高军事长官是最好的选择，以他的资历勋望，足可以与负责沿海各省防务的淮系大员相互援应，联络一气；同时，以他的军事才华和胆略，亦足以在台湾率领孤军奋战，独当一面。所以，当清政府下诏起复他时，他毫不犹豫地辞安就危，也就是谢绝了李鸿章要留帮办军务的好意，而是刻不容缓地奔赴台湾。这里面可能有他个人获取封疆大吏的功利目的，但从总体上看，他的这一举动是符合清政府保卫台湾、捍卫国家领土完整的战略意图的。后来，他在台湾采取“拖”的方式，坚持持久战，想方设法拖住法国远东舰队司令孤拔部队的主力，使其不能北上；并且在岛内努力争取做到军民合作、湘淮合作，是很有大局意识的。

其二，台湾建省后，百废待举。刘铭传“思以一岛基国富强”，而且要为全国“树之范”，也就是要把台湾建设成为近代化的样板省，作为全国的典范。因为在大陆各省，保守势力过于强大、盘根错节，牵一发而动全局，实行新政改革的阻力重重；而台湾虽然经济基础差一些，但改革的阻力相对也小，容易做出成绩。加上他本人出身下层，没有科举功名，反而较少受封建正统思想的束缚，在行动上有着“敢为天下先”的创新意识，并且一旦确认目标，就毫不犹豫地付诸实施，也不在乎自己头上的顶戴乌纱。这在晚清社会近代化的进程中，在他这一辈的地方大员中，是极为难能可贵的。

其三，他在台湾的防务问题上也是只争朝夕。中法战争后，他把加强台湾防务的重点集中在北部，在台北、基隆、淡水以及澎湖列岛都修建了许多新式炮台，一个重要目的就是防御野心勃勃的日本军国主义侵略势力。他曾经登上基隆炮台，遥望东北的日本方向，激励部下说，我们再不抓紧建设好台防，不出10年，就要成为对方的俘虏。这都说明，他是一个深明国家民族大义的杰出政治家，是胸怀全局、具有远见卓识的战略家。正因为如此，我们海峡两岸的人民才会不断以各种方式缅怀他、纪念他。

二、刘铭传保台建台业绩所彰显的是一段两岸同根的历史

1985年召开第一次刘铭传学术研讨会，当时还只有大陆学者参加，会议讨论本着实事求是、解放思想的精神，把历史上一直将刘氏作为淮军干将，是追随李鸿章镇压太平军、捻军的刽子手的形象推翻了，认为他可以被归入近代爱国者的行列，为保卫和建设台湾出了力。这可以说是一次学术上的拨乱反正。10年以后，随着研究视野进一步拓展和两岸学术交流的蓬勃开展，在1995年举行的第二次刘铭传学术研讨会上，来自海峡两岸的与会学者围绕刘铭传领导的抗法保台战争、刘铭传抚台期间台湾的近代化建设、刘铭传与晚清集团人物关系研究、刘铭传的历史定位四个方面展开热烈讨论，充分肯定刘铭传的历史功绩，用大量无可辩驳的史实批驳了“台独”

分子鼓吹的“台湾的近代化始自于‘日据时期’的日本殖民总督后藤新平”的谬论，一致认定：刘铭传是一位杰出的爱国将领、有远见的政治家、台湾近代化建设的奠基人，他维护祖国领土的统一和完整、保卫台湾和建设台湾，对国家和民族做出了重大贡献。这就使得我们对刘铭传的认识达到了一次飞跃和提升。

但是这仍然还不够。我翻阅过前两次会议的论文集，对于刘铭传抗法保台的战略战术、他在建省过程和台湾近代化建设各项事业中所取得的各项成就，都已经有了许多详尽的论述，但是大多侧重于刘铭传个人事业的功绩的评述。现在又是 10 年过去了，在新的时代条件下，我们又能有哪些新的发现和新的结论？首要的前提当然是从材料出发，我们在即将完成的新编《李鸿章全集》里，看到了李鸿章关于刘铭传抗法保台的各类往来电稿 200 多封，内容涉及保台战略战术、后勤补给、通信联络等各个方面，充分反映了李鸿章对于老部下身处孤危绝境的关切之情。在《翁同龢集》里，可以看到身为户部尚书的他，是如何竭力撙节筹措，为台湾办防和建省初期的协饷经费多方设法。我们也知道，在第一次海防大讨论中与李鸿章意见相左的左宗棠，在中法战争后期以钦差大臣回到福建前线督办军务，他临终前的奏折是极力主张清政府“大治水师”，并将台湾改建为行省。他的老部下杨昌濬在闽浙总督任上，不分湘淮畛域，慨然向台湾新省每年提供协饷 44 万两。另外一位清流名臣张之洞，也对台湾的抗法战争进行了实际的支持。这些人都是当时朝中的一等重臣。我们再从李鸿章的奏稿里可以看到李鸿章为龚照瑗、邵友濂这两位在上海为台湾转运军械兵员出了大力的道员的请功折；从怡和洋行的档案里可以看到另一位道员盛宣怀是如何为刘铭传筹款并通报军情的；从淮军文献周盛波、周盛传兄弟的手札里，可以看到他们是如何向刘铭传提供军援、引荐人才的。整个中法战争期间，吴宏洛、聂士成、王诗正等各路湘淮援军及其军械粮饷，在沿海苏、浙、闽、粤渔民冒死突破法军封锁线的护送下，源源不断地抵达台湾。在基隆、沪尾保卫战的战场上，一共有 1 600 多名湘淮军将士血洒疆场，牺牲在保卫祖国的最前线。

这一切都说明，在当时外敌入侵的严峻形势下，无论洋务清流、湘系淮系，也无论上官下吏、平民百姓，他们对于祖国宝岛台湾的兴亡安危所表现出来的极度关切和血浓于水的骨肉同胞之情，是刘铭传能够面对强敌浴血奋战、呕心沥血建设台湾的不竭动力。站在刘铭传身后的，是整个祖国。刘铭传保台建台业绩所彰显的，正是这样一段两岸同根的历史。

三、学习先贤刘铭传，为促进祖国统一大业而努力

这次会上，李家泉先生提供了一篇很有新意的文章，他说，刘铭传是一个真正称得上“爱台湾”的人。他的文章写得好，很有现实意义。每一位研读过刘铭传在台湾那段历史的人，都会深有同感。刘铭传奉诏出山，不顾个人安危冒险渡台，他是为了完成朝廷赋予他的使命。在他的眼里，朝廷即是国家，他是为了国家而战，去了就要准备捐躯，就要有必死的决心。勇者无惧，时刻准备用自己的生命保卫台湾的人，才是真正地爱台湾。

刘铭传在台湾 7 年，为台湾做了那么多有益的事，而他自己临离开台湾时，却孑然一身，除了一副沉重的病躯，什么也没带走。他把自己的养廉银、朝廷因其战功颁赐的赏银和在台湾多年的积蓄都捐了出来，帮助修建了学堂，希望台湾的孩子，我们民族的下一代，能够接受更好的教育，为台湾的长远发展培植人才。这是一种何等高尚的境界！我们常说，刘铭传一生事业最辉煌的时刻在台湾。这不仅仅表现在他的战功、他的政绩上，更在于他真正把自己的生命和全部精神追求与台湾融为了一体。台湾就是他的家园，在他身上爱祖国和爱台湾得到了高度统一。

中日甲午战争的前因与后果*

1894—1895年，中国和日本之间发生了一场决定两国命运和远东政治格局的战争，现离战争结束已100年，回顾和反思这场战争，将能得到有益的启示和教训。

在古代，亚洲东北部的政治格局比较简单，通常包括中国、日本、朝鲜三个国家。中、日、朝三国在近代以前的一段时间内和平相处，并无兵戈。16世纪，西方殖民主义者东来，葡萄牙租借澳门，西班牙、荷兰、英国、法国接踵而至，中国的东南海面从此扰攘不靖。16世纪末，俄国的哥萨克跨越乌拉尔山，穿过广阔的西伯利亚，17世纪前期已到达太平洋西岸。西欧国家从海上，俄国从陆上，把侵略魔爪伸向了东亚，改变了这里简单的政治格局，对这片平静而封闭的土地造成了强烈的震撼。

以1840年中英鸦片战争为契机，外国殖民势力用大炮轰开了中国的门户，中、日、朝三个东亚国家同时被卷进世界资本主义历史旋涡，成为列强追逐的猎物。中国和日本在被外国侵略之下，开始认识西方文明的优越性，力图富国强兵，向西方学习，中国出现了持续30年的洋务运动，日本发生了尊王倒幕的“明治维新”。中国幅员广阔、资源丰富，洋务运动30年内造枪炮、建工厂、开矿山、办电报、筑铁路、设海军。以李鸿章为代表的洋务派醉心于西方物质文明的成就，努力将它移植于中国，企图借资本主义的器物，挽救封建王朝的没落。洋务派的举措一时颇炫人耳目，似乎取得了进步。其实清王朝政治腐败，已病入膏肓，而顽固派的势力十分强大，阻挠一切新事物，洋务派的封建性格也极深，又对外国百般依赖，

---

* 原载《历史教学》，1994年第7期。

虽进行了枝枝节节的改革，但却步履迟滞，如蜗牛爬行。有识之士早已认识到它的弱点：洋务运动好像纸糊的房子，只可供表面观看，却经不起风雨的吹打。中日甲午战争的失败证明了洋务运动不可能使中国振兴富强。

日本和中国一样，同样面对殖民主义的侵略和西方文明的冲击。但它的社会结构、政治体制、意识形态和中国不同。与中国洋务运动同时起步的“明治维新”一开始就显示了蓬勃的朝气。它不但在工厂、航运、矿冶、铁路、电信等方面取得了成绩，而且在政治、教育、法制、军制、思想领域力行改革、除旧布新。1877 年实行义务兵役制和义务教育制；1878 年设立参谋本部，进行军制改革；19 世纪 80 年代颁布新学制；1885 年制定新官制，设立内阁；1889 年颁布宪法；1890 年进行议会选举，组织政党。尽管日本的改革并不彻底，富有封建的、军国主义的色彩，但毕竟已在资本主义的轨道上迈开了步伐，取得了明显的成效。

日本统治者从一开始就强烈意识到要发展本国的资本主义，必须对外扩张，掠夺邻国的土地和资源。它把侵略的矛头对准中国和朝鲜。“明治维新”初期，日本国内即充满着“征朝论”的声浪，以后一直扩充军备，欲向中国挑衅。1874 年，日本即派兵入侵台湾；1883 年与 1885 年又在朝鲜制造政变，扩张实力，挤迫中国，但均因羽翼未丰，就其海陆军实力而言，尚无战胜把握，故暂时隐忍，不敢贸然与中国开战。中日甲午战争前夕，日本投入更大力量，厉兵秣马，追赶中国，必欲与中国一战而胜。到甲午战争时，它的正规陆军扩充至 7 个师团约 12 万人，预备役 25 万人，海军舰只约 5.8 万吨。而清政府盲目自大，以为日本是新起的小国，对它缺少警惕。清朝官僚认为日本在军事上不堪一击，“敢与上国抗衡，实为螳臂当车”。正是在清王朝漫不经心、未加防备的情况下，日本发动突然袭击，燃起熊熊战火。

除了在东亚地区竞争的主角日本和中国之外，英国和俄国也成支配东亚局势的强大力量。英国的资本主义发展最早，海上力量尤其强大，其殖民地遍布全球，在远东的势力和影响首屈一指。1824

年它侵占新加坡，并以印度为基地，并吞缅甸和喜马拉雅山区的尼泊尔，用武力侵占香港岛，强迫中国五口通商，又在长江流域和其他地方取得广泛权益，当时英国势力已进入中国全境。19世纪后期，各国对华贸易中，英国的份额遥遥领先，占中国外贸总额的70%以上，英国人在中国经营的公司占外国人在华公司的2/3。英国还通过清政府控制了中国的海关，操纵中国的海陆军，干涉清朝的内政。当时，美国的亚洲舰队司令里德十分羡慕英国的地位。他说："英国人这样有步骤地在中国进行掠夺，并使中国人服从其指挥，乃至于他们实际上成了这个国家的主人。他们控制着贸易、报纸、商港和政治。"①

俄国也是支配东北亚局势的政治大国，特别是在第二次鸦片战争中，它趁火打劫，撕毁了业已签订170年之久的《尼布楚条约》，挥师突破中国边界，直下黑龙江，强迫清政府签订《瑷珲条约》和《北京条约》，割占了黑龙江以北、乌苏里江以东100多万平方公里的中国领土，进一步要在远东地区争夺霸权。不过，俄国刚刚占领这片广大的土地，经营未久，立脚未稳，而西伯利亚在经济上尚未开发，从俄国的欧洲本土来到远东，路途遥远，交通极为不便。甲午战争以前，它正投入巨大的人力、财力经营远东，加强军事力量，修筑西伯利亚大铁路，为进一步扩张做准备。甲午战争前夕，俄国在远东的势力已咄咄逼人。一位苏联历史学家评述19世纪后期中国的局势时说："从对中国的事务的利害关系和对中国事态发展施加影响的能力来说，俄国当时仅次于英国居第二位。"②

19世纪后期的东北亚，在中、日、英、俄四种力量的矛盾和制衡下，引发种种事态。四种力量构成两对矛盾，即中日矛盾和英俄矛盾。中日矛盾起初较为微小，不引人注目，但随着日本军国主义的迅速发展而日益尖锐。日本处心积虑，必欲侵略中国。它正在积蓄力量，窥测时机，东亚上空的战云日渐浓密。而英国和俄国则系

① 转引自福森科：《瓜分中国的斗争和美国的门户开放政策（1895—1900）》，杨诗浩译，77页，北京，三联书店，1958。

② 波波夫：《太平天国时期的沙俄外交》，载《近代史资料》，1978（1）。

宿敌，两国在世界范围内到处剑拔弩张。50 年代，俄国与英、法、土耳其在克里米亚进行了一场激烈而残酷的战争。80 年代英、俄在阿富汗又屡次冲突。在远东，俄国集结舰只于海参崴，威胁英国在远东的势力，英国则一度占领朝鲜的巨文岛，以遏阻俄国势力的南下。为了对付俄国，英国急需在远东找到伙伴，它终于物色到了新起的日本，而日本也竭力巴结英国，抢在甲午战争之前与英国完成修订条约的谈判。为了取得英国的欢心，日本在谈判中大幅度地妥协让步，接受许多商品的协定关税，推迟废止领事裁判权等，以换取英国默许自己对中国用武。就在中日甲午战争爆发前夕，英国外交大臣在签订《日英通商航海条约》的仪式上说："这个条约的性质，对日本来说，比打败清国大军还有利。"

俄国对日本的扩张虽有顾虑，但当时西伯利亚大铁路尚未筑成，其在远东的军事力量不足。并且，它一开始低估了日本的作战能力和野心，也没有预料到清政府缺乏抵抗意志而迅速溃败，故对战争的爆发听之任之，抱着"坐山观虎斗"的态度。直到中国战败，日本企图割取中国的辽东半岛，严重地触犯俄国的利益，俄国才慌忙纠集法国、德国一起，演出了"三国干涉还辽"的一幕，阻止了日本在中国东北的扩张。

这样，日本巧妙地利用了英俄矛盾，并得到英国的支持，躲开了可能的国际干涉，战争时机成熟，遂于 1894 年以帮助朝鲜政府镇压东学党起义为名，悍然出兵，向中国发动战争。是年 7 月，日本军舰先在朝鲜的丰岛海面不宣而战，突然袭击中国的军舰和运输船只。接着，日本陆军又进攻在朝鲜牙山的清朝军队，挑起衅端。8 月 1 日，中日两国正式宣战。日本组成了以天皇为首的战时大本营，统筹战争时期的军事、外交、政治、经济。海军组成联合舰队，出入于朝鲜和中国海面，准备决战。陆军则倾巢而出，投入战场，力求速战速决。日本还颁布紧急敕令，募集战时公债，制造"圣战"舆论，煽动军国主义狂热，倾注全国的人力物力，务求战争必胜。而清政府却对战争缺乏准备，没有抵抗的决心，没有战前的部署，没有统一、明确的指挥。掌握军政大权的慈禧太后和李鸿章都害怕战争。慈禧太后正高高兴兴地准备庆祝自己的六十寿辰，不愿战争影响了庆典；李鸿章一心一意要保存淮军和北洋舰队的实力，寄希望于列强的“调停”和“干涉”。连总税务司英国人赫德也说：“外交把中国骗苦了，因为信赖调停，未派军队入朝鲜，使日本一起手就占了便宜。”在这种怯战、妥协的思想指导下，清朝陆军在平壤作战失败，溃不成军。北洋舰队也在黄海海战中失利，避匿于威海卫，不敢复出。日本夺得了制海权，遂毫无顾忌地渡过鸭绿江，长驱而入，把战火烧到中国东北境内。就在北京笙歌沸天，向太后欢呼祝寿之时，大连、旅顺相继失陷，前线频传败绩。翌年，日军又在山东登陆，清朝陆军作战仍不力，北洋舰队的据点威海卫沦陷，中国新生的海军面临绝境，在进行了勇敢抵抗之后，全军覆没。中日甲午战争经过8个月战斗，海陆军均告失败，清政府不得不派年迈的李鸿章前往日本求和，签订《马关条约》。条约规定：中国将台湾全岛及所有附属各岛屿、澎湖列岛和辽东半岛割让给日本，中国赔款白银2亿两，日本可在中国通商口岸投资设厂，增辟通商口岸，等等。这次战败，割地之广阔、赔款之巨大、勒索之苛刻，使全世界感到震惊。中国人民又被套上了一具沉重的枷锁。

正像许多历史学家所指出的，中国败于政治上的落后与腐败。洋务运动，枝节改革，本末倒置，与日本的“明治维新”相形见绌。在弱肉强食、竞争激烈的资本主义世界，发展的速度至关重要，步伐迟缓就会失去时机，被挤出竞争的轨道而堕入谷底。甲午战争中，国家虽大而步伐迟缓的中国败于同时起步而锐于进取的东邻日本，日本借战胜之威，尽情勒索，故能脱颖而出，追赶列强而与之并驾齐驱，中国则割地赔款，元气大伤，国际地位一落千丈，丧失了发展机遇，沉沦于苦海之中。

中日甲午战争对中国是巨大的震动，全国一片沸腾。当《马关条约》签订的消息传来，各地人民痛哭流涕，反对割地、赔款。先进分子进行痛苦的反思和长远的筹谋。陈独秀回忆说：“甲午战争的失败，国土的割让，使举国上下如大梦初醒，稍有知识者大多承认了富强之策。”从此，救亡和改革的大潮涌起，成为中国政治的主旋律。此后，戊戌变法、辛亥革命、五四运动、北伐战争、土地革命，中国人民爱国救亡，前仆后继，投入了反帝反封建的艰苦而漫长的战斗。

日本是甲午战争的胜利者。所获赔款之巨、得地之广、掠夺权利之多，是军国主义者自己始料不及的，全国沉浸在胜利的欢乐气氛中，如醉如狂。日本政界财界头子井上伯爵说："得到这笔赔款以前，在日本的财政机关中，上亿日元的款项连提也没人提过，收入至多到过 8 000 万日元。所以，想到有 3.5 亿日元涌进国内（按：中国赔款白银 2 万万两当时折合 3.5 亿日元），无论政府或私人都产生了一种无限富有的感觉。"① 但是，前一场战争的结束往往是后一场战争酝酿的开始。俄国在《马关条约》签订以后，立即联合法国、德国，强迫日本退出了辽东半岛，一面示恩于清政府，一面在东北亚扩大地盘，插手朝鲜事务，租借旅顺，修筑中东铁路。日本与俄国势不两立，新的战争乌云又笼罩在东北亚的上空。

俄、法、德三国干涉还辽给沉浸在战胜狂欢中的日本泼了一瓢凉水。当时，日本在甲午战争以后，力量耗尽，财政匮乏，无法对抗三国的压力，只能忍气吞声，放弃侵占辽东半岛。日本朝野以此为奇耻大辱，要求卧薪尝胆，誓报此仇。甲午战后，它立即以俄国为假想敌，进行战争准备。1895 年，日本参谋本部提出陆军扩充计划，为了战胜俄国，拟在现有 7 个师团的基础上，再增加 7 个师团，常备军达 25 万人，战时动员后备军，总共可达兵力 60 万人。海军方面，提出"六六舰队"的设想，建造和购置大型军舰。伊藤博文内阁所提 10 年扩军计划的军费达 6 亿日元。除了有来自中国的赔款以外，日本还尽力在国内搜刮，横征暴敛，以筹措扩军经费。就像日本报纸上所说："即使把三餐节省为两餐，也要扩充海军。"② 他们在战争的精神准备方面尤其突出。俄国陆军大臣在总结日俄战争中日本战胜的原因时说："我们没有注意，多少年来日本人民的教育就贯彻着一种尚武精神和爱国的方针。我们没有看到，这个国家的教育方法，在小学校就教育孩子们热爱自己的国家，并成为英雄人

① 转引自波波夫：《日本的经济》，33 页。
② （日本）《报知新闻》，1895-05-17。

物。这个国家对军队的信任与尊敬，个人乐于服兵役和为此而感到自豪，各阶层保持的铁的纪律，以及武士道精神的影响……所有的名门望族都试图为国效力，或送子弟从军，或捐献钱财……不仅士兵而且全体国民都感到这场战争的极端重要性，了解进行战争的理由，不惜一切牺牲争取胜利。使日本获得胜利的力量就在于此”①。总之，甲午战后，日本的战争狂热一发而不可止，日本政府把国家引向军国主义而一路狂奔。

俄国在联合法、德干涉还辽成功之后，野心更加膨胀。它促成了俄、法对中国的四厘借款，建立道胜银行；又诱胁清政府签订《中俄密约》，侵占旅顺，夺取修筑中东铁路的特权，把中国的东北视为自己的禁脔。军事力量也迅速增强，俄国远东军区的陆军从1894年的20个步兵营、若干炮兵连，增加到1903年的108个步兵营。其远东舰队从4万吨增至10万吨。旅顺口和海参崴军港防卫力量得到增强。日俄战争前夕，西伯利亚大铁路已经通车，俄国已能把军队和给养从欧洲调到远东地区。但是，刚刚修通的单轨长程铁路，设备未全、维护很差，还难以发挥迅速运输的功能。

1900年，中国发生义和团运动，八国联军蜂拥入侵中国，进行血腥屠杀。帝国主义之间又因在华利益的冲突，彼此钩心斗角，矛盾重重。当时，英国正在非洲与布尔人作战，美国则刚刚打完与西班牙的战争，都不能派出很多军队。觊觎中国而又彼此敌视的日本和俄国充当了侵略的急先锋。日本邻近中国，派出兵力最多，扮演着“远东宪兵”的角色；英国为支持日本以制约俄国，给它提供贷款。而俄国竟趁机出兵迅速占领东北全境，驱逐中国的军政机构，此后，又长期拖延，拒不撤军。俄国的行径引起日本的极大忌恨，日俄矛盾急剧上升。

1904年，日俄战争终于爆发。这次战争动员兵力之众多，战斗之激烈，远远超过甲午战争。两个帝国主义强盗作战，战场却在中国的领土上，中国人民的生命财产受到严重损失，这是弱肉强食世

---

① 库罗帕特金：《俄国军队与对日战争》，122～123页，北京，商务印书馆，1980。

界才会出现的现象。结果，俄国战败，势力退到北满，日本取代了俄国在南满的地位。日本以新兴小国，10 年之内连续打败中国和俄国两个庞然大国，趾高气扬，不可一世，成为东亚的支配力量。

1914 年，第一次世界大战爆发，再一次给日本造成扩张的机会，日本欲乘机夺取德国在山东的全部利益。英、美虽不愿日本趁火打劫，破坏在远东的力量均势，希望“维持远东现状”，但日本不肯顺从，单方面对德宣战。1914 年 9 月初，它不顾中国政府的抗议，把军队开进山东，占领胶州和济南，攻陷青岛要塞。同时，其海军则向德属南太平洋群岛发动进攻，占领了马绍尔群岛、加罗林群岛等。日本认为应加速解决对华问题，如果到世界大战结束，英、法、美的联合力量将会妨碍自己在中国的扩张。因此，1915 年 1 月，日本政府向中国提出了“二十一条”要求，并于 5 月发出最后通牒。在强大的压力下，袁世凯政府终于接受了空前丧权辱国的二十一个条件，内容包括：承认日本继承德国在山东的所有权益，并加以扩大；延长旅顺、大连的租借期及南满、安奉两铁路的期限为 99 年，并承认日本在“南满”及内蒙古东部的特权；汉冶萍公司设为中日合办，附近矿山不准公司以外的人开采；中国沿海港湾与岛屿不得租借或割让给其他国家；中国政府聘请日本人为政治、财政、军事顾问等等。按照这些条件，中国将成为日本的附属国。只是由于中国人民的坚决反对，日本帝国主义的侵略要求才未能实现。在整整 4 年的大战期间，日本以很少的消耗攫取了许多权益。

日本是亚洲国家中第一个挣脱殖民主义枷锁、取得独立自主地位的国家，以后却成为远东最主要的战争策源地，这是值得引以为戒的。甲午战争以后的几十年，日本长期侵略中国，穷兵黩武、咄咄逼人。它似乎节节胜利，步步成功，但依靠武力征服，多行不义，走上了军国主义的歧途，种下了失败的根由。直到 1931 年日本侵吞中国东北，1937 年全面发动侵华战争，1941 年突袭珍珠港，发动太平洋战争，不仅使中国和世界人民遭受巨大的灾难，也给日本人民带来悲惨的遭遇。此非中国与世界之福，亦非日本之福。结果，第二次世界大战中日本战败，经济崩溃，民穷财尽，发动侵略战争的日本战犯被送上了审判席，日本人民也深受战祸之苦，生活在水深火热之中。

日本民族是坚强而有志气的民族，败而不馁。虽然日本在少数统治者的误导下曾走入歧途，但仍能在战争的废墟上努力重建家园，治疗战争的创伤，迈步前进。第二次世界大战以后，日本抓住机遇，埋头建设，自立自强，终于出现了经济腾飞的奇迹，经过长期努力，成为全世界数一数二的经济大国。日本民族在失败以后迅速复兴的奋斗精神十分可贵，同时，我们又殷切地希望它记取从甲午战争以来的多次教训，根绝军国主义，以和平立国，以友谊待人，珍惜自己的发展成果，与远东和世界人民永远友好相处。

中国受害 100 多年，历尽坎坷，备遭凌辱。在中国共产党的领导下经过长期的艰苦奋斗，1949 年方能摆脱帝国主义、封建主义和官僚资本主义的压迫，建立中华人民共和国。40 多年来的建设成就光辉灿烂，世所瞩目。中国国家实力增强，人民生活改善，国际地位提高。但今天我国尚处于社会主义初级阶段，要建设第一流的强大国家，还需要长时期的不懈努力。中日甲午战争的教训是：弱者必定挨打，失败者只能任人宰割，只有国家独立富强，才能保证人民的权利和幸福。甲午战争以来无数先烈流血牺牲，期盼国家的昌盛和民族的复兴，这一伟大的遗愿要由我们去奋斗实现。当前，经济建设正在蓬勃发展，必须抓住时机，解放思想，振奋精神，加快改革开放的步伐，增强国家实力，提高人民生活水平，根除腐败，早日把中国建成富强、民主、文明的社会主义现代化国家，并且与周边国家友好相处，防止侵略战争的发生，为世界和平做出更大的贡献。这是我们回顾和反思中日甲午战争所得出的主要结论。

甲午战争与东亚政治格局的演变*

100 年前，两个东亚的主要国家——中国和日本，进行了一场决定两国命运、决定东亚历史格局的重要战争，这就是中日甲午战争。

19 世纪下半叶，东亚（通常包括日本、朝鲜、中国）是世界上一个很不稳定的地区，处在多事之秋。一方面，帝国主义在这里争夺殖民地的斗争空前激烈；另一方面，这个地区的国家正处在一个历史性的巨大变化时期。当世界上其他地方已经被列强瓜分完毕的时候，争夺东亚地区这些国家的斗争就特别尖锐。东亚这些国家，要么彻底沦为帝国主义的殖民地，要么挣脱殖民镣铐，走上独立、自主的道路。在这样一个决定命运的关键时刻，甲午战争爆发了。这场战争不仅与中、日、朝等当事国的命运息息相关，而且牵动了英、俄、美、德、法等主要西方强国的神经，配置着这一地区政治、军事力量的组合，给 20 世纪东亚和世界的历史进程以直接影响。

一

甲午战争以前，在东亚事务中发挥作用的国家主要有四个：中国、日本、俄国和英国。甲午战争的结局导致了这四股力量的此消彼长、分化组合，因而直接影响着东亚地区战略格局的变化。

中国是东亚地区最大、最古老的国家。18 世纪以前，它是走在世界前列的，后来开始衰落下去，到 19 世纪中叶，已经远远落后于西方列强。进入 19 世纪后半期，清王朝正在搞洋务运动（或叫“同

---

* 原载《抗日战争研究》，1995 年第 1 期，与杨东梁合撰。

光新政”），这是统治集团中一部分人力图赶上世界潮流的一次尝试，但由于本身不易克服的弊病失败了，从而失去了一次机遇。在标榜“求富求强”的洋务运动中，清政府确实兴办了一些工厂，修了一些铁路，造了一些轮船，开设了电报，又创建了海军，引进了西方科学技术，在经济上、军事上、文化教育上都出现了一些变化。可是洋务运动存在着一个致命的弱点，那就是政治领域依然是一潭死水，政治改革遥遥无期。在腐朽的封建主义体制下，生产力是很难冲破牢笼，迅速向前发展的。在“弱肉强食”的世界，一个衰朽的、暮气沉沉的政权在激烈的竞争中不会有立足之地，更谈不上富裕和强盛。中国在甲午战争中的失败就宣告了这场富强梦的破灭。

甲午战争对中国的打击最大，割地之多、赔款之巨、条约之苛、屈辱之深是前所未有的。甲午战争之后，中国虽说还是东亚最大的国家，但已被挤到东亚重要政治、军事力量的圈子之外。甲午惨败，使中国的国际地位一落千丈，也使中国失去了一次赶上历史潮流的机会。但甲午战争的失败也刺激着中国国内局势急剧发生变化。3 年后，发生了戊戌维新运动；5 年后，发生了义和团反帝爱国运动。距甲午战争结束不过 16 个年头，终于爆发了辛亥革命，一个误国、辱国、卖国的清政府倒台了。

甲午战争对日本的影响也是非常深远的，它是日本近代史上一次划时代的战争，是日本向殖民强国过渡的转折点。19 世纪中叶，中、日两国几乎同时走到了一个决定国家命运、前途的十字路口，既可能进一步沉沦下去，也可能赶上历史潮流，搭上近代化的列车。

日本近代化的起步与中国几乎是同时的（大约在 19 世纪 60 年代）。在此之前，它也是一个闭关锁国的封建国家，也受到西方资本主义势力入侵的威胁，面临着两个方面、两种制度的撞击，所处的地位与中国差不多。但当时西方列强的侵略矛头主要不是指向它，而是指向地大物博、人口众多的中国。西方列强几乎没有对日本发动什么大规模入侵。1853 年，美国舰队的“叩关”之举和 1854 年《日美神奈川条约》的签订，虽然都是在军事威胁下完成的，但却都没有形成真正的战争。1864 年 8 月 5 日，英、美、荷、法四国联合舰队炮击日本下关，但联军登陆后，长州藩迅即屈服求和，战争规模很小。列强在东亚的利害冲突，使英、美感到扶植、利用日本来牵制沙俄，为自己火中取栗是合算的。显然，历史的机遇向日本露出了微笑，而日本及时抓住了这个机遇，“明治维新”使它走上富强之路。

日本想赶上时代的列车，跻身于世界强国之林，首先把中国作为打击目标。在甲午战争中，它是胜利者，也是最大的受益者，赔款之多、割地之广、掠夺权利之大，连它自己都始料不及，因而战后举国沉浸在胜利的狂热中。这次战争无疑大大增强了日本的实力，进一步刺激起它向外掠夺的野心。甲午战争是东亚的两个竞争对手之间的较量，这场较量是求生存、求发展的斗争。战争的结局是中国失败了，这就使日本脱颖而出，成为东亚一霸，并取得了进一步发展的机会。不过，当时日本还清醒估计到了前途的复杂性，特别是三国干涉还辽事件使它冷静下来，“卧薪尝胆”，聚集力量，10 年后，它在日俄战争中打败了俄国，终于赶上了欧美列强，与之并驾齐驱。

除了两个直接较量的对手外，最关心甲午战争进程的得算沙皇俄国，因为向远东扩张势力，进而称霸亚洲是它的传统政策。甲午战争一爆发，俄国就密切关注战局的发展，伺机而动。当战争即将结束时，沙皇政府召开了两次大臣特别会议（在 1895 年 2 月和 4 月），准备和日本公开对抗。它的方针是不能让日本走得太远，赢得太多。但是，沙俄对自己在远东的力量心中有数，它在远东没有海军根据地，横贯欧亚的西伯利亚铁路尚未竣工，对战争没有把握，也就是说还不能单独制服日本。于是它联合了德国、法国进行干涉。

俄国在甲午战后加紧对中国东北地区的侵略，同时又摆出一副欲与日本决一雌雄的架势。为了对付英日同盟，俄国于 1902 年 2 月与法国缔结同盟，以保护“两国在远东的特殊利益”。同时，沙俄还积极拉拢清政府，在加强向中国渗透的过程中，企图把清政府绑到自己对日作战的战车上。

至于英国，它当时在中国获得的侵略权益最多，势力范围也最大。它千方百计要维护自己在东亚的既得利益，为保持自己的优势地位，它主张“维持现状”。英国远东政策的核心是维护“大英帝国”在世界各地的殖民利益，即为谋求世界霸权服务。当时的英俄矛盾可以说是全球性矛盾。列宁曾经指出，许多世纪以来，沙皇政府一直想夺取君士坦丁堡和亚洲大部分地区，一贯推行这种政策。英国是这种野心更长期、更顽固、更强大的敌人。① 英、俄在亚洲的冲突是全面的，从中近东一直到远东，它们在争夺伊朗、土耳其和朝鲜等战略要地的斗争中剑拔弩张，各不相让。19 世纪 80 年代中期，英、俄为争夺阿富汗已经走到了战争边缘。与此同时，两国还因争夺朝鲜的巨文岛而关系紧张。显然，英国把沙俄看成最主要的竞争对手，于是扶植日本，抵制俄国向远东扩张。

英国一方面在甲午战争中支持日本，另一方面又不希望清政府因被过分削弱而垮台。正如英国首相在一篇演说词中所说的：“无论如何我不能设想，如果中国的中央政府突然被一个征服势力所覆灭，事情会弄成什么样子。一个无首脑、没有任何一种政府的中国，意味着一片世人未想到的混乱和恐怖景象。”②在甲午战争之前，英国是把中国当成它与沙俄之间的缓冲国来对待的，甚至一度考虑过缔结“中英同盟”的问题。甲午战争中，清政府充分暴露出自己的腐败无能、不堪一击，使得英国的舆论和英国政府的政策发生了明显变化。平壤之战和黄海海战后，《泰晤士报》一篇社论中说：“我们绝不会想到……中国的友谊是值得去培植的，更用不着因为它的友谊去迁就它的虚荣心。关于中国的潜力以及中国迷梦已醒的种种神话，已经被这次战争完全澄清了……中国是一盘散沙，它只有通过外力才有可能打起精神和组织起来。我们必须注意不使别的国家完成这种事情，而使我们受损失。”③ 因此，战争后期当清政府主动提出缔结中英同盟时，英国政府未加理睬。在选择东亚的盟国时，英国把目光转向了新兴的工业强国——日本，当时英国资产阶级的喉

① 《列宁全集》，中文 1 版，第 23 卷，125～126 页，北京，人民出版社，1958。

② 克贝道克：《英国的远东政策（1840—1906）》，11 页，纽约，1931。

③ 《泰晤士报》，1894-09-30。

舌——《圣詹姆斯报》《伦敦中国电讯报》都发表文章，鼓吹、支持日本与俄国一决胜负，甚至提出缔结英日同盟的主张。这些新闻媒体的言论反映了英国政府的远东政策，英日同盟终于在几年之后变成现实。

如果说中、日、英、俄是影响东亚战略格局变化的四种力量的话，那么朝鲜就是这四种力量矛盾冲突的焦点。19 世纪下半叶，在朝鲜的国际矛盾冲突中，日本是占主导地位的国家。它疯狂地推行“大陆政策”，视朝鲜为入侵中国东北的桥梁，并急迫地要把这个进出日本海的锁钥地区建成入侵亚洲大陆的前哨基地。沙皇俄国从 19 世纪七八十年代以后也开始把侵略扩张的重点放到东北亚地区——朝鲜和中国东北。80 年代中期，沙俄曾力图变朝鲜为自己的保护国。俄国阿穆尔总督在上奏沙皇时曾直言不讳地供称：“当今我所应大勉者，即在维持朝鲜之独立。但该国为东方一弱国，若无强盛之保护者，决不能保其社稷。……我俄国宜毅然担任保护之责。”① 英国从维护它在太平洋和中国的优势地位这一基本政策出发，曾希望朝鲜成为东北亚的缓冲地区，但由于它与沙俄尖锐对抗，所以特别害怕朝鲜被俄国夺去。1885 年 4 月，英国借口俄国军舰集中海参崴，强占了朝鲜巨文岛，就反映了这样一种心理。

在四种力量中，中国是最弱的一方。中朝之间当时存在一种传统的东方式的“宗藩关系”，即朝鲜国王向清朝皇帝按期“进贡”，奉正朔，受册封，清朝皇帝则有义务维护“藩属国”的王统与地位并保护其安全。从政治上看，所谓“藩属国”实际上是独立的主权国家，“宗主国”一般不干涉其内政、外交，中国对朝鲜并不具有西方殖民体系那样的“宗主权”；从经济上看，双方基本上是平等互惠的。19 世纪 80 年代初，由于日本加紧了对朝鲜的侵略，清朝统治阶级中一部分有识之士进一步认识到：“为该国策安全，即为中国固封守。”而处心积虑的日本从中挑拨离间，竭力破坏中朝联合抵抗日本侵略的局面。

甲午战后，朝鲜一步步沦为日本的殖民地。统治朝鲜的李氏王

---

① 转引自王信忠：《中日甲午战争之外交背景》，91 页，北京，国立清华大学研究院，1937。

朝曾向沙俄寻求庇护。日俄战争（1904—1905）后，日本开始实现其独霸朝鲜的目标，朝鲜人民则开展了蓬勃的反日斗争。

二

从19世纪末到20世纪中叶，东亚地区国际政治势力的较量共引发4次较大规模的战争，或者称决定东亚战略格局发展变化的4个回合的斗争。

中日甲午战争是第一个回合。甲午战前，东亚局势的特点是英、俄之间激烈争夺和尖锐对立，总的格局是英国保护着传统的优势地位，局面相对稳定。甲午战争打破了脆弱的平衡。作为胜利者的日本国力骤增，国际地位扶摇直上。中国、朝鲜则进一步沉沦下去（不久，朝鲜完全变成日本的殖民地）。俄国通过“干涉还辽”在中国和东亚攫取了巨大利益，并通过签订《中俄密约》以结盟的形式加强了对清政府的控制。这样，它在与英国争霸远东的斗争中就处于有利地位。日本在经历了三国“干涉还辽”的事件后，提出“卧薪尝胆”的口号，国内军国主义情绪高涨，积极准备对俄一战；英国为了抵制沙俄的攻势，进一步拉拢日本，从而直接促成了1902年《英日同盟》条约的签订。

甲午战争之后，德国、美国也力图在东亚扮演更加积极的角色。到19世纪90年代，美国和德国已跃居世界工业强国之列，但它们的经济实力与其在东亚获得的殖民利益的份额却不相称，它们是一桌宴席上后到的客人，其在东亚（特别是中国）分一杯羹的急迫心情是显而易见的。对德国来说，参加“干涉还辽”是一个挤上宴席桌的契机，它抓住这个机会，强占胶州湾，带头发出了瓜分中国的信号。甲午战争后，美国凭着它雄厚的经济实力，借助《马关条约》的规定，使它的对华出口贸易额猛增。从1894年到1900年几乎增加了5倍。当列强掀起瓜分中国的狂潮时，美国总统麦金莱（William Mckinley）于1899年12月向全世界宣布：“正在中国发生着的重大事件，美国并不是一个漠不关心的旁观者……我们的目的，是要用一切适当的、合于美国政府传统的手段，来促进美国在该地区的巨大利益。”① 1899 年，美国终于提出对华“门户开放”政策。这标志着在东亚的政治角逐中，它正以一个有影响力的大国面目出现。

1900 年，爆发了八国联军侵华战争。列强都想乘机巩固、扩大自己的在华势力范围，它们彼此钩心斗角，在如何瓜分中国的问题上矛盾重重，甚至出现剑拔弩张的紧张形势。当时，英国正在南非进行征服布尔人的侵略战争，美国刚刚打完美西战争，忙于侵略菲律宾，都腾不出更多的兵力，只有日本出兵最多（1.2 万人，一说为 2 万多人），扮演着“远东宪兵”的角色。英国特别支持日本，答应向它提供 100 万英镑的财政援助，利用日本对抗沙俄。对俄国来说，这是它独霸东北的大好时机，遂出动大军迅速占领了东北全境，这使得一直觊觎东北的日本军国主义者嫉恨不已。日俄矛盾成了 20 世纪东亚最突出的国际矛盾。当日俄摩擦加剧时，由于德国企图插足长江流域，英德关系也一度紧张。总之，这一时期英俄、日俄、英德在东亚错综复杂的矛盾正进一步尖锐起来。

日俄战争是第二个回合。日本在打败中国后，完成了称霸东亚的第一步，接着它决心与横跨欧亚的强国——俄国迎头相撞。日俄战争以日本胜利、俄国失败而告终，战后的日本一跃跨入世界八大强国的行列。伦敦的《晨邮报》以《世界的大日本》为题发表文章，说明西方舆论已对日本刮目相看。战后，由于俄国势力退缩到“北满”，日本取得了辽东半岛南部的租借权，并占有南满铁路和铁路沿线地区。不久，它又吞并了朝鲜。日本这时已成为东亚的支配力量。

第三个回合是第一次世界大战期间日本在东亚的扩张，这使东亚力量对比再度发生变化。第一次世界大战发生在欧洲。日本将之视为“发展国运之天佑”，欲乘此“千载难逢”的时机，“确立东洋之利权”，在东亚进一步扩大霸权。② 但美国政府向英、德提出关于在大战结束前“维持远东现状”的建议，反对日本在中国领土内对

---

① 转引自卿汝楫：《美国侵华史》，第 2 卷，440 页，北京，人民出版社，1956。

② 参见 1914 年 8 月 8 日日本内阁备忘录。

德作战。英国碍于与日本的结盟关系，态度较为暧昧，但它仍希望日本暂缓决定参战问题，并表示极不愿意日本打破作战行动限于海上的局面。日本没有理睬英国的建议，单方面对德作战。1914 年 9 月初，日本不顾中国政府的抗议，把军队开进山东，占领胶州和济南，并攻陷青岛要塞。同时，其海军则向德属南太平洋群岛发动进攻，占领了马绍尔群岛、加罗林群岛等。日本国内有一种意见，认为应加速解决对华问题，因为“英、俄、法三国的联合势力不仅波及欧洲，而且将及于中国大陆”①。按照这样一种形势估计，日本 1915 年 1 月向中国提出了“二十一条”要求，并于 5 月发出最后通牒。在强大的压力下，袁世凯政府终于接受了空前丧权辱国的“二十一条”，内容包括：承认日本继承德国在山东的全部权益，并加以扩大；延长旅顺、大连的租借期及南满、安奉两铁路的期限为 99 年，并承认日本在“南满”及内蒙古东部的特权；汉冶萍公司改为中日合办，附近矿山不准公司以外的人开采；中国沿海港湾与岛屿不得租借或割让给其他国家；中国政府聘请日本人为政治、财政、军事顾问等等。按照这些条件，中国将成为日本的附属国。只是由于中国人民的坚决反对，日本帝国主义的侵略要求才未能实现。在整整 4 年的大战期间，日本以很少的消耗攫取了许多权益，大战之后，日本帝国主义成为称霸东亚的世界五大强国之一。

第四个回合是日本帝国主义全面侵华以及中国人民进行了抗日战争。这是号称“东方第一强国”的日本与被视为“东亚病夫”的中国之间的一场最大的决战。中国人民不畏强暴，英勇奋战，在极端困难的条件下坚持斗争（在很长的时间内独立抗击了日本法西斯的侵略），沉重打击了日本帝国主义，在国际反法西斯战争中取得了最后胜利。中国的抗日战争是世界反法西斯战争的重要组成部分，这次战争的胜利也是中国近代史上反抗外来侵略斗争的第一次全面而伟大的胜利。这次胜利是中国人民奋起和觉醒的标志，也使东亚政治格局又一次发生根本变化。

---

① 《对华问题解决意见书》，见大津淳一郎：《大日本宪政史》，第 7 卷。

在东亚政治风云四个回合的较量中，几乎都是围绕着中、日两国展开的，这半个世纪的风云变幻、波澜起伏留给我们许多值得深思和认真研究的历史课题。

中日甲午战争与远东政治风云*

中日甲午战争是决定中、日两国命运，决定东亚历史格局的重要战争，虽然它过去将近100年了，但其意义和影响值得我们进行讨论，加深认识。

中国近代史上发生了许多次中外战争，在此之前，已有两次鸦片战争、中法战争，可说是烽火连天、硝烟弥漫。而中日甲午战争比以前的历次战争规模更大，中国所受损失更重，失败更惨，割地赔款，丧权辱国，随之而来的是列强争夺势力范围，掀起了瓜分中国的浪潮，国家和民族的生存面临严重威胁。中日甲午战争前，中国虽已受到帝国主义的侵略，但当时正在搞洋务运动。虽有识之士早已看透了洋务运动的弱点，认识到它不能挽救中国，但对一般人来说，洋务运动开了工厂，建了铁路，造了轮船、电报，建了海军，办了学校，引进了西方的科学技术，挂起了求富求强的招牌，给人一种希望和幻觉，似乎中国在前进、在发展，似乎“中学为体，西学为用”的洋务运动能救中国。甲午战争的失败使一切都破灭了。30年洋务运动的成果经不起日本的一击，一点幻想和自我安慰的余地都没有了。真是创深痛剧、刻骨铭心，中国人民从来没有遭到这样严重的灾难，从来没有经受这样的奇耻大辱。所以，北洋舰队在威海卫的覆灭，不仅是中国海军的惨败，而且宣告了早期求富求强努力的失败。当时，清朝的北洋舰队在军事上、技术上是很先进的。在人们心目中，它的存在是中国进步的象征、强大的象征、希望的象征。甲午战争的失败，无情地证明了这种象征的虚假性。特别是败在日本手里，这对中国的打击实在太严重了。日本是个小国，在

---

* 原载《齐鲁学刊》，1991年第1期。原题目为《中日甲午战争的影响和意义》。

历史上一直受中国文化的影响，号称与中国同文同种，它的近代化也刚刚起步不久。败在日本手里，太不光彩，太不甘心了。而日本侵略中国更加凶狠，割地赔款，毫不留情，可说是心狠手辣，彻底戳穿了清朝这只纸老虎，同时，给中国人民在物质上、精神上带来的伤害极为严重，可说是史无前例。

中日甲午战争的失败对全民族造成重大的冲击，使得中国从封建主义的沉沉大梦中觉醒，重新观察周围的世界，重新评估自己的地位和能力，重新选择应该走的道路。所以，甲午战争失败以后，全国震动，一片沸腾，呈现出前所未有的民族觉醒，前所未有的议论、争执、探寻、追求。两次鸦片战争、中法战争以后从来没有过这种景象，民族危机带来了新的转机，历史的辩证法就是这样。历史总是迂回曲折地前进。一个有生命力的、伟大的民族，历史上既有挫折，也有胜利；既有苦难，也有欢乐，它不会永远胜利，直线前进，也不会永远失败，直线下跌，一败涂地。历史总会给人们以机会，胜利和失败相间隔、相交叉。历史上的胜利往往会有失败和倒退随之而来，而历史上的挫折也会增长人们的智慧，锻炼人们的力量，而得到未来胜利的补偿，中日甲午战争的情形就是这样。《马关条约》的签订激起了全国的悲愤和抗议，3 年后发生了戊戌维新运动，5 年后发生了义和团反帝爱国运动，16 年以后发生了辛亥革命。一个误国、辱国、卖国的清政府倒台了。一连串的历史事件，每个事件既是前事之果，又是后事之因，中日甲午战争是这一历史链条中极其重要的环节。甲午战争的失败刺激起中国迅速地奔跑。这证明了中华民族经得住严重的挫折和失败，能够从中吸取教训，能够在摔倒以后迅速爬起来，寻觅新的道路，做出新的努力。

所以，中日甲午战争的意义非常重要。中国受到了重大挫折，但能吸取教训，发奋努力。这次战争确实是中国近代史上的重大转折点，它的意义就在于激发了全民族的觉醒，一种要求改革和进步的觉醒、富强意识的觉醒、爱国主义和自救的觉醒。

中日甲午战争在世界历史上也有重要的影响。19 世纪本来是欧洲人的时代，英国、法国、德国、俄国加上美国等，西方列强主宰世界，国际局势比较简单，其他大多数国家都是殖民地、半殖民地、附属国，任人蹂躏，任人宰割。当时，最有希望赶上去的是东方的两个国家，一个是日本，一个是中国。中、日近代化的起步除了欧美列强之外，算是比较早的。19 世纪 60 年代，中、日两国以不同的方式起步，中、日两国既是近邻，又是竞争对手。甲午战争是东亚两个竞争对手之间的较量。结果，中国失败了。当然，中国的失败有其自身复杂而深刻的原因，但正是由于中国的失败，日本才能脱颖而出，成为东亚的一霸，才会和俄国冲突，并在日俄战争中打败俄国。日本终于赶上了欧美列强，与之并驾齐驱。而中国与俄国在失败以后，经历了不同的曲折的道路，走向社会主义。如果不是因为甲午战争的失败，或者中国的失败不那样惨重，日本也就难以迅速崛起。那么，20 世纪初的历史或许就会有所不同。我们主张历史发展有其内在的必然性，这是就宏观历史而言；资本主义将走向社会主义，这是必然规律。但我们并不是宿命论者，在总的必然性范围之内，历史发展会有多种可能和多样选择，客观历史的形成并不是一个既定的、绝对的、唯一的过程，其中存在许多偶然性。历史的具体进程和各种情节不是上帝预先安排好的，而是人们在一定条件下自由创造的。历史给人们提供种种机会，允许人们选择，要求人们创造，等待人们开辟。甲午战争的失败并不是命中注定的，中、日双方的主观努力是决定胜负的重大因素。甲午战争中，中国失败了，失去了赶上历史潮流的机会，日本则崭露头角，崛起于东方，大大影响了 20 世纪初世界力量的对比。从这个意义上说，中日甲午战争影响了世界历史的进程，参与塑造了 20 世纪东亚国际关系的新格局。

中日甲午战争已过去 96 个年头。但我们仍然要不断回顾它、纪念它、研究它，加深对这段历史的认识，为的是向历史学习，增长智慧，吸取教训，鼓舞爱国主义精神。一个国家和民族，如果忘记了自己的历史，那么就很可能重蹈历史的覆辙，重演历史的悲剧。中日甲午战争的失败告诉中国人民：必须力行改革，奋发图强，团结一致，艰苦斗争，必须为国家和民族的振兴进行拼搏；只有如此，中国才能立足于世界民族之林。我们牢记过去的失败、屈辱和苦难，为的是激发民族意识，弘扬爱国主义，为的是努力争取美好的明天，把祖国早日建设成为社会主义现代化强国。

中日甲午战争的历史教训*

1994年是中日甲午战争爆发100周年。这场战争对中国和日本的发展前途，对20世纪远东政治格局的形成影响甚为巨大。它给人们留下了深刻的历史教训。

中国原本是个封建大国，土地辽阔，人口众多，但发展停滞，遭到西方列强的侵略。两次鸦片战争以后，中国虽然也在推行洋务运动，向外国学习制造枪炮、舰艇，并引进机器、技术，开办工厂、矿山，修筑铁路，建设海军，但清政府政治腐败，思想保守，并无在世界潮流中竞争、自立的紧迫意识，只进行了微小枝节的变革，束缚生产力的规章制度并未被触动，改革步伐甚缓，成效甚微。

日本原来也是封建国家，也受过西方的侵略，但1868年“明治维新”后奋发图强、励精图治，全面学习西方，加速发展资本主义。它不仅建工厂、开矿山、筑铁路、造枪炮，而且在政治、经济、军事、教育各个领域进行改革，设立议会，制定宪法，实行义务兵役制，开展赋税改革，提倡“殖产兴业”，实施国民义务教育，社会面貌发生了重大变化，国力蒸蒸日上，逐步走上了资本主义近代化的道路。

日本对外奉行侵略扩张方针，把矛头首先指向朝鲜和中国，妄图征服亚洲乃至世界。它致力于加强军备，以中国为“假想敌”，在甲午战争爆发前的几年内，军费开支大幅度上升，约占每年预算总数的30%。它整军尚武，时刻寻找适当的时机，逼中国决战，以求一战而胜，彻底打垮中国。

1894年朝鲜发生东学党事件，清政府应朝鲜政府的邀请派兵入

---

* 原载《中国党政干部论坛》，1994年第10期。

朝。日本认为开战的机会已到，立即大规模出兵，与清军近地相逼，向中国寻衅，首先在成欢和丰岛海面向中国海陆军进攻。中国军队忍无可忍，自卫还击。1894 年 8 月 1 日，中、日两国正式开战。

清政府不顾形势危急，沉溺于安享太平的迷梦中，没有抵抗的准备和决心，寄幻想于列强的调停，故缺乏整体的战略部署，迁延贻误，坐失战机，被动受制。尽管前线的将领、士兵战斗英勇，但战败的结局仍然不可避免。陆军在朝鲜平壤失利之后，退过鸭绿江，日军穷追，战火烧到了中国东北境内；海军在大东沟一战之后，困守威海卫，不敢出动，完全失去了制海权，以后日军占领威海卫，中国海军四面受敌，全军覆没。前线军事吃紧之际，北京城内却笙歌沸天，正在庆祝慈禧太后的 60 岁生日，清朝统治者的腐败、荒淫、麻木不仁导致了甲午战争的惨败。

甲午战败，清政府签订了《马关条约》，赔款白银 2 亿两，割让辽东半岛（后因俄、德、法三国干涉，日本退还辽东，索取赎辽费 3 000 万两白银），还丧失了其他权利。这次战败，割地之痛、赔款之巨、条约之苛、屈辱之深是史无前例的。“从前，我们还只是被西方大国打败过，现在竟被东方的小国打败了。而且失败得那样惨，条约又订得那样苛刻，这是多么大的耻辱啊！”（吴玉章语）从此，中国民穷财尽，债台高筑，加深了半殖民地化，人民陷入更加深重的苦难之中。

中日甲午之战改变了远东国际力量的对比，日本一跃而为东亚强国，中国的实力大损，国际地位一落千丈。“人为刀俎，我为鱼肉”，帝国主义列强争先恐后，在中国抢夺权利，划分势力范围。德占胶州湾，以山东为势力范围；俄占旅顺，以东北为势力范围；英租借威海卫，扩展香港界址，并以长江流域为势力范围；法租广州湾，以西南为势力范围；日本以福建为势力范围。纷纭扰攘，大有瓜分中国之势。

中国人民不甘心被侵略、被瓜分。甲午战争以后，爱国主义浪潮汹涌澎湃，一浪高过一浪。变法和革命相继而起，戊戌维新、义和团运动、辛亥革命、五四运动，都是中国人民的奋力抗争，都是甲午战争刺激下救亡图存的探索。正是中国人民不屈不挠奋起斗争，正是爱国主义的高涨，制止了瓜分中国的罪恶之手，使得帝国主义没有也不可能灭亡中国。

中日甲午战争给人们留下了难以忘却的历史教训。

中国为什么被侵略？为什么失败？因为中国落后。在近代国际竞争的大潮中，中国步履蹒跚，行动迟缓，落在欧美和日本的后面，没有强大的经济和国防。封建主义的城堡抵挡不住资本主义的重炮快枪。“落后就要挨打”，甲午战争的失败，即由于此。中国在战败以后，割地赔款，丧权辱国，元气大伤，一蹶不振，难以集中力量发展经济和军事，更失去了自卫防御的能力。落后就要挨打，而挨打就更加落后，半殖民地半封建的旧中国即陷入这一历史的怪圈之中。故甲午战争以后，随之又有八国联军侵华，日俄在中国之战，日本掠夺山东、逼签“二十一条”，以后又有“九一八”事变、“七七”事变。日本帝国主义极度疯狂地侵略中国，近代中国的历史充满着屈辱、痛苦和灾难。

但是，物极必反，否极泰来。中国人民奋起反抗外国侵略，失败，斗争，再失败，再斗争，中国在曲折的道路上积蓄力量，锻炼自己，总结经验，摸索前进，终于找到了马克思列宁主义，并成立了中国共产党。在党的领导下，经过长期艰苦的战斗，摆脱了三座大山的压迫，建立了中华人民共和国，中国人民从此站起来了。

今天，国际国内形势与100年前已迥然不同。我们有了强大的中国共产党和人民解放军，有了邓小平建设有中国特色社会主义理论的指导，正在现代化道路上迅速前进。回顾百年历史，更加激发起我们奋发努力、加快步伐建设社会主义的决心和信心。只有经济繁荣、文化昌盛、军事强大，中国才能免遭欺凌，才能为世界做出更大的贡献，才能告慰甲午战争以来无数为国为民流血捐躯的先烈！

甲午战争中，日本虽然是战胜国，但战争并没有给日本人民带来幸福和欢乐。日本统治者对外选择了侵略扩张的道路，对内必然加紧剥削和压迫人民。甲午战争取得胜利，日本统治者大发战争财，野心无限膨胀，更加疯狂地扩军备战。1904年，日本又和俄国为争夺中国东北而大打出手，日本战胜，更加肆无忌惮地侵略中国。此后，占领东北，以至发动全面侵华战争，日本在军国主义的道路上越走越远，日本人民的负担更加沉重，生活更加痛苦。“多行不义必自毙”，日本军国主义在第二次世界大战中彻底失败，也把自己的国家拖向毁灭的边缘，日本人民深受侵略战争的毒害。

值此甲午战争爆发 100 周年之际，反思百年历史，应永远摒弃侵略扩张，清除军国主义的祸害，使战争悲剧不再重演。中、日两国应相互尊重，和平共处，携手合作，世世代代永远友好下去，共同努力维护亚洲乃至世界的和平，这是中日甲午战争留给我们的宝贵教训。

甲午海战与中日两国的命运*

1994年是中日甲午战争爆发100周年。100年前的中日甲午战争影响重大、教训深刻。这场战争决定了中国和日本两国的发展前途与未来命运，决定了20世纪远东地区的政治局势。

甲午战争中，一个新兴的资本主义小国日本，打败了国土广大、人口众多的中国，引起全世界的震动。日本原来也是封建国家，也受过外国侵略，经过1868年开始的“明治维新”，不到30年的时间，经济和军事力量迅速发展，综合国力大大增强。中国虽然当时进行洋务运动，学习制造新式枪炮、军舰，引进工厂、铁路、采矿等先进科学技术，但由于清政府政治上腐败、思想上顽固保守，洋务运动成效不大，束缚生产力的各种体制、规章并没有大的改变，前进的步子落后于日本。就拿海军来说，洋务运动中中国也建立了新式海军（如北洋水师），开办造船厂（如江南制造局、福州船政局），建设军港（如旅顺、威海、马尾军港），也曾投入了较大的财力物力，并且这支海军在当时世界上也相当先进。但北洋水师建成以后，清政府就认为万事大吉、太平无事，停止了海军建设，对正在崛起的日本缺乏警惕，致使甲午战争爆发以前几年内，中国没有购买一艘战舰，没有更新大炮和设备。而甲午战争爆发前几年内，日本处心积虑要打败中国，节衣缩食购买大批新军舰，设立国防公债，组织军事捐款，军费开支约占全部预算的30%，有时高达40%以上，全国上下动员，要超过中国、打败中国。至甲午战争前，日本海军的军舰虽没有中国那样大，但很多新下水的军舰之速度以及速射炮方面均胜过中国，这是造成中国海军失败的重要原因之一。

---

* 原载《甲午海战与中国海防》，北京，解放军出版社，1995。

由此可见，政治上腐败，没有那种只争朝夕、努力前进的紧迫感，没有那种增强海防的现代意识，就必然在世界竞争中成为落伍者、失败者，成为被侵略、被蹂躏的对象。

甲午战争从 1894 年 8 月 1 日正式宣战到 1895 年 4 月《马关条约》签订，共 9 个月。日本蓄意挑起战争，战火首先在朝鲜开始。中国方面被迫应战，没有准备，清朝当权派没有抵抗到底的决心，寄希望于外国调解，缺乏对整个战局的部署，缺乏坚强正确的战略指挥，因此，尽管广大将领、士兵在海战、陆战中进行了英勇战斗，但战败的结局仍然不可避免。结果中国陆军失败，从朝鲜退到辽东，又丢失了辽东半岛，中国海军则在山东半岛的威海卫全军覆没，清政府走投无路，只好派李鸿章到日本马关求和，签订屈辱的《马关条约》。

甲午战争的失败对中国的打击十分巨大，中国割地赔款，主权丧失。台湾省被割给日本，离开了祖国共 50 年。中国赔款 2 亿两白银，外加赎辽费 3 000 万两。这 2.3 亿两白银相当于当时中国 3 年的财政收入、日本 4 年多的财政收入，真是敲骨吸髓的掠夺。清政府拿不出赔款，只好向外国借钱，用国家主权做抵押，从此债台高筑，元气大伤，民穷财尽，国际地位一落千丈，人民处在水深火热之中。

甲午战争日本得胜，中国失败，改变了远东地区国际力量的对比，打破了力量均势，帝国主义争先恐后到中国抢夺权利，划分势力范围。德占胶州湾，以山东为势力范围；俄占旅顺，以东北为势力范围；英以长江流域为势力范围，又租借威海卫，拓展香港界址；法租借广州湾，以西南为势力范围；日本以福建作为势力范围。甲午战争后几年中形成的这种瓜分中国的形势，使中国陷于亡国灭种的危机之中。

中国有句老话，“物极必反”。甲午战争对中国是极其沉重的打击，但同时也激起了国人爱国主义的觉醒。爱国主义是对祖国、对民族、对乡土的强烈感情，它根深蒂固，源远流长。中国是富于爱国主义精神传统的国家，在祖国危急、民族存亡的关键时刻，人民群众的爱国主义精神总是得到高度发扬。甲午战争中，海陆军将领、士兵英勇战斗，如海军中邓世昌、丁汝昌、林永升，陆军中左宝贵等爱国将领，为抵抗日本侵略而献身，他们的战斗事迹激发了全国人民的爱国精神。百年后的今天，我们看甲午风云、北洋水师，仍旧感到振奋鼓舞，深受教育。马关谈判时，全国各阶层反对妥协投降，坚决主张抵抗，掀起反投降高潮，表现了强烈的爱国主义精神。康有为和1 000多名举人发起有名的“公车上书”，提出拒和、迁都、变法，接着就展开了戊戌变法运动。台湾人民反对日本占领，进行了长期的激烈抵抗。孙中山也深感清政府腐败，只有推翻清政府才能救中国，在1894年组织了革命团体兴中会，1895年举行第一次武装起义，共经过10余次武装起义，直到辛亥革命推翻清政府。因此，甲午战争以后，爱国主义浪潮一浪高过一浪，爱国救亡成为时代主旋律。戊戌变法、义和团运动、辛亥革命、五四运动，在一定意义上都是爱国运动。人们在思索着，如何使中国生存，如何振兴祖国、振兴民族。甲午战争以来的历史证明，爱国主义是全国全民族的伟大精神支柱，正是爱国主义的高涨，推动了中国近代历史的前进，中国出现了大批可歌可泣的英勇献身的爱国革命志士，使帝国主义不可能灭亡中国。

中日甲午战争，对中、日两国的教训都很深刻。

中国在甲午战争中是失败的一方、受害的一方。为什么失败？为什么受害？因为在清政府统治下，中国发展停滞，前进步伐缓慢，落在了后面。“落后就要挨打”，甲午战争的沉重打击，使中国近代化进程受到挫折，元气大伤，国力更衰弱，更加失去了发展的机会，所以还要受第二次、第三次打击。以后，八国联军侵华，还有日本强迫签订“二十一条”以及1931年的“九一八”事变、1937年的“七七”事变，可以说，20世纪前期的中国历史就是一段不断被侵略、受凌辱的历史，特别是受日本的侵略。甲午战争的教训告诉我们：一个国家，一个民族，绝不能落后，只有奋发图强，埋头苦干，才能自立于世界民族之林。

日本在甲午战争中虽然是战胜国，虽然顺利地走上了资本主义道路，但日本统治者一开始就侵略朝鲜、中国，穷兵黩武，对外扩张，选择了一条军国主义的错误道路。甲午战争以后更是志得意满，狂妄自大，竭力扩军备战。1904 年为了抢夺在中国东北的利益，日本在中国土地上进行日俄战争，打败了俄国，称霸远东。以后在军国主义道路上越走越远。1931 年侵占东北，1937 年发动全面侵华战争，迷信武力，自我膨胀，多行不义，最后在 1945 年遭到彻底失败，经济崩溃，社会瓦解。从战争结局来说，日本人民受尽了苦难，战争并没有给日本人民带来幸福。

当甲午战争爆发 100 周年时，反思这段历史，中、日两国人民都应从这场战争中吸取历史的教训，我们应该用自己的劳动来建设美好的家园，消除军国主义祸害，制止侵略战争，不能重演历史的悲剧。中、日两国人民要相互帮助，携手合作，世世代代永远友好下去，共同努力维护亚洲乃至世界的和平，这是甲午战争留给我们的宝贵的历史教训，我们应永远牢记。

戊戌维新前的资产阶级启蒙思潮*

1840 年鸦片战争以后，中国逐步沦为半殖民地半封建社会。中国的思想界随之发生了急剧的变化，和封建主义思想、帝国主义奴化思想相对立，产生了一股进步的思潮，这就是中国近代的资产阶级启蒙思潮。

资产阶级启蒙思潮是中国近代经济和政治发展的产物。帝国主义的侵略和封建主义的压迫阻碍着中国的进步，中国人民展开了不屈不挠的反帝反封建斗争。这时，地主和商人出身的一些知识分子抱着救国救民的愿望，揭露和抨击腐败的封建制度，向西方资本主义学习先进的制度和思想，企图改变中国落后挨打的局面，在中国发展资本主义。他们成为中国资产阶级最早的代言人。但是，中国资本主义经济先天不足，后天失调，在 19 世纪下半叶还处于早期发展阶段，十分微弱，它仿佛是被压在帝国主义、封建主义巨大顽石之下的一棵柔嫩的小草，很难长得茂盛。因此，中国资本主义在思想上也不能不表现出这个特点。资产阶级启蒙思想家提出过许多进步的、爱国的主张，对于开创风气、启迪民智、促进社会改革起了重大作用。但他们的主张中有不少糟粕和不切实际的幻想，在某些重要问题上未能和帝国主义、封建主义划清界限。他们不相信群众的革命斗争，而把自己主张的实现寄托于帝国主义的同情和封建统治者的自行改革。当资产阶级启蒙思想家的变法主张触犯了反动派的根本利益，反动势力加以反扑时，软弱的资产阶级启蒙思想家们就弃甲曳兵，束手就戮。历史证明：资产阶级启蒙思潮虽然是中国历史的必然产物，对社会的进步起过重大作用，但它不可能拯救中

* 原载《戊戌维新运动史论集》，长沙，湖南人民出版社，1983。

国，资本主义的道路在中国是走不通的。

一

中国近代资产阶级启蒙思潮的先驱可以追溯到龚自珍和魏源。他们是鸦片战争前后地主阶级中的进步人士，是封建中国和西方资本主义开始接触时的先进思想家。他们批判了封建旧制度的种种腐朽、不合理现象，在主张抵抗西方资本主义侵略的同时，又主张吸取西方的文明。他们的思想对后继的进步思想家有很重要的影响。

龚自珍（1792—1841），号定盦，浙江仁和（今杭州）人。生长于“累代仕宦，簪缨文史”的书香门第，父亲龚丽正系进士，官至苏松太兵备道，外祖父段玉裁是著名的经学家。龚自珍从事社会活动主要在乾嘉之后，当时封建社会已千疮百孔，走向没落，“自京师始，概乎四方，大抵富户变贫户，贫户变饿者，四民之首，奔走下贱，各省大局，岌岌乎皆不可以支月日，奚暇问年岁?”①。龚自珍逝世的前一年，已响起了鸦片战争的隆隆炮声。他的晚年，正是中国封建社会解体，开始走向半殖民地半封建社会的时代。他的思想反映了历史转变关头的时代特征。

龚自珍才华早露，早年所作诗文，“风发云逝，大有不可一世之概”②。他长期随父亲游宦于苏、浙、皖各地，耳闻目睹官场的黑暗腐败，广泛接触“田夫、野老、驺卒”等下层群众，对社会情况有较深的了解。他博学多才，“于经通《公羊春秋》，于史长西北舆地。其文以六书小学为入门，以周、秦诸子吉金乐石为崖郭，以朝章国故世情民隐为质干。晚尤好西方之书，自谓造深微云”③。他的作品淋漓尽致地揭露封建末世的矛盾，尖锐而辛辣地抨击专制主义的种种弊端，因此遭到统治者的忌恨。他 38 岁成进士，此后 10 年，任

① 《西域置行省议》，见《龚自珍全集》，106 页，上海，上海人民出版社，1975。

② 吴昌绶:《定盦先生年谱》。

③ 《定盦文录叙》，见《魏源集》（上册），239 页，北京，中华书局，1976。

内阁中书和宗人府主事等小官，浮沉宦海，郁郁不得志。1839 年，他辞官南下讲学。1841 年以暴疾死于江苏丹阳。

龚自珍指出，当时的社会是“日之将夕，悲风骤至”的“衰世”。在社会经济方面，土地兼并十分严重，大官僚、大地主依仗权势，霸占大量土地，聚敛大批钱财，出现了“贫相轧，富相耀；贫者阽，富者安；贫者日愈倾，富者日愈壅”的情况。经济上的贫富不均，势必导致政治上的动荡不安，“至极不祥之气，郁于天地之间，郁之久乃必发为兵燹，为疫疠，生民噍类，靡有孑遗，人畜悲痛，鬼神思变置”①，变革的风暴就快要来到了。

龚自珍在指出社会贫富不均的同时，又揭露封建专制政治的专横和腐败。他总结历代封建专制王朝盛衰的教训：“昔者霸天下之氏，称祖之庙，其力强，其志武，其聪明上，其财多，未尝不仇天下之士，去人之廉，以快号令，去人之耻，以崇高其身；一人为刚，万夫为柔”，在这样的专制统治下，“积百年之力，以震荡摧锄天下之廉耻，既殄、既狝、既夷”②，风气遭破坏，人才被摧残，士大夫养成阿谀奉承、趋福避凶的圆滑习气，看长官的脸色行事，“历览近代之士，自其敷奏之日，始进之年，而耻已存者寡矣！官益久，则气愈媮；望愈崇，则谄愈固；地益近，则媚亦益工”③。官场充塞着这班昏庸卑劣之徒，只知道谋一己的升官发财、封妻荫子，置国家安危、民生疾苦于不顾。他又抨击官场论资排辈的用人制度，“累日以为劳，计岁以为阶”，一个人考中翰林，授庶吉士，而“自庶吉士至尚书，大抵须三十年或三十五年；至大学士又十年而弱。……夫自三十进身，以至于为宰辅、为一品大臣，其齿发固已老矣，精神固已惫矣！”这样的人虽然有些经验，但锐气尽丧，瞻前顾后，“因阅历而审顾，因审顾而退葸，因退葸而尸玩，仕久而恋其籍，年高而顾其子孙，傫然终日，不肯自请去”④。龚自珍把这种人比作衙门

① 《平均篇》，见《龚自珍全集》，78 页。
② 《古史钩沉论一》，见《龚自珍全集》，20 页。
③ 《明良论二》，见《龚自珍全集》，31 页。
④ 《明良论三》，见《龚自珍全集》，33 页。

口的石狮子，“具形相向坐者数百年”，资格确实是最老的，却是官僚机构的无用摆设。

龚自珍还批判了封建末世的思想界：万马齐喑，一潭死水。知识分子只会读时文，作八股，脱离实际，志气消磨，所学无用。他认为这是封建专制主义进行思想控制的结果。“当彼其世也，而才士与才民出，则百不才督之缚之，以至于戮之。戮之非刀、非锯、非水火；文亦戮之，名亦戮之，声音笑貌亦戮之。……徒戮其心，戮其能忧心、能愤心、能思虑心、能作为心、能有廉耻心、能无渣滓心。”① 最后，人才被摧残殆尽，朝廷上没有贤明勇武的将相，社会上没有优秀杰出的士农工商，连强盗、小偷也都是低能儿，“起视其世，乱亦竟不远矣”②。所以，龚自珍发出了震撼人心的呼喊：“九州生气恃风雷，万马齐喑究可哀。我劝天公重抖擞，不拘一格降人才。”③ 他期待着风举雷发，人才辈出，能使中华大地重新呈现蓬勃生机。

在揭露和批判现实社会的同时，龚自珍竭力鼓吹变法改革。他说：“自古及今，法无不改，势无不积，事例无不变迁，风气无不移易。”④ 他寄希望于统治者一旦醒悟，能自己进行自上而下的变革。“一祖之法无不敝，千夫之议无不靡，与其赠来者以劲改革，孰若自改革?”⑤ 他认为，一个朝代的盛衰兴亡，最重要的原因是土地、财产是否分配均衡，贫富悬殊是王朝败亡的根源，“浮不足之数相去愈远，则亡愈速，去稍近，治亦稍速。千万载治乱兴亡之数，直以是券矣”⑥。因此，他主张调整和重新分配土地财产，解决贫富不均问题，缓和阶级矛盾。他描绘了一个未来社会的蓝图，希望把租佃关系纳入宗法家族关系的框框，把人们按照血缘关系分成大宗、小宗、群宗和闲民四个等级，按此授予土地，形成一个“宗能收族、族能

① 《乙丙之际箸议第九》，见《龚自珍全集》，6～7页。

② 同上书，7页。

③ 《乙亥杂诗》，见《龚自珍全集》。

④ 《上大学士书》，见《龚自珍全集》，319页。

⑤ 《乙丙之际箸议第七》，见《龚自珍全集》，6页。

⑥ 《平均篇》，见《龚自珍全集》，78页。

敬宗”的和睦社会。这些自然都是实现不了的幻想。值得注意的是，龚自珍虽然主张重新分配土地、财产，但并非要求绝对平均，他希望在宗法关系下允许自由竞争，积累私有财产。他说：“上古不讳私，百亩之主，必子其子”，“有能以尺土出谷者，以为尺土主；有能以倍尺若十尺、伯尺出谷者，以为倍尺、十尺、伯尺主”①。他主张人尽其才，各人按照耕种能力拥有土地。他反对封建卫道士的“遏欲”“去私”。这些主张，和他的前辈戴震的思想颇有共同之处。

龚自珍还针对专制君主权力过分集中的弊端，主张扩大大臣和地方的权力，改变督抚大臣不能“行一谋，专一事”的不正常情况；他又力主废除八股，用人不限资格，广泛网罗人才，做到“夹袋搜罗海内空”；他很关心边防海防，主张移民西北，加强防务，设置行省；又提出要警惕西方资本主义“环伺澳门，以窥禹服”。当林则徐被任为钦差大臣，赴广州查禁鸦片时，龚自珍写了《送钦差大臣侯官林公序》，支持禁烟抗英，替林则徐出谋划策。

龚自珍的一些具体改革主张是不可能实现的空想。当历史进程还没有发展到足以提供解决任务的条件和手段时，人们是不可能制定出切实可行的行动方案的。龚自珍思想的可贵之处在于，敏锐地体察并勇敢地揭露社会矛盾，对旧事物进行抨击讽刺，对新事物热情地期待和赞颂。他的诗歌、文章，是中国封建主义走向崩溃的一曲挽歌，对以后的进步知识分子影响甚大。梁启超说：“自珍性詄宕，不检细行，颇似法之卢骚。喜为要眇之思。其文辞俶诡连犿，当时之人弗善也，而自珍益以此自喜。往往引《公羊》义讥切时政，诋诽专制……晚清思想之解放，自珍确与有功焉。光绪间所谓新学家者，大率人人皆经过崇拜龚氏之一时期。初读《定盦文集》，若受电然。”②

魏源（1794—1857），字默深，湖南邵阳人。他和龚自珍都服膺今文经学，倡导经世致用。两人的思想相近，友谊很深，世称之为“龚魏”。魏源出生在小地主的家庭中，少年时代曾广泛接触下层社

① 《农宗》，见《龚自珍全集》，49页。
② 梁启超：《清代学术概论》。

会。21 岁随父亲到北京，从刘逢禄学《公羊》之学，结交了林则徐、龚自珍、姚莹等，共同研究学问，议论时政。29 岁中举后，会试屡次落第。后在大官僚贺长龄、陶澍处当幕友，为他们编书撰文，研究经济政治，协助他们整顿和改革盐政、漕运、河工。鸦片战争期间，他应邀参加两江总督裕谦的幕府，在浙江前线参加抗击英国侵略的战斗。1845 年他 52 岁时才考中进士，任江苏东台、兴化的知县，又升高邮知州。在清政府对付太平天国革命战争的过程中，他“迟误驿报，劾罢职”。他晚年潜心佛学，“不与人事，惟手订生平著述，终日静坐”①。1857 年在杭州病逝。

魏源的著述很丰富，既有阐发“微言大义”的今文经学著作《诗古微》《书古微》《公羊春秋古微》《董子春秋发微》等，又有一般地谈论哲学、政治的《默觚》以及探讨财政、经济、军事的《筹河篇》、《筹漕篇》、《筹鹾篇》和《军贮篇》，代人编纂的《皇朝经世文编》，还有历史、地理方面的《元史新编》和对山脉水道的考证。他的著作中，最重要、最具有时代特色的是他在鸦片战争以后编著的《圣武记》和《海国图志》，这两部著作反映了他反对外国资本主义侵略的爱国思想，并提出了“师夷长技以制夷”，向西方学习的进步主张。

1840 年英国发动鸦片战争，战争以中国的失败告终。从此，中国封建社会发生了重大转折，向着半殖民地半封建社会走去，民族矛盾和阶级矛盾空前激化。如何对待外国侵略者？如何使国家摆脱危机？每个进步的知识分子都不能不进行思考和探求。魏源是当时知识界了解世界形势最清楚、反抗外国侵略最坚决、所提救国主张最切实的人。他认为鸦片战争的失败主要是政治腐败所造成的，清朝“承平恬嬉，不知修攘为何事，破一岛一省震，骚一省各省震，抱头鼠窜者胆裂之不暇，冯河暴虎者虚骄而无实”②。他把“人心之寐”和“人才之虚”视为社会的两个病根。所谓“寐”，就是糊涂，对世界情势懵懂无知，对当前危机麻木不仁；所谓“虚”，就是空

---

① 魏耆：《邵阳魏府君事略》，见《魏源集》（下册），858 页。

② 《道光洋艘征抚记上》，见《魏源集》（上册），187 页。

洞，夸夸其谈，不切实际，并无真知灼见。他看透了官场和知识界的严重问题，提出“去伪，去饰，去畏难，去养痈，去营窟”以克服“寐”；又提出“以实事程实功，以实功程实事，艾三年而蓄之，网临渊而结之，毋冯河，毋画饼”①，以克服“虚”。这位热诚的爱国志士希望鸦片战争的失败会激起中华民族的觉醒，引起人们的“愤”与“忧”，能成为“违寐而之觉，革虚而之实”的关键。

魏源针对长期闭关政策造成的不了解世界情况的弱点，提出“欲制夷患，必筹夷情”的主张。1841 年，林则徐被遣戍，路经江口（镇江），与魏源相晤，通宵长谈，林则徐将自己所辑的《四洲志》交给魏源，嘱他续编成书。魏源的诗中记下了当时的情景：“万感苍茫日，相逢一语无。”“与君宵对榻，兰度雨翻蘋。”② 魏源不负林则徐的重托，编成《海国图志》，他说：“《海国图志》六十卷，何所据？一据前两广总督林尚书所译西夷之《四洲志》，再据历代史志及明以来岛志及近日夷图、夷语。钩稽贯串，创榛辟莽，前驱先路。”他提出编撰此书的目的是“以夷攻夷”和“师夷长技以制夷”③。当时的封建顽固派，把外国先进的科学技术视为“奇技淫巧”，对之深闭固拒，不屑一顾。魏源正确地把外国侵略者和他们掌握的科学技术区别对待，认为反对外国侵略者不是要拒绝一切外来的新事物，恰恰相反，只有学习外来的新事物，才能有效地抗击外国侵略者。魏源这一“师夷长技以制夷”的思想，对后继的政治家、思想家都有很大的影响。

什么是“夷之长技”？在魏源的心目中，主要是指军舰、枪炮以及养兵、练兵之法。他建议在广东设造船厂和火器局，聘用外国技师，仿造西方的船只、火器，并且允许商人设厂，“沿海商民，有自愿仿设厂局以造船械，或自用或出售者听之”。除了船、炮之外，他还指出应该学习仿制其他民用工业品，“量天尺、千里镜、龙尾车、风锯、水锯、火轮机、火轮车、自来火、自转碓、千斤秤之属。凡

---

① 《海国图志叙》，见《魏源集》（上册），208 页。

② 《江口晤林少穆制府》，见《魏源集》（下册），781 页。

③ 《海国图志叙》，见《魏源集》（上册），207 页。

有益民用者，皆可于此造之”①。可见魏源主张向西方学习，并不止于军事工业。

二

在龚自珍逝世以后和魏源的晚年，中国发生了农民阶级和地主阶级之间一场空前剧烈的大搏斗。太平天国农民运动发生于 1851 年，它是中国封建社会固有矛盾在外国侵略刺激下的总爆发。19 世纪五六十年代，农民阶级和地主阶级处在刀光剑影的恶战之中，上层和中层的知识分子几乎都站在清朝方面，以全部精力反对农民革命。这时，清朝的某些大官僚已在购买和仿造西方武器，不过那不是用来反抗外国侵略者而是用来镇压农民革命的。

第二次鸦片战争之后，帝国主义和中华民族的矛盾上升，农民革命的浪潮渐趋低落，出现了一些思想较敏锐的要求变革的知识分子，冯桂芬就是其中的一个。

冯桂芬（1809—1874），江苏吴县（今苏州）人，道光二十年（1840）榜眼，曾任广西乡试主考、詹事府右中允等职，因受排挤，弃职家居。当太平军进军苏常地区时，他避往上海。冯桂芬曾积极参与向曾国藩乞师援沪的活动，曾国藩因此推荐李鸿章出任江苏巡抚，率师往上海。冯桂芬又主持上海中外会防局，后又在李鸿章的幕中佐理事务。他的政治立场是完全站在太平天国的对立面。但他接触西方事物较多，对外国情况了解较清楚，对比之下，观察中国社会的弊端也更深刻一些。他著名的著作是 1860 年所作的《校邠庐抗议》。

冯桂芬思想的一个特色是对腐朽的封建制度进行了多方面的揭露和批判。他在《校邠庐抗议》的自序中指出：“奉军国则民力竭，养兵勇则国力又竭”、“文臣不知兵，武士不晓事”、“倍征无艺”、

① 魏源：《海国图志·筹海篇》。

“运道阻，天庾空”、“水利塞，稻田少，民受其饥”、“科目不得人”、“期功陌路，富贵贫贱不相恤”、“民隐不上达”、“俸薄官贪”、“则例猥琐”、“案牍繁多”、“夷患不已”以及“器用苦窳”等，涉及政治、军事、经济、财政、吏治、科举等各方面的弊病，分析很细致，批判较尖锐。例如，他揭露官场的腐败：“外官自督抚以至典史，某缺肥，岁赢若干；某缺瘠，岁赔若干。所谓肥瘠者，皆陋规之属，扬扬然习于人口，恬不为怪，骤闻之，几疑官名为市肆之名。”① 他又揭发河工衙门的贪赃受贿：“两河岁修五百万，实用不过十之一二耳，其余皆河督以至兵夫瓜剖而豆分之。闻驯谨河员常以十之三办工，贪冒者递减，甚有非抢险不使一钱者。……此河督以下一切官弁兵丁之必宜全裁者也。”② 这些言论招致了某些官僚的反感。所以，吴云给冯桂芬的文集《显志堂稿》作序时说：“先生悲悯在抱，愤时嫉俗之心，时流露于笔墨间，故立言稍激。”

应该说，龚自珍同样是个“悲悯在抱，愤时嫉俗”的思想家，他的锐利笔锋撞击在封建制度的顽石上，往往激发出光辉的火花。冯桂芬在某种意义上可以说是继承了龚自珍的传统。但是，龚自珍生活在鸦片战争前夕，封建制度的脓疮刚开始揭开，他还只能从大处落墨，预言式地宣告暴风雨的到来和变革的必不可免。而冯桂芬的《校邠庐抗议》成于太平天国革命后期，阶级斗争和民族斗争的无情现实搅动了停滞的封建主义污水池，使得沉积在底层的一切渣滓污秽全部浮到表面，冯桂芬已经有进行实际观察的可能，所以他对于封建主义的病症诊断得更加准确。当然，他对黑暗腐朽现实的抨击，仍无非是从保卫封建制度的立场出发的。他要求改善旧制度的某些方面，企图回复到“内可以荡平区宇，夫而后外可以雄长瀛寰”③ 的封建鼎盛局面。他虽然说过“夷务为第一要政，而剿贼次之”④ 的话，但实际上，他在上海主持中外会防局，与外国侵略者

① 冯桂芬：《校邠庐抗议·厚养廉议》。
② 冯桂芬：《校邠庐抗议·汰冗员议》。
③ 冯桂芬：《校邠庐抗议·制洋器议》。
④ 冯桂芬：《校邠庐抗议·善驭夷议》。

一起镇压太平天国革命。反动的政治生涯蒙蔽了冯桂芬的视野，他不可能更加深刻地观察社会的矛盾。他所提出的治疗中国社会的方案大体上并没有超出地主阶级可以接受的范围。

和魏源一样，冯桂芬提出了变法和学习西方的主张。他的变法原则是："以中国之伦常名教为原本，辅以诸国富强之术"①。这一原则和洋务派后来所说的"中学为体，西学为用"并没有多大区别。他所说的"诸国富强之术"仍只是"坚船利炮"，但比起魏源来，他更着重"能造、能修、能用"。他不仅主张采用外国的武器，而且强调学习制造武器的方法，他说："能造、能修、能用，则我之利器也；不能造、不能修、不能用，则仍人之利器也。利器在人手，以之转漕而一日可令我饥饿，以之运盐一日可令我食淡，以之涉江海一日可令我覆溺。仓卒有隙，幡然倒戈，舟中敌国遂为实事。"②

为了学习制造枪炮船舰的技能，冯桂芬比他的前辈们更加重视西方科学技术的成就。他说，西方国家的"算学、重学、视学、光学、化学，皆得格物至理，舆地书备列百国山川厄塞、风土物产，多中人所不及"③。他一方面主张设立翻译馆，从通晓外国语言文字入手，学习历算之学、格物之理、"制器尚象"之法；另一方面主张以举人、进士的职衔奖赏精通武器制造的能者，"重其事，尊其选，特设一科以待能者"④。在武器制造以外，冯桂芬也提出了学习科学、发展工业的主张，他说："闻西人见用地动新术，与天行密合，是可资以授时……闻西人海港刷沙，其法甚捷……是可资以行水。又如农具、织具，百工所需，多用机轮，用力少而成功多，是可资以治生。其他凡有益于国计民生者皆是。"⑤ 但这类主张，在他的全部言论中还不占主要地位。在冯桂芬看来，只要掌握一些西方的科学技术和制造船炮的本领，再加上他臆想的一些复古的办法，就可以解决中国的问题，使封建制度的痼疾豁然痊愈，还能超越西方资

① 冯桂芬：《校邠庐抗议·采西学议》。
② 冯桂芬：《校邠庐抗议·制洋器议》。
③ 冯桂芬：《校邠庐抗议·采西学议》。
④ 冯桂芬：《校邠庐抗议·制洋器议》。
⑤ 冯桂芬：《校邠庐抗议·采西学议》。

本主义国家。“始则师而法之，继则比而齐之，终则驾而上之。自强之道，实在乎是。”①

当一种全新的事物突然出现时，在最初时刻，人们往往只能瞥见它最突出的某些方面。从这些方面出发，人们经历一个实践过程，认识逐渐深化，才能对新事物的本质达到较为深入、较为完整的认识。中国人对西方资本主义的认识，正是这样走过来的。在 19 世纪 60 年代，中国的一些官僚和知识分子经过对外战争的失败而认识了西方武器的威力，并进而初步承认西方科学技术和生产力的某些成就。但是，他们还没有认识到产生这些力量的西方社会制度的性质，还没有认识到武器、科学技术、生产力和一定社会制度的必然联系。因此，他们一点也没有意识到西方的社会制度方面还有哪些东西值得学习和借鉴。这是 19 世纪 60 年代刚刚从地主阶级中分化出来的一部分改革派的普遍思想状况，冯桂芬就是这样的代表人物。

冯桂芬对清朝统治下的各种黑暗腐朽现象的揭露，给了后来的资产阶级维新运动以较大的影响。在戊戌变法运动中，清廷曾将《校邠庐抗议》一书发交全国官僚讨论，以集中各方面的意见，并做舆论准备，推进变法运动。立新必须破旧，以后资产阶级改良主义思想家抨击旧制度的锋芒所向，有很多是《校邠庐抗议》中已经指出的腐败现象。而改良主义思想家对西方社会制度所达到的认识高度，也不过是对魏源、冯桂芬等认识的深化和发展。不过，后来改良主义思想家的认识中，更多地注入了发展资本主义关系的新内容。从思想发展的脉络来说，包括林则徐、龚自珍、魏源、冯桂芬等在内的改革派，是资产阶级维新派的前身。

三

《校邠庐抗议》一书发表以后的 10 多年内，世界和中国正经历

① 冯桂芬：《校邠庐抗议·制洋器议》。

极大的变化。在世界上，某些国家已经开始从自由资本主义向帝国主义过渡。列强分割殖民地的斗争更加激烈，老牌和新起的殖民主义强盗仗剑策马，驰逐在世界的各个角落。在中国，太平天国运动、捻军和各少数民族的起义陆续被镇压下去，大规模的反对清朝统治的群众斗争渐趋消沉，国内的阶级矛盾退居次要地位，而资本主义列强的经济、政治、军事、文化侵略日益深入。从19世纪70年代起，入超迅速上升，中国社会经济面临着一场空前浩劫。同时，中国的邻邦和边疆遭到外国侵略者的宰割与武装入侵，形势是非常严峻的。在外国的疯狂侵略下，国家和民族的前途将会怎样？如何能够使祖国在强敌环伺之下继续生存下去？如何能够使贫穷、落后的中国迅速富强起来？这是在一切先进知识分子头脑中占支配地位的首要的问题。

魏源、冯桂芬等曾经认为，只要学习外国的武器和某些科学技术，就足够解决中国的问题。但是，19世纪60—70年代洋务派开办军火工业、设立同文馆等的实际成绩，证明这些是远不能使中国振兴起来的，从西方资本主义移植过来的这些工业和教育机构，在封建主义的土壤上迅速地变形，成为封建官僚们贪污浪费和实行专横统治的小王国。它们虽然花费了大量的资金，但成效甚微，没能制造出足以抵抗侵略的武器，也没能培养出真正的专门人才。这一点是连清政府和洋务派首领李鸿章也并不否认的。

同治十三年（1874），李鸿章在海防争论中提到了“变法”，封建官僚把洋务运动从军事领域推广到经济、教育等领域，这是洋务历史上的重要一步。在这同时，一些知识分子和中下级官吏在“变法”的口号下提出种种主张，他们在魏源、冯桂芬所已达到的水平上继续前进。其著名的代表有薛福成、马建忠、王韬等。他们都长期游历外国或居住香港，对外国的情况了解得更加清楚。他们的言论代表着刚刚出生的中国资产阶级的利益和趋向，但很多方面又和洋务派官僚很接近，难以清楚地判明两者之间的界限。

薛福成（1838—1894），字叔耘，号庸盦，江苏无锡人，副贡出身。1865年入曾国藩幕，后又入李鸿章幕。中法战争中，官宁绍台道，在浙江综理军务，抗击法舰。1889 年任出使英、法、意、比四国大臣。他的著作有《庸盦十种》。其中，《庸盦文编》和《筹洋刍议》是反映他前期（中法战争以前）思想的重要作品，《庸盦海外文编》《出使日记》《出使日记续刻》是反映他后期（中法战争以后）思想的重要作品。

马建忠（1845—1900），江苏丹徒人。曾留学法国，后来长期在李鸿章幕下工作，曾任轮船招商局和上海织布局的总办。其重要著作有《适可斋记言》。

王韬（1828—1897），江苏长州（今苏州）人。1862 年曾向太平天国苏州守将刘肇均上书，建议进攻上海。后被清政府发觉，指名缉捕。王韬在英国人的庇护下逃往香港，之后游历各国，接触了许多新知识。1874 年他在香港创办《循环日报》，宣传变法自强。1884 年后回到上海居住。他的著作很多，在政治思想方面的重要作品有《弢园文录外编》《弢园尺牍》等。

薛福成和马建忠都是李鸿章的幕僚，都是洋务运动的策划者和执行者。在中法战争以前，他们的思想基本上没有超出洋务派思想的范围。但中法战争以后，他们的思想有了一定的发展，表现出更多的资本主义倾向。王韬则和洋务派关系较浅，他的著作对洋务运动批判较多，提出了一些激进的主张。但是王韬的作品大部分写成于中法战争以前。当时，实际生活还没有证实洋务运动的完全无效，王韬也不可能更多地突破洋务运动的总范围而开辟一条全新的道路。

中法战争前，在薛福成、马建忠和王韬的思想中，“变法”和“学习西方”的范围已经大大地推广了。他们不仅主张学习西方的坚船利炮和声光化电，而且积极主张设工厂、开矿藏、行轮船、筑铁路，以及学习西方的教育、商务、法律和政治制度的某些方面。薛福成说：“西洋诸国，恃智力以相竞，我中国与之并峙。商政矿务宜筹也，不变则彼富而我贫；考工利器宜精也，不变则彼巧而我拙；火轮、舟车、电报宜兴也，不变则彼捷而我迟；约章之利病，使才之优绌，兵制阵法之变化宜讲也，不变则彼协而我孤，彼坚而我脆。”① 马建忠说：“忠此次来欧一载有余，初到之时，以为欧洲各国富强专在制造之精、兵纪之严。及披其律例，考其文事，而知其讲富者以护商会为本，求强者以得民心为要。护商会而赋税可加，则盖藏自足，得民心则忠爱倍切而敌忾可期。他如学校建而智士日多，议院立而下情可达。其制造、军旅、水师诸大端，皆其末焉者也。”② 王韬说：“中西同有舟而彼则以轮船，中西同有车而彼则以火车，中西同有驿递而彼则以电音，中西同有火器而彼之枪炮独精，中西同有备御而彼之炮台、水雷独擅其胜，中西同有陆兵水师而彼之兵法独长。其他则彼之所考察，为我之所未知，彼之所讲求，为我之所不及，如是者直不可以偻指数。设我中国至此时而不一变，安能埒于欧洲诸大国而与之比权量力也哉！”③

由上述言论可见，他们认为值得向西方学习的东西是很多的，范围很广泛。他们的前辈魏源、冯桂芬等对于西方文明的认识尚失之于狭隘，在重重遮掩的封建帷幕的缝隙中，主要是瞥见了西方国家船坚炮利的一面。到了 19 世纪 70 年代以后，外国对华侵略日益深入，中国和外国的接触日益频繁，封建帷幕上已撕裂了许多大缺口，透过这些缺口，知识分子隐约地窥到了资本主义世界的全景。其中特别引起他们注意的，就是像神话般发展起来的生产力，对这种经济奇迹，不能不叹为观止。他们对于和生产力相适应的上层建筑的某些方面也有所注意。薛福成、马建忠、王韬在一定程度上克服了他们的前辈魏源、冯桂芬的狭隘眼界，要求大规模向西方学习。

但在那时，先进的知识分子对资本主义文明并没有达到一个总体的认识。西方国家生产力和社会制度的各种表象杂乱无章地浮现在他们的头脑中。他们误认为，各种表象是孤立地存在的，可以把它们逐个地从资本主义机体上切割下来，简单地移植到中国。他们并未认识到各种表象都是整个资本主义链条中互相关联的各个环节。

---

① 薛福成：《筹洋刍议·变法》。

② 马建忠：《适可斋记言》卷二，《上李伯相言出洋工课记》。

③ 王韬：《弢园文录外编》卷一，《变法中》。

因此，他们的变法方案同样是杂乱无章地罗列着许多具体措施，并且生硬地把它同中国封建主义的旧基础结合起来。薛福成说："我国家集百王之成法，其行之而无弊者，虽万世不变可也！""今诚取西人器数之学，以卫吾尧、舜、禹、汤、文、武、周、孔之道，俾西人不敢蔑视中华……是乃所谓用夏变夷者也"①。这种言论和魏源、冯桂芬如出一辙，和洋务派官僚也没有多大的差别。

和杂乱的措施相伴随的是杂乱的变法步骤。在当时先进的知识分子那里，许多具体的变法措施并列在一起，根本问题和次要问题分辨不清。变法应该从哪里入手，采取什么步骤，他们并没有给出明确的答复。王韬再三批评洋务运动杂乱无章，本末倒置，他说："盖洋务之要，首在借法自强。非由练兵士、整边防、讲火器、制舟舰，以竭其长，终不能与泰西诸国并驾而齐驱，顾此其外焉者也，所谓末也。至内焉者，仍当由我中国之政治，所谓本也。"但什么是"本"呢？王韬含含糊糊地答道："其大者，亦惟是肃官常、端士习、厚风俗、正人心而已！"② 毫无疑问，封建社会的"官常、士习、风俗、人心"是应当改革变化的，但怎样才能改变这一切？在应该提出改革的具体措施和具体步骤的地方，他恰恰停了下来，无力提出改变这一切的明确而可行的方案。

有时候，王韬似乎有跨进一大步的趋势。他说："天下何以治？得民心而已！""治民之大者，在上下之交不至于隔阂。"③ 从这里出发，他认为西方国家的君主立宪制度可以使"上下相通，民隐得以上达，君惠亦得以下逮。都俞吁咈，犹有中国三代以上之遗意焉"④。但是，王韬对西方政治制度的赞美并没有导致他积极地提出在中国实行君主立宪制度的主张。在更多的时候，他陷入各种复杂表象的迷宫，而抓不住要害。在他看来，使中国富强的首要问题是培养和任用人才，强调"自强尤以得人为先"⑤，"贤才在上则国治，

---

① 薛福成：《筹洋刍议·变法》。

② 王韬：《弢园文录外编》卷二，《洋务下》。

③ 王韬：《弢园文录外编》卷一，《重民中》。

④ 王韬：《弢园文录外编》卷一，《重民下》。

⑤ 王韬：《弢园文录外编》卷三，《设领事》。

贤才在下则国乱”[①]，“今日我国之急务，其先在治民，其次在治兵，而总其纲领则在储材”[②]。自然，培养和任用人才是重要的任务，但是如果不改变腐败的封建政治制度，又怎能培养和任用真正的人才？把“储材”放在一切兴革事宜之上，当作挽救中国的首要任务，不能不说是虚幻的空想。王韬批评洋务派把军事提到首位是本末倒置，这是正确的。而他自己把人才提到首位，同样重蹈本末倒置的覆辙。

薛福成和马建忠则表现出另一种倾向。他们比较强调“通商”。薛福成说：“西人之谋富强也，以工商为先，耕战植其基，工商扩其用也。”[③] 马建忠的前期著作一再强调保护商会，发展贸易，减轻商税，修筑铁路，等等。但是，在薛福成、马建忠提出的方案中，发展资本主义与巩固封建政治是并行不悖的，他们并没有意识到两者是不可调和的。

薛福成、马建忠、王韬等人，正处在全面接触资本主义的初期阶段。五彩缤纷的西方世界突然显现在他们面前，使他们头晕目眩，应接不暇。这时知识界对西方世界的东西基本上停留在直观认识的感性阶段，还来不及进行深刻的思索和细致的辨析。他们主张学习西方世界的一切，把它们介绍到中国来，和中国的旧文化相调和。他们反对顽固的封建保守派，热烈地鼓吹变法自强，并且丰富与扩大了变法的内容和范围，这是他们的功绩。但是，他们没有认清资本主义的本质和内在联系，分辨不清变法措施的主次和先后。如果说魏源和冯桂芬的变法偏重在船坚炮利，失之狭隘的话，那么薛福成、马建忠、王韬等虽然避免了前辈思想家的狭隘，但又产生了另外的弱点，这就是：百废俱举，头绪纷繁，失之于庞杂。他们虽然接触到通商制度、议会政治，但这类见解又和大量接近洋务派的言论混杂在一起，因而减损了价值。

---

① 王韬：《弢园文录外编》卷一，《原才》。

② 王韬：《弢园文录外编》卷一，《变法下》。

③ 薛福成：《筹洋刍议·商政》。

四

在19世纪70年代和80年代之初，虽然中国的资本主义经济刚刚产生，外国的侵略正在逐步加深，但是李鸿章等搞的一套洋务措施标榜求强求富，借西方资本主义的技艺以支撑封建制度，这给人一种幻觉，似乎清王朝还有延续和中兴的希望。资产阶级性质的变法要求虽在酝酿，但并没有紧迫地提上日程，而是基本上还处于议论阶段，因此这种议论就不能不是空泛的、凌乱的。

要从庞杂纷繁的变法的议论中向前跨出一步，单单依靠思想家们的主观逻辑显然是不够的。只是资本主义经济的发展和民族危机的加深，才使矛盾更清楚地暴露出来，才可能扫除思想家头脑里的模糊性，才使资产阶级的变法要求更加迫切、更加明确起来。客观的社会进程为人们的主观思维不断地开辟着前进的道路。在80年代的中法战争以后，一批先进的思想家在客观形势的推动下，从70年代所达到的思想高度出发，继续向前迈进，提出了更加鲜明的资产阶级要求。

中法战争以后，清政府用对外妥协的巨大代价换取了帝国主义的“谅解”和支持，统治局面出现了相对的平静。但是，在这种表面的平静之下，正在酝酿着并开始翻滚着更大的波涛。一方面，新兴的日本奉行对外扩张政策，气焰日益嚣张，时刻有破坏远东力量均势的可能；另一方面，中国的对外贸易江河日下，国穷财竭，民不聊生。在险恶的形势下，中国的资本主义机器工业开始成长起来，但又不可能顺利地发展。在中法战争中，清政府造船制炮的洋务运动的成果，像纸糊的房屋一样，塌下了半边。一些先进的知识分子产生了怀疑、彷徨和不满，他们从洋务派集团中进一步分化出来，对洋务运动进行批评和抨击，进一步提出改革的要求。其代表人物，除了前面已提到的薛福成、马建忠之外，还有何启、郑观应、陈炽、陈虬等人。

何启（1859—1917），广东南海（今广州）人，香港律师。从1887年到1900年，他和胡礼垣分别或合作撰著政治论文，鼓吹变法，由胡汇编为《新政真诠》出版。郑观应（1842—1921），号陶斋，广东香山（今中山）人，曾为太古轮船公司的买办，后参加李鸿章洋务集团，经办过轮船招商局、上海电报局、上海机器织布局等企业。他早期的著作有《救时揭要》《易言》等。甲午战争前夕，他对早期著作大加修订，出版了《盛世危言》。陈炽（1885—1900），江西瑞金人，曾在北京任下级官职，在1893年写成《庸书》。陈虬（1851—1903），浙江乐清人，举人出身，大概曾长期做幕友，在1892年撰《治平通议》。

中法战争以后，先进知识分子开始从“洋务自强”的幻梦中逐渐清醒。推行20多年的洋务措施为什么没有成效？在五光十色的西方资本主义文明中究竟哪些东西是立国的根本？中国的富强措施应该从何入手？对这些问题，很多知识分子进一步加以思索，开始突破洋务派的牢笼，走向其对立面。在19世纪70年代，还只有像王韬这样个别的思想家偶尔发表批判洋务派的言论，而到80年代，情况就迥然不同了，如1887年何启所写的《书曾袭侯〈中国先睡后醒论〉后》，洋洋洒洒，慷慨激昂，系统地驳斥了洋务派曾纪泽，抨击了那种认为船坚炮利就可以振兴中国的错误言论。这时，先进知识分子不同程度地表现出批判洋务派的倾向。如陈炽批评洋务派的学习外国是“弃其菁英而取其糟粕，遗其大体而袭其皮毛”①。又说：“今之言洋务者，动曰讲求公法，整顿海防，制器练兵，购船造炮，自以为当务之急，而不知皆缓图也。”② 郑观应说：“六十年来，万国通商，中外汲汲然言更新，言守旧，言洋务，言海防，或是古而非今，或逐末而忘本，求其洞见本原，深明大略者，有几人哉！”③

以前，王韬在批判洋务派本末倒置的时候，提出要“结民之心，作民之气”，但是他并没有切实地答复怎样才能够“结民之心，作民

---

① 陈炽：《庸书·内外篇自序》。
② 陈炽：《庸书·外篇》卷上，《商部》。
③ 郑观应：《〈盛世危言〉初刊自序》。

之气”，因此他的主张流于空泛而难以捉摸。80年代的知识分子同样批判洋务派本末倒置，但比王韬跨进了一大步。他们认为西方国家“君民共主”的议会政治和重商的经济制度才是治国的根本，变法只有抓住这个根本和纲领，才能推动一切改革而使中国臻于富强。郑观应写道：“中华而自安卑弱，不欲富国强兵为天下之望国也，则亦已耳！苟欲安内攘外，君国子民持公法以永保升平之局，其必自设立议院始矣。”又说：“欲张国势，莫要于得民心；欲得民心，莫要于通下情；欲通下情，莫要于设议院。”① 这显然是贯彻和发展了王韬的思想，把王韬“结民之心，作民之气”的主张落实到仿效资产阶级的议会政治。此外，陈虬说：“泰西富强之道，在有议院以通上下之情，而他皆所末。”② 陈炽说：议院是“英美各邦所以强兵富国，纵横四海之根源也”③；又说：“富国强兵，非商曷倚？……此救时之急务，制敌之先机”④，“制国用者必出于商，而商务之盛衰，必系国家之轻重，虽百世可知矣”⑤。尽管各位思想家的变法方案存在很多次要的分歧，尽管他们都提到军事、行政、外交、教育、法制等各方面复杂的改革措施，但是他们变法主张的重点几乎全都放在重商和实现君民共主的政治制度上。连长期在李鸿章手下任事，又担任出使大臣的薛福成，其后期思想也有了明显的进步。他说：“西洋各邦，立国规模，以议院为最良。”⑥ 又说：“欧洲立国，以商务为本，富国强兵，全借于商。”⑦ 重商和君民共主成为80年代先进知识分子之政治思想的重要特色。他们摒弃了把船坚炮利当作富强手段的地主阶级改革派的思想，克服了魏源、冯桂芬等思想上的狭隘性、片面性，又在纷繁复杂的西方文明中找到了变法自强的枢纽，克服了70年代知识界思想的庞杂和纷乱。他们从多方面发挥自己的主张，形成了资产阶级改良主义者改造旧中国的方案，成为戊戌维

---

① 郑观应：《盛世危言》卷一，《议院上》。

② 陈虬：《治平通议》卷六，《上东抚张宫保书》。

③ 陈炽：《庸书·外篇》卷下，《议院》。

④⑤ 陈炽：《庸书·外篇》卷上，《商部》。

⑥ 薛福成：《出使英法义比四国日记》卷二，光绪十六年七月二十一日。

⑦ 薛福成：《出使英法义比四国日记》卷三，光绪十六年八月初九日。

新运动的直接先驱。

五

为了进一步理解资产阶级改良主义思想的内容，以下对君民共主说和重商思想做一些简单的分析。

当时的先进思想家们所说的“君民共主”究竟是怎样的政治制度？

薛福成这样说：“西洋各邦，立国规模，以议院为最良。然如美国则民权过重，法国则叫嚣之气过重，其斟酌适中者，惟英、德两国之制，颇称尽善。”① 当时的思想家都认为：英国、德国式的君主立宪政体是最完美的制度，从王韬到何启、郑观应、陈炽、陈虬等，他们都用不同的语言表达了和薛福成相同的思想。

对这些正在从地主阶级中分化出来的知识分子来说，美国和法国的民主共和制度还是一种不能接受的“异端”，还是必须加以抵制的“洪水猛兽”。他们认为，民主共和，“权偏于下”（郑观应语），“权不一而志不齐”，“人杂言庞，职卑量隘”（薛福成语），甚至把民主共和制理解为“政柄在贫贱之愚民”，认为实行这种制度的必然结果就是政治上的混乱和分裂。他们受封建君主专制的传统思想的束缚是如此牢固，以至无法想象没有皇帝怎能建立一种稳定的政治秩序。他们的改革方案中，“皇帝”仍是至高无上的权威，仍是必不可少的主导核心。在他们看来，西方国家君主立宪制度不无遗憾的一大缺陷就是君权过轻。陈炽就这样说：“君为臣纲，古有明训，西人倡自主之说，置君如弈棋。其贤者尚守前规，不肖者人思自取。若巴西诸国，彼此相攻，大乱方滋，隐忧未艾。此无君臣之伦者不足以致太平也。”② 薛福成晚年也讲：“西洋各国……所设上下议院，亦合古之刑赏与众共之之意。惟流弊所滋，间有一二权臣武将，觊

---

① 薛福成：《出使英法义比四国日记》卷二，光绪十六年七月二十一日。

② 陈炽：《庸书·外篇》卷下，《审机》。

窃魁柄，要结众心，潜设异谋，迫令其君退位……此其君臣一伦，稍违圣人之道者也。"①

中国早期的资产阶级启蒙思想家并不是要求完全摒弃皇帝的权力地位，只是客观实际迫使他们不得不提出对皇帝权力会发生限制作用的"君民共主"主张，这是因为客观实际已经暴露了专制君主制度不可争辩的腐朽性，各种黑暗腐败现象首先表现为君主专制权力的专横和不合理。在等级森严的君主制度下，一小撮昏庸无能的统治者高高在上，把广大劳动人民践踏在脚底下，上下隔阂，矛盾十分尖锐，连中小地主和新兴的资产阶级也处于无权的地位。而这样一个对内作威作福的专制政权，却在对外战争中屡战屡败，只能以出卖国家主权利益来取得帝国主义的欢心和支持。官场的黑暗腐朽、社会的疮痍残破以及对外战争和交涉中的丧权辱国，都在证明君主专制统治是中国贫穷落后的祸根，新的历史事变似乎在给这种制度宣判死刑。

当时的先进思想家从复杂的历史链条中确实抓住了一个突出的环节，即封建的君主专制制度。他们宣称：中国的落后贫困是由于君民之间存在不正常的政治关系，这种不正常的政治关系可以归结为皇帝、官僚同包括不当权的地主、商人在内的所有人民之间的隔阂太深。思想家们认为：隔阂太深，便造成了暴虐腐败的统治，使得社会动荡不安，使得国家贫弱落后。这种意见是很普遍的，我们从冯桂芬那里已经听到过，冯桂芬说："上与下不宜狎，狎则主权不尊，太阿倒持而乱生；上与下又不宜隔，隔则民隐不闻，蒙气乘辟而乱又生。"② 这种言论，在王韬那里得到了发挥。王韬说："治民之大者，在上下之交不至于隔阂……勿以民为弱，民盖至弱而不可犯也；勿以民为贱，民盖至贱而不可虐也；勿以民为愚，民盖至愚而不可欺也。夫能与民同其利者，民必与上同其害；与民共其乐者，民必与上共其忧。"③ 王韬所说的"犯民""虐民""欺民"，正是封

① 薛福成：《出使英法义比四国日记》卷五，光绪十六年十二月初一日。

② 冯桂芬：《校邠庐抗议·复陈诗议》。

③ 王韬：《弢园文录外编》卷一，《重民中》。

建专制君主统治的特征。他要求待民宽厚，以缓和矛盾。对于封建专制君主统治的不合理，何启说得更加尖锐而无所顾忌。他说："今者中国，政则有私而无公也，令则有偏而无平也。庶民如子而君上薄之，不啻如奴贱也；官吏如虎而君上纵之，不啻如鹰犬也。""豺狼噬人也，犹有饱时，而官府之私橐，无时可饱。"①

改良主义思想家对君主专制权力的愤恨和抨击，并没有导致他们要求推翻这个制度。事情看来很奇怪，这些思想家反而认为：专制制度本身是完美的、无罪的，只是某些偶然的、外在的因素才造成"君民隔阂"的状态；如果去掉这些因素，进行某些改革，那么隔阂就会消除，问题就会解决。在这里，封建统治不合理的责任被推给外在因素，而君主专制制度本身仍然得到宽容和尊重。由此，思想家们认为自己的理论宣传任务，并不是鼓动人民推翻这种制度，而是要使它臻于纯洁，得到巩固。他们要求至尊无上的皇帝重视民间疾苦，广开言路，倾诚纳谏，使下情上达，政治清明。他们甚至认为，这样做正是为了提高皇帝的权威。陈炽说，实行议会政治之后，"合君民为一体，通上下为一心……民气日舒，君威亦日振"②。

看来颇为奇怪的改良主义思想家们的想法，其实并不新鲜，我们在中国的封建传统政治的历史中曾不止一次地碰到过这种情况。当封建社会矛盾尖锐化，专制统治暴露危机的时候，也曾有不少人用"民贵君轻""君民一心""上下交孚"等封建政治理论来提醒最高统治者，要求统治者设法缓和阶级矛盾。不过，改良主义思想家和他们的封建前辈是不同的。被改良主义思想家作为救生妙药而注入封建专制制度机体中的是从西方移植过来的议会政治这种"异物"，这种"异物"将和专制的机体产生排斥作用，移植将会导致专制机体的衰萎和死亡，这是改良主义思想家所始料不及的。他们的主观愿望在于给封建的君主专制制度修缺补漏，因而借助一种必然会限制、削弱专制君主权力的议会制度。他们实际上正在偏离专制主义的政治轨道，但却宣称自己的脚步分毫不差地踩在这条轨道上，

① 何启、胡礼垣：《新政真诠初编·曾论书后》。

② 陈炽：《庸书·外篇》卷下，《议院》。

而且认为“君民共主”的议会制度不过是消除君民隔阂的一种具体措施，恰恰可以使君主长治久安，丝毫无悖于古圣贤提出的君臣之义的教导。在改良主义思想家的手里，封建的统治教条被悄悄地赋予新的解释，资产阶级的政治理论在旧的思想形式中得以体现。

早期的资产阶级启蒙思想刚刚从西方传入，支持这种思想的新的阶级还不够强大，因此，启蒙思想家们为了使新的观念能够得到旧营垒里的人们的一定同情，就不得不迎合传统的政治教条。在这种情况下，议会制度的意义和作用被大大地弱化了，似乎它可以辅助封建专制君权的不足，而与之共存。在西方资产阶级国家的一般情况下，议会是权力机构，制定法律，决定国家的大政方针，不受行政机构的干预（当然，它实际上也只是资产阶级的统治工具）。而中国的启蒙思想家心目中的议会，这种庄严的外观和表面的权力是没有的。他们在搬取西方的议会制度时，无不主张“斟酌变通”。经过他们“斟酌变通”之后的议会制度，大概有以下几种：

第一种是把议会制度和科举制度联系在一起。如何启在《新政真诠》中提出：县议员在秀才中选出，府议员在举人中选出，省议员在进士中选出。省议员每年一次集中到北京开会，“君国大政，其权虽出于君上，而度支转饷，其议先询诸庶民”①。这还算是要分取一小部分权力的较激进的方案。

第二种是把议会制度和乡官制度结合在一起。如陈炽提出：每乡举乡官二人，“其年必足三十岁，其产必及一千金。然后出示晓谕，置匭通衢，期以三月，择保人多者用之”。议员的任期为两年，有薪俸和办公机构，定期开会，“大政疑狱，则聚而谘之”；但“贪婪专愎者，官得随时撤之”②。不但议员的资格、权力有许多限制，而且议员要仰行政权力的鼻息，官吏可以“随时”撤掉议员。

第三种是干脆把议会制度和官僚机构融为一体。如汤震提出：由四品以上的高级官僚组成上议院，以军机处主之；由四品以下的中下级官吏组成下议院，以都察院主之。国家的大政方针，由两院

① 何启、胡礼垣：《新政真诠二编·新政论议》。
② 陈识：《庸书·内篇》卷上，《乡官》。

议员讨论其利害得失，“由宰相（军机大臣）核其同异之多寡，上之天子，请如所议行”①。在这一方案中，议会成为官僚机构的下级机关，丧失了它的权力和独立性。

这三种方案，有激进与保守之分，具体措施也不相同，但基本精神都要维护君权的尊严。他们设计的议会不过是皇帝的一个扩大了的咨询机关，而不是权力机关。议员们都是官僚、准官僚或地主、文士，皇帝则被要求更多地俯顺“民情”。这里所谓“民”，是指不当权的绅商，而非广大的劳动人民。议会制度要建立，可是君主的专制权力是不可动摇、不可分割的。西方资本主义国家中的所谓三权分立和议会的独立尊严在近代中国是没有的。在这里，议会成为皇帝的仆从、专制政治的点缀。早期的启蒙思想家们对议会制度的理解和要求不可能走得很远，他们的思想受当时经济状况和阶级关系的制约：既然在经济领域资本主义还十分微弱，封建经济占着绝对的统治地位，既然资产阶级才刚刚诞生，还没有剪断从封建母体中带来的脐带，还根本谈不上和封建制度对抗，那么早期的资产阶级启蒙思想家的政治要求就只能夹杂在大量的封建言论中，不可能更加尖锐、更加鲜明地表达出来。他们虽然已从西方借来了议会制度的武器，但却小心翼翼地不敢触及专制皇帝的权威。

应该指出，当时提出议会政治是符合历史发展要求的，是在民主的道路上跨进了一步，它有利于资产阶级进入权力机关，分享权力。不过，由于鼓吹和实现议会制度势必削弱专制皇帝的权威，限制专制皇帝的权力，这就自然为专制皇帝及其他贵族所深忌，因之，早期的资产阶级启蒙思想家不得不竭力把自己的主张和封建专制的政治教条调和起来。但是，这种调和只是暂时的现象，不可能维持多久。议会政治的理论一旦出现，它就会随着经济的进步、资产阶级的成长以及民族危机的加深和封建统治的腐朽而日益蓬勃地发展与传播，导致对封建专制制度的批判、谴责和否定，这是启蒙思想家们巨大的历史功绩。当然，这些思想家还是谨小慎微的，他们始

① 汤震：《危言》卷一，《议院》。

终站在君主立宪的旗帜下，不敢越雷池一步。对他们来说，民主共和与暴力革命是不能接受的“邪说”，进一步用笔墨和刀枪批判与否定封建君主专制制度的任务，是由以后的资产阶级革命派承担和完成的。

六

除了“君民共主”的议会制度之外，资产阶级启蒙思想家还提出了“重商”的思想，宣称“商”是富国强兵的另一个根本关键。陈炽说：“商务盛衰之枢，即邦国兴亡之券也。”① 薛福成说：“握四民之纲者，商也。”② 这种思想和封建顽固派“重农轻商”“崇本抑末”的论调是直接对立的。

启蒙思想家所说的“商”，包括了以对外贸易为中心的整个国民经济的广泛领域。19 世纪 70 年代以后，外国商品大量输入中国，入超成了当代最突出的经济问题。由于外国商品输入激增，所以中国广大农村成为倾销这种商品的市场，手工业受其排挤，城乡人民日益贫困破产。薛福成说：“今以各国商船论，其于中国每岁进出口货价银在二万万两上下，约计洋商所赢之利，当不下三千万，以十年计之，则三万万。此皆中国之利，有往而无来者也。无怪近日民穷财尽，有岌岌不终日之势矣。”③ 启蒙思想家们目睹时艰，没有一个不力图改变这种江河日下的入超趋势，堵塞对外贸易的重大漏卮。这样，他们的经济主张、救时方案就自然而然地偏重在对外贸易方面。他们跟西方国家资本主义发展初期的重商主义学派很接近，从流通过程中的现象和危机出发，来理解当代的经济生活和自己的经济任务。这些思想家以为，财富就是货币的积聚，而流通就是实现财富增长的源泉。他们的许多经济主张归结到一点，就是力求扭转

① 陈炽：《庸书·外篇》卷上，《公司》。
② 薛福成：《庸盦海外文编》卷三，《英吉利用商务辟荒地说》。
③ 薛福成：《筹洋刍议·商政》。

对外贸易的巨大逆差，使金银不致外流，以保持国内的货币贮藏。马建忠说，西方国家，“无不以通商致富。尝居其邦而考其求富之源，一以通商为准。通商而出口货溢于进口者利，通商而出口货等于进口者亦利，通商而进口货溢于出口者不利”。他把进出口货物的比例视作通商是否有利的准绳，并说：“欲中国之富，莫若使出口货多，进口货少。出口货多，则已散之财可复聚；进口货少，则未散之财不复散。其或散而未易聚也，莫若采取矿山自有之财。”① 正是从发展对外贸易和获得货币财富出发，马建忠提出了整顿丝茶贸易、发展纺织事业、开采金银矿山等一系列的所谓“富民”措施。

中国的早期启蒙思想家们对经济实际运动的观察只停留在表面。在他们那里，资本主义生产方式的特征仅仅在货币资本循环的形态上被表示出来，资本增殖的过程被认为是在流通领域内完成的，并且仅仅是货币自身活动的结果，而生产只是货币自身增殖的一个条件。他们把发展生产的要求附属于发展对外贸易和取得货币财富的要求之下。这种观点是商品经济正在迅速发展，而资本主义大工业生产尚未建立优势的那个社会发展阶段的产物。

尽管启蒙思想家们对资本主义生产的本质并无深刻的认识，但他们的经济思想具有明显的爱国、进步的性质。他们要求发展本国经济，保护民族工商业，和帝国主义进行经济竞争。他们提出“商战”的口号，甚至把抵抗外国经济侵略的重要性放在抵抗外国的军事侵略之上。郑观应曾指出帝国主义侵略的各种形式，除了军事侵略之外，着重指出其经济侵略和文化侵略。他写道：“洋人之到中华，不远数万里，统计十余国，不外通商、传教两端。通商则渐夺华人之利权，并侵中国之地；传教则侦探华人之情事，欲服华人之心，阳托修和，阴存觊覦。”② “彼之谋我，噬膏血非噬皮毛，攻资财不攻兵阵……迨至精华销竭，已成枯腊，则举之如发蒙耳！故兵之并吞，祸人易觉；商之掊克，敝国无形。我之商务一日不兴，则彼之贪谋亦一日不辍。纵令猛将如云，舟师林立，而彼族谈笑而来，

① 马建忠：《适可斋记言》卷一，《富民说》。
② 郑观应：《盛世危言》卷二，《传教》。

鼓舞而去，称心餍欲，孰得而谁何之哉！”思想家们认识到中外通商是帝国主义侵略的一种形式，并且认识到这种经济侵略的祸害是极为严重的，所以振臂高呼：“吾故得以一言断之曰：习兵战不如习商战。”① 这种以发展对外贸易为中心的重商思想正包含着抵抗外国经济侵略的积极意义，是爱国的主张。而且，他们对中国经济发展的前途很有信心，认为中国学习西方，必能超过西方，“转而相师，用因为革，舍短从长，以我之地大物博、人多财广，驾而上之，犹反手耳”。

启蒙思想家的重商思想，以发展对外贸易为中心，但并非仅仅停留在这一点上。为了发展对外贸易，就必须建立机器工业，发展生产；就必须提倡科学技术，奖励创造发明；就必须改革教育制度，培养人才；就必须发展交通运输，修筑铁路；就必须减轻商税，体恤商艰，实行保护工商业的政策。所以，启蒙思想家所说的“商”，有时候只指商业流通领域，有时候则泛指除农业以外的一切国民经济领域。他们认为商业是整个国民经济的枢纽，但并不否认工业生产的重要性。在他们看来，商业是发展工业生产的前提与基础，而工业又是发展商业的条件与保证，两者相互依赖。郑观应说：“若有商无工，纵令地不爱宝，十八省物产日丰，徒弃己利以资彼用而已。”② 也就是说，工业不发展，自己的丰富资源就只能成为帝国主义列强的掠夺对象。因此，他们提出要“以工翼商”（郑观应语），“工实居商之先”（薛福成语），以及“商之本在农，商之源在矿，商之体用在工”（陈炽语），等等。他们无不主张购买和仿造外国机器，设厂开矿、建筑铁路，百废俱举，在中国立即开展大规模的经济建设。这些思想家对于经济和政治的关系，以及国民经济各部门之间的相互关系当然还缺乏透彻的了解，但他们正在摸索前进，他们的思想正在从狭隘的经验中解脱出来，他们已经领悟到政治对经济的反作用，因而开始鼓吹议会政治，并且对经济规律的认识也日益深化，注意力从流通领域日益转向生产领域。1900 年，郑观应在《盛

①② 郑观应：《盛世危言》卷三，《商战》。

世危言》的增订版中已这样说："西人之富，在工不在商，盖商者运已成之货，工者造未成之货，粗者使精，贱者使贵，朽废者使有用。有工艺然后有货物，有货物然后有商贾耳。"① 看来在 19 世纪之末，思想家们已经走出了重商主义的狭窄胡同。

启蒙思想家"重商"思想的另一特点是，重视国家政权对经济的干涉和保护。他们希望政府减轻商税，奖励制造贸易，发放贷款，保护工商。陈炽建议："宜仿泰西各国，增设商部，管以大臣，并立商律、商情、商平、商税四司，分任其事。"② 薛福成建议："如西洋各国有商尚书，以综核贸易之盈亏，又有商务委员以稽查工作之良窳。"③ 郑观应建议：在六部之外，特设商部，重要城市设立商务局，各地设商务公所，其任务是研究种植、制造、贩运、销售，"重订税则，厘正捐章"，"凡有所求，力为保护"，以及讲授商学，研究商情，刊印商报，等等。他们希望封建政府帮助发展资本主义经济。这种想法是可以理解的。当时社会上封建的经济和政治势力占着绝对优势，幼弱的资本主义经济依靠自身的力量是无法生存和发展的，它离开了政权的荫庇简直寸步难行，这是产生资产阶级启蒙思想家指望由封建政权来促进经济发展的幻想的客观基础。思想家们的全部言论和主张都是讲给封建统治者听的，都是为了开导、感化顽固的统治者，使他们信服和执行进步的政策。

对封建统治者来说，为了巩固自己的统治，可以在一定程度上容纳某些"有益无害"的资本主义新事物。一部分封建官僚转化成洋务派，对轮船、铁路、工厂、矿山表现出很大的兴趣。这种情形更加强了启蒙思想家们希望政权来干预经济的幻想。某些思想家本人就是洋务派官僚的入幕之宾，参与制定和执行经济政策，创办企业，从事洋务运动。但是从根本上说，当时的封建政权不可能促进社会经济的发展，而只会阻碍这种发展：呼吁多年的废除厘金制度的要求没有实现，反而苛捐杂税，变本加厉；改订关税受到帝国主

---

① 郑观应：《盛世危言》卷八，《技艺附论》。

② 陈炽：《庸书·外篇》卷上，《商部》。

③ 薛福成：《出使日记续刻》卷五，光绪十八年闰六月初二十七日。

义的反对，清政府不敢也无权实施；设立商部、颁布商律、体恤商情的建议石沉大海，并无反响；政府的微薄贷款被洋务派官僚把持，成为某些企业的专利，一般企业不能问津；洋务派开办的企业，取得对某个经济部门的垄断特权，窒息了经济的进一步发展，而那些企业本身又被洋务派官僚一手控制，成为他们营私舞弊、发财致富的工具。无数事实证明，现存政权与资本主义经济扞格不入。这里，一方面，资本主义经济亟待政权的扶植，没有这种扶植，经济的发展，甚至一个企业的创办都显得非常艰难；另一方面，恰恰是政权的干预成了经济发展的绊脚石，政府的专横干预堵塞了经济进一步发展的通道。这个客观的矛盾造成了启蒙思想家经济思想中的极大混乱，他们政权干预经济的观点包含着种种自相矛盾的说法，前后极不一致。

许多启蒙思想家都发表过赞成官办和官督商办企业的言论。如王韬说："近日所有开矿公司，弊窦丛滋，请皆一切罢之，而悉由国家发出帑金，自行开掘，责以成效。但使总办得人，纲举目张，所出必有可观。"①又说："最要者莫如官商相为表里，其名虽归商办，其实则官为之维持保护。"②郑观应说："开矿之事，似宜商办而官为护持"③，"全恃官办则巨费难筹，兼集商资则众擎易举。然全归商办，则土棍或致阻挠，兼倚官威则吏役又多需索。必官督商办，各有责成……则上下相维，二弊俱去"④。陈炽说："商办非，官办亦非也。然则奈何？曰：考之于古则增设矿人，参之于今则官督商办。"⑤他们都赞美官督商办，以为这是发展中国经济的良好形式。他们的思想指明了事情的一个方面，即在中国近代工业产生的初期，单纯依靠商人个人的努力，是很难使企业创办和发展起来的，在这里需要得到政权的参与和保护。启蒙思想家的这种想法，反映了经济生活的客观实际，表现了对封建统治阶级的期望和幻想。

---

① 王韬：《弢园尺牍续钞·拟上当事书》。
② 王韬：《弢园文录外编》卷十，《代上广州府冯太守书》。
③ 郑观应：《盛世危言》卷六，《船政》。
④ 郑观应：《盛世危言》卷四，《开矿》。
⑤ 陈炽：《庸书·外篇》卷上，《矿人》。

但是，这些启蒙思想家在另外的或稍后的场合却完全改变了论调，成为官办和官督商办企业的坚决反对者。王韬说："若开掘煤铁五金诸矿，皆许民间自立公司，视其所出繁旺与否，计分征抽，而不使官吏得掣其肘。"① 郑观应在长期参与官办、官督商办企业管理之后，痛心疾首地宣称："我国创一厂、设一局，动称官办。既有督，又有总，更有会办、提调诸名目，岁用正款以数百万计。其中浮支冒领、供挥霍者不少，肥私橐者尤多……今欲扩充商务，当力矫其弊，不用官办而用商办。"② 郑观应甚至说："名为保商实剥商，官督商办势如虎。"③ 他们这种激烈地反对官办、官督商办的思想，指明了事情的另一个方面，即官与商在企业中的尖锐矛盾，清朝政权压制、排挤资本主义的本质。在封建政权的干预下，资本主义不可能长久地发展、成长。启蒙思想家的这种想法，也反映了经济生活的客观实际，他们对封建统治阶级的期望趋于幻灭。

启蒙思想家时而这样主张，时而那样主张，这种思想矛盾反映了客观历史的矛盾，这只有在历史的进一步发展中才能得到解决。到中日甲午战争前后，资本主义有了初步的发展，社会风气有了某些改变，发展经济成为社会普遍的、迫切的要求，资本家创业的客观环境略有改善，办企业的条件逐渐成熟，私人企业成批涌现。而那些官办、官督商办的企业却呈现奄奄一息的状态。事实证明，企业离开封建政权的干预，能够存在、自立，而且更有生气。在这时，先进思想家才能从政权干预经济的陈旧思想中解脱出来。甲午战争后，何启说过这样一段话："不问何事，一闻官督，则商民必不敢办。""今铁路之议，其名曰官督商办，是民之事而主之以官也，是于不宜合谋者而使之合谋也。不宜合而合之，虽在君民最洽之邦，且当绝无疑忌之日，亦戛戛乎其难。"④ 后来，梁启超更明确地宣称："中国商务之不兴，虽谓李鸿章官督商办主义为之厉阶可也。"⑤

---

① 王韬：《弢园文录外编》卷一，《重民中》。

② 郑观应：《盛世危言》卷八，《纺织》。

③ 郑观应：《罗浮偫鹤山人诗草》卷二。

④ 何启、胡礼垣：《新政真诠三编·新政始基》。

⑤ 梁启超：《李鸿章》。

先进的思想家们从失败中吸取了教训，认识到官（封建政权）和民（资本家）的本质不同，难以在经济上进行合作。于是，他们不但抛弃了要求政权直接干预经济的主张，而且强烈要求封建政权退出各种企业，甚至要求把一直被封建政权所垄断的军事工业也交给商人来办。“让商人们放手干罢！不要有丝毫的拘束”，这是甲午战争以后带有自由主义色彩的经济格言。思想家们把发展经济的希望，从依靠国家干预转向依靠资产阶级自身，依靠这个阶级的成长和团结。当时思想界关于组织股份公司、成立商会的热烈讨论，正是在这个背景下产生的。资产阶级改良主义者的经济思想，随着中国资本主义的发展和资产阶级的成长而在一步一步地前进。

七

戊戌维新运动是中国历史上一次巨大的思想解放运动。这种思想解放的潮流有其来龙去脉。它对其后 20 世纪的政治斗争和文化思想发生了深刻的影响。这一思潮从鸦片战争时少数的先进知识分子向西方学习开始，他们探讨救国的真理，提出各种主张，人数还不多，影响也不大，但不久以后迅速地发展起来，涓涓细流，汇成江河，到戊戌变法前夕，已具有相当的规模和声势。戊戌时代的思想解放是这一思潮的继续和发展。

戊戌变法以前的启蒙思想家具有以下一些特点：

第一，启蒙思想家鼓吹变法以适应正在急剧变化的客观形势，主张学习西方资本主义文明以抵御资本主义的侵略。如何启说：“当今之世而不变今之法……亦无以决疑征信，大得于民。”[①] 郑观应在早年著作《易言》中说：“由今之道，变今之俗，宜览往古，法自然，诹远情，师长技，攻其所短，而夺其所恃。”[②] 这些主张和林则徐、魏源的主张一脉相承。此外，如王韬说：“孔子而处于今日亦不

① 何启、胡礼垣：《新政真诠初编・曾论书后》。
② 郑观应：《易言・自序》。

得不一变。”① 陈炽说：“惟兼采东西法而后古今之变局不能挠。”② 还有陈虬说：“时变矣，而犹欲袭先业而守旧教，恭己无为，坐致治平，是犹持方枘而周圆凿，其不得适也必矣。”③ 这些启蒙思想家都是西方文明的追求者，是积极的改革派，他们反对封建顽固派抱残守缺、泥古不化的保守思想。

第二，启蒙思想家的变法主张和御侮图强的目的结合在一起，具有强烈的爱国主义性质。例如，郑观应虽是买办出身，但却很有爱国思想，他的早期著作《易言》就是在第二次鸦片战争的刺激下发愤而作的，即所谓“庚申之变，目击时艰，凡属臣民，无不眦裂”④。中法战争时，他奔走于西贡、新加坡、槟榔屿，冒暑历险，访察形势，侦探敌情，图谋抗法。中法战争后，李鸿章签订丧权辱国的条约，郑观应气愤地写诗讥讽投降主义导致的外交和军事上的失败。诗中有云：“堪叹羁縻先议款，那知边牧又扬尘”；“魏绛和戎原下策，杜陵诸将鸣不平”；“三军指顾沉波国，廿载经营付海宫”⑤。中日甲午战争时，郑观应主张抵抗，提出战、守、备三策，他说：“呜呼！居今日而为北洋筹万全之策，盖亦戛戛乎难言矣！门户残破，海军摧败，敌已浸浸入我堂奥。譬之千金孤注，成败在此一举，于万难下着之棋而勉为借箸之谋，则犹有战、守、备三策。”当清政府酝酿和谈投降时，他竭力反对。他说，如果赔款割地，苟安旦夕，“从此文官保全禄位，武将保全身家，不敢谓非国家保全太和之盛德，第恐如此委曲求和，苟且急就，书之国史，实为中国万世之羞”⑥。面对强敌环伺、国家危急的形势，郑观应主张“防外侮更重于防内患”⑦。这和封建统治阶级“攘外必先安内”的一贯政策

① 王韬：《弢园文录外编》卷一，《变法上》。

② 陈炽：《庸书·外篇》卷上，《西法》。

③ 陈虬：《治平通议·序》。

④ 郑观应：《易言·自序》。

⑤ 郑观应：《次彭宫保师海南军次秋兴二十四章原韵》，《罗浮偫鹤山人诗草》。

⑥ 《郑观应致盛宣怀条陈中日战争》，“盛宣怀档案资料”，光绪二十年十二月十八日。

⑦ 郑观应：《盛世危言》卷五，《民团附论》。

是不同的。可见郑观应确实是一位爱国的先进思想家。其他人的情况也相似，如王韬在中法战争时力主抵抗，反对妥协，他说："我国讲求武备，整顿边防，仿效西法，已二十余年矣！非出于一战，则果可用与否，末由见之。今者薄海臣民，忠义奋发，设非一战，则何以作士气？何以振人心？何以兴人才？一战不胜则再战，再战不胜则三战，但持之以坚忍不拔之志，则豪杰之士，必闻风兴起。岂独制法人而已哉，将见欧洲诸雄国胥畏之矣！"①

第三，当时的启蒙思想家虽然力主改革，但只主张渐变，不主张突变，因此他们被称为"改良主义者"。如王韬说："天时有寒暑而不能骤更，火炭有冷暖而不能立异，则变亦非一时之所能也，要之在人而已矣！尽人事以听天心，则请决之以百年。"他们都希望说服统治者采纳自己的方案，实行自上而下的改革。王韬说："移风易俗之权，操之自上，而与民渐渍于无形，转移于不觉。"② 陈炽说："天下之治乱安危，定于人主之意向而已矣。"③ 他们寄希望于最高统治者，而不相信人民群众的力量。

应该说，在中日甲午战争以前，启蒙思想家的变法主张已经相当全面、细致和具体，包罗甚广。大体上，戊戌变法时期的新政措施也没有大大地超出他们所提到的范围。早期的思想家为戊戌维新运动做了重要准备，这是他们的历史功绩。

但是，早期的启蒙思想家和戊戌变法时期的维新派比较起来，在理论上和实践上有所不同，表现出时代的局限性。

从理论上说，早期启蒙思想家的变法方案几乎都是各种具体措施的简单拼凑，缺少坚实的历史论证和系统的理论阐发。这些启蒙思想家过分注意当时的具体问题，忙忙碌碌地设计应急措施，对理论极为冷淡。他们既没有系统地介绍西方的哲学和各种社会学说，也不大理睬中国传统的儒家学说。也许他们认为这些抽象的理论、学说和当时实际距离较远，不能立竿见影地解决具体问题。他们满

① 王韬：《弢园尺牍续钞·与伍秩庸观察》。
② 王韬：《弢园文录外编》卷一，《变法上》。
③ 陈炽：《庸书·自序》。

足于经验范围内的知识，在思想史上他们可以算作一群站在洼地上的矮子。正因为这一点，他们在宣传变法和反对顽固派的斗争中就显得论据不足，并且和洋务派也划不清界限。他们大多也打着“中学为体，西学为用”的旗子，宣称自己的变法主张不是要改变封建制度的根本，而是为了保卫它。如薛福成说：“今诚取西人器数之学，以卫吾尧、舜、禹、汤、文、武、周、孔之道，俾西人不敢蔑视中华……是乃所谓用夏变夷者也。”① 郑观应也说过：“中学其本也，西学其末也。主以中学，辅以西学，知其缓急，审其变通，操纵刚柔，洞达政体，教学之效，其在兹乎！”② 甚至他们中间还普遍地流行着一种奇怪的议论，说西方国家的科学技术、舟车枪炮以至政治、法律、数学、天文都是中国古代圣人的发明创造，自从秦始皇焚书坑儒以后，这些东西在中国都失传了，反而在西方国家得到流传和发展，因此西方资本主义文明都是中国古圣先贤的遗产。这种资本主义文明源出于中国的奇谈怪论，在当时的知识界很有市场。郑观应说：“星气之占，始于臾区；勾股之学，始于隶首；地图之学，始于髀盖；九章之术，始于《周礼》。不仅此也，浑天之制，昉于玑衡，则测量有自来矣。公输子削木人为御，墨翟刻木鸢而飞，武侯作木牛流马，则机器有自来矣。秋官象胥，郑注译官，则翻译有自来矣。阳燧取明火于日，方诸取明水于月，则格物有自来矣。”③ 甚至连西方的议会制度，也是“颇与三代法度相符”。薛福成也说：“《墨子》一书，导西学之先者甚多。”④ 又说西方的议院和股份公司与《淮南子》《管子》中的宗旨相合。既然中国是西学的老祖宗，那么，礼失求诸野，向西方学习，恢复古圣先贤的发明创造，自然是顺理成章、不容反对的了。启蒙思想家们振振有词地说：“以中国本有之学，还之于中国，是犹取之外厩，纳之内厩。尚鳃鳃焉请西人之学，中国所未有，乃必归美于西人。西人能读中国书者，

---

① 薛福成：《筹洋刍议·变法》。

②③ 郑观应：《盛世危言·初编》卷一，《西学》。

④ 薛福成：《出使英法义比四国日记》卷五，光绪十六年十月下旬各条。

不将揶揄之乎?”① “知彼物之本属乎我，则毋庸显立异同，知西洋之本出乎中，则无俟概行拒绝。”② 早期的启蒙思想家就是用这种肤浅而牵强的办法，在封建主义的古老传统中为自己学习西方和进行改革的主张寻找合法根据，以打破顽固派的反对，减少前进的阻力，正像马克思所说的：“一切已死的先辈们的传统，像梦魇一样纠缠着活人的头脑。当人们好像只是在忙于改造自己和周围的事物并创造前所未闻的事物时，恰好在这种革命危机时代，他们战战兢兢地请出亡灵来给他们以帮助，借用它们的名字、战斗口号和衣服，以便穿着这种久受崇敬的服装，用这种借来的语言，演出世界历史的新场面。”③

理论方面的局限，带来了实践活动方面的局限。既然一切改革仅仅是为了恢复古已有之的旧东西，既然统治阶级中的个别大人物可以成为力挽狂澜的改革者，那么，这场改革也就被误认为是轻而易举，无须经过残酷斗争的了。早期的启蒙思想家只限于著书立说，向统治阶级献策进言，而缺乏积极主动的政治行动，不关心促成改革胜利所必需的各项条件。他们既没有动员群众的理论和纲领，也没有实现变法的组织手段和斗争手段。他们是一些“纯粹”的思想家，而且是困在狭隘经验知识范围内的思想家。

社会在迅速前进，变法维新成了当时的行动课题。早期启蒙思想家的主张已不能满足形势的需要，历史要求克服他们的局限性，要求人们积极行动起来，并给变法维新运动以理论的说明以及采取适当的组织手段和宣传手段。这个任务落在康有为等一批维新变法的思想家身上。

关于康有为等的理论和政治活动，我们不做详细论述了。在这里只提出这样一点：康有为很早就开始活动，但是，他所走的道路和早期启蒙思想家有所不同。他早年未去外国，也不懂西方的语言文字，他接受西方知识完全是靠翻译过来的书籍，是通过一条间接

① 郑观应：《盛世危言初编》卷一，《西学》。

② 陈炽：《庸书·内篇》卷上，《自强》。

③ 《马克思恩格斯全集》，中文1版，第8卷，121页，北京，人民出版社，1961。

的途径。因此，他对西方资本主义的了解是肤浅的、很不完整的，他的西方知识还不如他的之前的某些思想家。但是，这一点并不妨碍康有为把变法维新思想推进到新的高度，并使自己成为向西方学习的杰出代表。一方面，他更多地致力于学术和理论领域，为变法运动寻找理论和历史的根据；另一方面，他又使变法思想在中下层知识分子中广泛传播，扩大了实行变法的社会基础。康有为早年习程朱理学，淹贯经史，学识渊博。其后皈依今文学派，承接龚自珍、魏源一脉，并遍观西方书籍和佛学书籍，超越了早期启蒙思想家狭隘的经验知识范围。1884 年，康有为著《人类公理》一书，包含了大同理想的萌芽，为变法运动提出了远大的前景。1888 年，康有为第一次上书，主张变法，开布衣上书的先例。其后，讲学于万木草堂，团聚和培养了变法的骨干，又先后写成《新学伪经考》《孔子改制考》，为变法维新做了理论上的准备。康有为的理论和实践正是继承了早期启蒙思想家的事业，在一定程度上克服了先辈的局限性，大力地推动了戊戌变法运动的到来。

论康有为的《大同书》*

一

康有为是近代中国向西方寻找救国真理的杰出代表，是资产阶级改良主义运动的领导人。他的《大同书》精心地设计了一个未来美好社会的蓝图，表现了新兴资产阶级反封建的进步精神。康有为的这个大同理想，在中国思想发展史上占有重要的地位。

《大同书》共分十部，开宗明义的第一部是“入世界观众苦”。在这一部里，康有为历数了人世间的种种苦难，他写道：

> 耳闻皆勃谿之声，目睹皆困苦之形。……号为承平，其实普天之家室，皆怨气之冲盈，争心之触射，毒于黄雾而塞于寰瀛也。若夫民贼国争，杀人盈城，流血塞河，于万斯年，大剧惨瘥，呜呼痛哉！生民之祸烈而救之之无术也！……苍苍者天，抟抟者地，不过一大杀场大牢狱而已。

《大同书》里尽情倾诉了人生的各种苦难，这无非是对半殖民地半封建中国黑暗现实所进行的揭露和鞭挞。这种揭露和鞭挞为当时政治改良运动的合理性提供了根据，这和康有为设计的未来社会形成鲜明的对比，使得大同理想更加增添了诱人的光彩。

在其余的九部里，康有为具体地勾画了大同世界各个方面的图景。这里是一个“人人极乐”的幸福天堂，“安乐既极，忧虑绝无”，“人人相亲，人人平等，天下为公”，“人性止于至善”。一切都合乎理性，一切都合乎人道。康有为谈论得津津有味，甚至对未来社会

---

* 原载《人民日报》，1963年4月6日。

的家具、食物、沐浴、吊丧等细节都做了周密的设计。当然他也没有忘记给人们指引通往这个幸福天堂的道路。但是，所有这一切在当时的实际生活里并没有实现的条件。因此，康有为对大同世界的生活细节描绘得愈是细致详尽，他对通往大同的道路谈论得愈是认真，就愈使人感觉到这个幸福天堂只是存在于康有为脑子里的海市蜃楼，只是他自己主观愿望和荒诞呓语的复杂混合物。

二

康有为的大同学说虽然是一种幻想，但作为一种思想潮流来说，它对当时的政治运动曾经有过积极的意义。它的积极意义在于把资产阶级改良派所要争取的政治改革和一个尽美尽善的远大政治理想联结在一起，给戊戌变法运动提供了一个虽属虚幻但却美丽动人的远景。康有为声称：自己所致力于的改良主义运动只是“救今世”的权宜措施，“其事只在小康”。“小康”对当时的“据乱世”来说，是一个进步；对未来的“大同世”来说，则又是一个必经的阶梯。有“小康”才能言“大同”，“小康”之世愈早实现，“大同”之世才能愈早到来。很显然，康有为给当时改良主义运动所加上的这顶“大同”桂冠绝不是无关紧要的。大同世界愈被描绘得美丽动人，资产阶级改良主义运动的必要性就愈加得到充分的证明。

康有为以前的改良主义思想家们，如王韬、薛福成、马建忠、何启、郑观应等人，对于黑暗腐败的现实社会曾经做了深刻的剖析和有力的抨击，并且从政治、经济、军事、文化等各个方面提出了进步的改革主张。但是，这些思想家都没有回答一个极其重要的问题：实行这些改革的结果是什么？中国社会将来会变成什么样子？这些思想家的精力完全被吸引在当时的具体问题上，忙忙碌碌地提出一个又一个救急方案，却很少注意到前途，几乎忘却了未来。康有为思想的一个突出特点是：他不仅如以前的思想家那样猛烈地抨击现实社会，提出当时的改革措施，而且把精力更多地投入学术和理论领域，他开始注视到实现改革的社会结果，努力为改良主义运动构筑一个未来世界的乐园。

虽然康有为的大同思想从酝酿到成熟是一个漫长的过程，它的公开、传布更要晚得多，但实际上在戊戌变法以前，这种思想已争取到一批虔诚的信徒。梁启超在《清代学术概论》里记载：当他和陈千秋等听到康有为演述大同思想以后，“喜欲狂，锐意谋宣传。有为谓非其时，然不能禁也”。“后此万木草堂学徒多言大同矣。”梁启超又说，谭嗣同原来“治王夫之之学，喜谈名理，谈经济。及交启超，亦盛言大同”，并且自许为康有为的“私淑弟子”。大同思想把贴地爬行的改良主义运动提到一个更高的境界，也使普通学人康有为跃登上救世主的宝座。在他周围聚起最早的一批维新派骨干，推动了戊戌变法运动的到来。

应当指出，以前的改良主义思想家很少提到中国的未来，这绝不仅仅是出于偶然的疏忽。中国近代思想发展的过程是中国近代社会变革过程的反映。因此，一定阶段思想发展的程度总是受制于该阶段社会变革的程度。在 19 世纪 80 年代以前，外来的侵略虽已十分严重，但还没有出现后来那样的瓜分之势，中国的资本主义工业虽已诞生，但其力量和影响极为微弱，社会的阶级结构几乎还没有什么变化。统治阶级还在大吹大擂“洋务富强之道”。中国近代社会还处在变革初期，不成熟的思想正和当时矛盾尚未进一步展开和进一步激化的社会状况相适应。以前的改良主义思想家虽然预感到社会变革必不可免，但是还不能认识到这场变革的严重性和深刻程度。对他们来说，提出一个又一个的救急方案，似乎已经足够应付他们所能预见的中国社会变化的各个方面了。他们的任务是为旧世界补缺修漏，根本没有想到旧世界会全盘崩溃，因此在他们的思想体系中当然就不会有对新世界的描绘。

康有为同样是一个为旧世界补缺修漏的改良主义者，但是他的思想酝酿和发展已经临近 19 世纪 90 年代。这时，帝国主义的侵略日益加紧，应对列强瓜分之势已迫在眉睫；中国的资本主义有了初步发展；从封建阶级中愈来愈多地分化出一批进步知识分子，他们愈来愈多地摸到中国社会这场变局的各种征候，模糊地感觉它前所未有的激烈程度。但是，客观矛盾的发展还远没有成熟到足以显示这场变革结果的清晰轮廓，他们仍然不可能认识到中国社会的行进方向和未来世界的确切性质。刚从封建阶级分化出来的知识分子，一方面欢呼和推动这场社会变革，宣称“缓变不可，必当速变；小变不可，必当全变”，并积极投身于争取实现变法的政治斗争；但另一方面，他们对变革的结果感到迷惘，无法掌握自己在大变革中的命运，甚至对变革的激烈、深刻程度怀着恐惧心理。康有为在《进呈法国革命记序》中这样说：“天下民性可静而不可动也，一动之后，如转石于悬崖，不至于趾不止也。”他用法国革命的“可怕后果”警告皇帝“莫若立行乾断，不待民之请求迫胁，而与民公之”。

改良主义者刚刚开始和封建顽固派进行实力较量，就发现了投射到自己背后的革命阴影。他们既要和顽固派斗争，又要防止这场斗争可能带来的可怕结局。《大同书》就是在这样的历史条件下酝酿、成熟的。它一方面以历史进化的观点宣称变革的不可避免，借用知识分子所熟知的儒家大同学说，给这场变革涂抹上神圣的光彩，用美丽远景和传统力量来鼓舞知识分子参加斗争；另一方面又同样用历史进化的观点制造了到达未来美好社会的无穷阶梯，把大同世界推到遥远的未来，用幻想来抵制一场可能引起的革命灾难，为这场不可捉摸的大变革戴上温情脉脉的面纱。

因此，康有为的大同思想作为解决中国问题的方案来看，丝毫没有现实生活的基础，是彻头彻尾的幻想；而作为一种历史性的思想潮流来看，它植根于当时的社会生活，反映了改良主义知识分子的精神面貌。幻想是弱者的表现。康有为对中国前途的幻想，正是刚刚诞生的中国资产阶级软弱性的表现。可以说，他的大同学说集中概括了当代知识界的憧憬和追求、迷惘和苦闷、恐惧和愿望。

三

在马克思主义诞生以前，任何为人类的长远未来设计方案的企图都不可避免地要成为测字算命式的臆想。康有为大同思想中大量的荒诞呓语是不足为奇的。奇怪的是这个资产阶级代言人，这个极端害怕革命的“救世主”，竟把自己的政治思想涂上一层“社会主义”的颜色。且看他是怎样描绘大同世界的：

（1）大同之世，“必去人之私产”，“凡农工商之业，必归之公”；“举天下之田地皆为公有，人无得私有而私买卖之”；“天下之工必尽归于公，凡百工大小之制造厂、铁道、轮船皆归焉，不许有独人之私业”。

（2）大同之世，生产力高度发展，“电汽极精，飞船满空”，“机器日精”。因此，人们劳动时间将大大缩短，每天“仅三四时或一二时已足，自此外皆游乐读书之时”。在大同世界里，劳动“不惟无苦，而反得至乐”。

（3）大同之世，实行计划经济，消灭了资本主义社会中生产“各自为谋”，“不能统算”，“销售与否，多寡孰宜，无从周知，无从预算”的盲目状态。

（4）大同之世，没有国家机器和阶级镇压的各种工具，“亦无帝王，亦无君主”，“刑措不用，囚狱不设”，“无国之争，无家之私，无军兵之拥”。

（5）大同之世，“太平之道，人人无苦患”，“人人极乐，愿求皆获”，“人皆有乐而无忧”。

我们可以惊奇地发现，康有为对大同世界的描绘，包含着多少有意思的想法！当然，这些想法很难说是出自康有为的独创和发明，因为在西欧国家，各式各样的社会主义学说早已风起云涌，上列《大同书》中的想法也大多为西欧的思想家所表述过了。康有为所描绘的大同世界，与其说是一幅西方资本主义社会的蓝图，倒不如说是对西方资本主义社会的否定。事实上，《大同书》中曾一再指出：欧美资本主义国家，虽然“略近升平”，但仍然有种种苦难，“比之大同之世”，“邈如天渊”。

这样就产生了一个必须加以解释的问题。在当时，中国所面临的不是从资本主义制度下解放出来的问题，而且恰恰相反，资本主义生产方式还是向上发展和唯一可能的生产方式。资本主义制度还是没有成熟的果实，康有为本人就是浇灌这个果实并等待着摘取它的园丁。在这样的历史条件下，由这样一个历史人物提出这样一种带有主观社会主义色彩的政治理想，这显然是很不协调的矛盾。他实际上争取的正是自己所批判的，他所努力鼓吹的却是自己不可能达到的。

全部问题在于：康有为所代表的那个阶级，不是在别的历史时期、别的社会环境下产生的资产阶级，而是在帝国主义时代、在半殖民地半封建的中国社会中产生的资产阶级。

在英国和法国等资产阶级革命发生较早的国家里，资产阶级启蒙思想家面临的任务是反对封建专制制度。他们借助人类思维的理性来反对封建特权和封建压迫，反对迷信和偏邪，他们相信所谓“永恒的正义”，宣称人权产生于自然，因而是神圣的、有尊严的，宣称人们的自由和平等是不可侵犯的。这些原则在打扫封建主义的肮脏马厩时已经足够用了。但是当资产阶级胜利之后，特别是到了19世纪末期腐朽的垂死的帝国主义阶段，“理性王国”完全走到了它的反面，“人权”变成了资产阶级剥削和压迫的特权，“自由”变成了无产阶级和广大劳动人民失业、破产的自由。资本主义的贪婪、残酷和吃人本性已经暴露无遗。资本主义国家内的工人阶级为推翻现存的吃人制度而展开了如火如荼的斗争，殖民地人民为摆脱受奴役地位、为争取民族独立而正在进行着英勇不屈的反抗。和启蒙学派的光辉约言相对照，“理性”胜利所建立的社会制度和政治制度乃是一幅极度令人痛心失望的讽刺画。在这样的历史时代，殖民地半殖民地国家里的进步思想家就不可能简单地重复西方启蒙学派的“理性王国”方案，特别是对中国来说，外国资本主义的侵略和中国人民的反侵略斗争已经进行了半个世纪之久。在西方资本主义的侵略下，中国人民受尽了折磨和苦难，任何一种美化资本主义，把西方国家说成“永恒正义”化身的说教，都将被广大人民群众所唾弃。在这样的时代、这样的国度里，那些真诚的、富有创造性的思想家，既要割除封建主义长期溃烂的脓疮，又希望防止在西方国家已经发作的资本主义痼疾。这样，西方已经盛行的批判资本主义制度的各种社会主义思潮就为他们所借鉴，他们从各种社会主义的思想武器库里拖来了称手的兵器。

这里，我们不免要联想到孙中山。资产阶级改良派的思想代表康有为在提出君主立宪的政治主张的同时，提出了大同理想；资产阶级革命派的思想代表孙中山在提出民主共和国政治纲领的同时，提出了民生主义。孙中山说，民生主义是鉴于“欧美各国善果被富人享尽，贫民反食恶果”的不合理现象而提出的，目的是“不愿少数富人专利”，使“家给人足，四海之内，无一夫不获其所”。康有为和孙中山，一个改良，一个革命，同样都提出了批评资本主义的主观社会主义。这绝不是偶然的巧合。

对康有为和孙中山的全部理论与实践活动来说，重要的不是他们同样带有主观社会主义的印记，这种印记丝毫没有妨碍他们争取资产阶级制度的实现。这里最重要的是他们怎样改造从西欧借鉴而来的社会主义思想，以适应面临的任务，怎样填平在长远目标和现实之间的巨大鸿沟，怎样为达到理想社会而制定自己的行动纲领。正是这一些，体现了改良派和革命派的原则分野，表现了康有为和孙中山截然相反的政治立场。

孙中山的行动路线是：在建立民主共和国的同时，设法防止资本主义灾难的泛滥，这就是所谓“举政治革命、社会革命，毕其功于一役”。这种不畏惧巨大变革、对未来充满信心的积极态度，促使孙中山和其他革命者行动起来，为立即实现美好的未来而坚决斗争。

康有为的行动路线是：把大同世界推到遥远的未来，甚至其“绵远以千数百年计”。实际上，大同世界就成了可望而不可即的空中楼阁。他谆谆告诫人们，千万不要把大同理想误认为是可以立即实现的政治纲领。他说：“夏葛冬裘，各有时宜，未至其时，不得谬援比例。”这种无限期地推迟以至取消大同世界的消极态度，表现了资产阶级改良派畏惧行将到来的大变革，畏惧积极斗争的人民群众。改良派给自己规定的任务，就仅仅剩下向统治者叩头上书，乞求恩赐，就仅仅是一枝一节、一点一滴的改革。这条道路终于使他们滑进了反革命的泥塘。结果，他们变成了投靠权门的走卒和一心维持现状的反动派。

四

毛泽东说："康有为写了《大同书》，他没有也不可能找到一条到达大同的路。"真正的"大同世界"，只有在无产阶级成长壮大起来，以马克思主义为指导，通过无产阶级的阶级斗争和革命专政才能够到达。当然，康有为形成大同思想的时候，中国还不具备这样的客观条件。

既然实际生活的发展还没有准备好通向大同世界的途径，那么康有为就只好依靠头脑来"创造"它，"发明"它。他和其他的历史唯心主义思想家一样，乞求人类"本性"的帮助，用康有为的话来说，就是"不忍之心"。人类靠什么走入大同世界？靠"人人皆有此不忍之心"。这个"不忍之心"发挥着奇妙的"吸摄之力"，使得人们像磁铁一样被"吸摄"在一起，相互关怀。梁启超介绍康有为的学说时写道："先生之论政论学，皆发于不忍人之心，人人有不忍人之心，则其救国救天下也，欲已而不能自已。"康有为面向主观世界而背对客观现实。在他的头脑里，整个宇宙都以"不忍之心"为轴心而旋转。巍峨的大同殿堂也就建筑在这散沙一般的唯心主义基础上。

康有为以仁慈的"不忍之心"关怀着世界上所有的人，他的大同之路是一条普度众生的路。他甚至像一个吃斋修行的虔诚老妪一样，把动物界的鸟兽虫鱼都纳入自己所要超度的行列。在这个抽象的"不忍之心"所主宰的世界里，当然不允许有阶级斗争，不允许有对于剥夺者的剥夺。苦难的人类呀！忘掉仇恨，相互"吸摄"，丢弃"私心"和"争心"，不分贵贱贫富，彼此拥抱吧！彼此亲吻吧！这就是康有为这位自命不凡的"救世主"严肃认真地给芸芸众生所指引的大同之路。

我们看看这位"救世主"慧眼中所观察到的世间苦难，也许是不无意思的。在这里，他也表现出对劳苦人民的同情。他说：

> 哀彼农民，劳种而无少获。举家勤动，终岁不休，而八口嗷嗷，粒食不得。
>
> 农夫失收而狼顾，工人罢业而家食，主吏追租而锒铛，室人交谪而远适。

但是，康有为的这种同情是廉价的。他根本不想一想造成劳动人民苦难的根源何在，当然也不会把同情导引到对于剥削制度和剥削阶级的痛恨。相反，这些廉价的同情被湮没在大量的对于一般的"人"的普遍同情的呓语之中，或者说，对于劳苦群众的同情只不过是对于一般的"人"的同情所偶然举出的若干例证。《大同书》一共列举了 38 种人生苦难，其中涉及社会问题的只有将近一半，另外一半完全是谈自然现象，例如生老病死、水火疫疠等。在康有为看来，只要是人，不管你是什么样的人，都逃不过这些苦难。在另一半接触到社会问题的有关人生苦难的叙述中，《大同书》也总是"不偏不倚"地把怜悯普遍地施舍给众生。这部书里甚至还辟出专门章节来讨论"富人之苦"、"贵者之苦"和"帝王之苦"，等等。

康有为所观察到的人是抽掉了阶级属性的人，是丧失了社会基础的人，这样的人在现实世界里是不存在的。真实的人不是作为剥削阶级而存在，就是作为被剥削阶级而存在。康有为偏偏要大家相信他的抽象说教，要大家抛弃"过激"的阶级斗争，要人们彼此相爱而不要彼此仇恨。毛泽东说："世上决没有无缘无故的爱，也没有无缘无故的恨。至于所谓'人类之爱'，自从人类分化成为阶级以后，就没有过这种统一的爱。过去的一切统治阶级喜欢提倡这个东西，许多所谓圣人贤人也喜欢提倡这个东西，但是无论谁都没有真正实行过，因为它在阶级社会里是不可能实行的。"

康有为既然避开了阶级压迫和阶级斗争，当然他就既看不到造成人生苦难的真正根源，也看不到解脱人生苦难的真正动力。他在解释苦难的原因时，把社会现象和自然现象的各个方面拼成一只替罪的九头鸟，这就是他所说的"九界"，包括国界（国家）、级界（等级）、种界（种族）、形界（男女）、家界（家庭）、产界（财产）、乱界（政治）、类界（动物）、苦界（生活需要）。他说："总诸苦之根源，皆因九界而已"，"吾救苦之道，即在破除九界而已"。康有为抓来了这只九头鸟，也就算找到了通往大同的捷径。这位救苦救难的圣人就像和风车搏斗的唐吉诃德一样，在自己的主观世界里和这只不祥的九头鸟厮杀起来。在康有为看来，尤为妨碍人类到达大同世界的是"九界"中的"家界"和"国界"。因此，《大同书》里着重阐发的就是"去家界"和"去国界"，即所谓"欲至太平独立性善之美，惟有去国而已，去家而已"。

据康有为说，到达天下为公的大同世界，消灭一切私有财产，"其事甚易"，这里不需要激烈的阶级斗争，不需要剥夺被剥夺者，只需要"去人之家"就行了。他写道：

> 男女皆平等独立，婚姻之事不复名为夫妇……行之六十年，则全世界之人类皆无家矣，无有夫妇父子之私矣。其有遗产无人可传，其金银什器皆听赠人。若其农田、工厂、商货皆归之公，即可至大同之世矣。

康有为认为，有了家庭才有私有财产，家庭消灭了，私有财产也就跟着消失了。这真是近便得无以复加的大同捷径！

在《大同书》里，走向大同世界的另一个重要措施是"去国界"。康有为认为，人类有国之后，"各私其国"，于是"养成争心，养成私心"，结果是大吞小、强并弱，兵连祸结，争杀无已。那么，怎样才能"去国界"？说来可笑，他的办法是：

> 盖分并之势乃淘汰之自然，其强大之并吞，弱小之灭亡，亦适以为大同之先驱耳。而德、美以联邦立国，尤为合国之妙术，令诸弱小忘其亡灭。他日美收美洲，德收诸欧，其在此乎，此尤渐致大同之轨道也。

这就是说，由于国界的存在，就产生了强大吞并弱小的不合理现象，所以必须"去国界"；而"去国界"却仍是通过强大吞并弱小的办法，甚至还指定德国和美国为了"实现大同"而去吞并欧洲与美洲。当弱小国家都"亡灭"，而且"忘其亡灭"不再反抗的时候，大同世界就到来了。这种露骨地为帝国主义侵略辩护的立场，实在是对大同世界的恶毒讽刺。

我们考察了康有为的主观世界，看到这位“救世主”挥动“不忍之心”的慧剑，破除“家界”和“国界”，为人类打开了走向“大同世界”的两条最重要的途径。至于他怎样冥心思索去破除其余次要的“七界”，就未必再有必要去详加考察了。

康有为从“不忍之心”的历史唯心主义出发，抹杀客观存在的阶级对立和阶级斗争，使他堕落到保皇主义的泥潭中。其实，当康有为勃然作色，喝令革命派结束革命、停止斗争的时候，他恰好是站在反动阶级方面，向人民群众进行着最猛烈、最残酷的阶级斗争！

假使说，康有为大同思想曾经起过积极作用，那也只在戊戌变法期间的一个短暂时刻内，因为那时大同思想的锋芒还针对着封建旧制度。历史在汹涌地前进，大同学说像一块顽石一样，躺在历史的激流中。时间的推移逐渐磨光了它的棱角，改变了它的原来位置。在 1901 年至 1902 年大同思想完全成熟和《大同书》最后定稿的时候，它已经成了“明日黄花”，不能适应历史的潮流。到 1913 年，康有为第一次公开发表《大同书》的前两部，它就成了一个恶意地嘲讽革命的反动作品。1935 年，康有为已死去 8 年，《大同书》才全部公开发表。在无产阶级领导的革命暴风雨中，康有为构筑的大同殿堂这时已经全部坍塌下来，只剩下一片砾堆。

大同思想的破产和康有为的堕落，再一次证明了客观历史的无情。任何一个企图抹杀阶级压迫和阶级斗争的政治派别，任何一个用“不忍之心”“普遍人性”自欺欺人的“救世主”，任何一种妄想把历史纳入主观框框的思想体系，其结果都是要从历史的前进列车中被远远地抛出去，摔成一堆齑粉。

爱国、先进的改革家、思想家谭嗣同*

谭嗣同是杰出的爱国主义者，先进的思想家、改革家，是为救国救民，为中国的独立、繁荣、富强而流血牺牲的伟大人物。在谭嗣同的思想、品质和行动中，有许多值得后人学习与继承发扬的东西。

谭嗣同是一位杰出的爱国主义者，反帝反封建的坚强战士。他生于同治四年（1865），比孙中山大1岁，比康有为小7岁。这时正是太平天国革命失败后一年，外国加紧侵略中国，强迫中国签订一系列不平等条约，清政府被迫赔款割地，丧失主权，中国逐步沦为半殖民地半封建社会。特别是中日甲午战争以后，中国面临被瓜分的危险，中国人民掀起了爱国主义热潮，希望挽救中国、振兴民族。谭嗣同是最杰出的一个。他怀抱对国家、对民族的热爱之心，痛恨帝国主义的侵略。他说甲午战败后，“经此创巨痛深，乃始屏弃一切，专精致思。当馈而忘食，即寝而累兴，绕屋彷徨，未知所出”。他具有中国知识分子的优良传统，“以天下为己任”，“先天下之忧而忧”，努力探索救国救民的真理。为了救国必须变法，必须反对封建主义。他激烈地反对封建专制政治，反对封建纲常伦理，要冲决罗网。他是19世纪中国反封建最坚决、最激进的战士。他说：“二千年来之政，秦政也，皆大盗也；二千年来之学，荀学也，皆乡愿也。”他认为“君臣一伦，尤为黑暗否塞，无复人理”，控诉“数千年三纲五常之惨祸酷毒”，表达了“志士仁人求为陈涉、杨玄感，以供圣人之驱除，死无憾焉”的心声。他虽是维新派，却同情革命，呼唤革命，思想超越了维新派。他是大无畏的战士，坚定地反帝反

---

* 原载《语冰集》，南宁，广西人民出版社，1999。

封建，是中国近代的先知先觉，他的言论在当时沉沉黑夜中放射出耀眼光芒，照亮了后人继续前进的道路。梁启超说："其思想为吾人所不能达，其言论为吾人所不敢言。"

谭嗣同又是一位博学多才、知识丰富、中西贯通的学者和先进的思想家。他幼年熟读儒家经典，做过考据注疏，学诗做对联，喜好野史兵法，骑马击剑，谈霸王经世之学，并研究数学和自然科学。他的老家在湖南浏阳，生长在北京，几次到大西北，到过江南，游历全国各地，读万卷书，行万里路。他有很扎实的传统学术基础，又努力汲取西方文化的精华，学习西方的社会科学、自然科学，形成知识广博、中西兼采的知识体系。这一点正是中国近代先进知识分子的特点。当时正是西方文化进入中国、中西文化冲突和交流的时代，绝大多数知识分子还抱着旧传统不放，顽固地拒绝西方自然科学和社会科学。谭嗣同受傅兰雅影响，大量阅读译书，如饥似渴，好学深思，用西方当时的"以太"概念解释仁学，用当时新的自然科学成就说明西学的先进性及学习西方的必要性，用卢梭的"民约论"思想说明君主和人民之关系，抨击封建专制制度。他可说是当时阅读译著、引用西学最多的思想家。《仁学》这本书就是中西兼通的著作。因当时处在向西方学习的早期，谭嗣同所学杂博而并不专精，这是不能苛求的。另外，他对封建学说的反对又有区别。如他反对荀学、反对程朱理学，因为这些是官方哲学，不反对这些学说，中国人就会被束缚在纲常伦理之中，就不能前进。但谭嗣同不反对孔子，他赞成太史公的论六家要旨，认为孔子是春秋时代的一家，孔子和各家都有贡献，但孔子的学说被后儒所歪曲。可见，他虽是很激进的思想家，但对中国的固有文化还能抱分析的态度，并不是全部否定。

谭嗣同是一位政治改革家，是实干家。坐而言，起而行，言行一致。尤其是他为中国改革做出牺牲，无私无畏，为以后20世纪为国家、民族捐躯的无数先烈做了榜样。作为思想家的谭嗣同，其言论主张很精辟，惊世骇俗，振聋发聩。作为实干家，他风尘仆仆，创办了许多学会（算学社、湖南强学分会、测量学会、农学会、不缠足会、南学会、延年会、群萌学会等)、学堂（时务学堂、女学堂、致用学堂)、报纸（《湘学报》《矿学报》《湘报》），还办公司，行轮船，开矿山。在短短的几年中，做了很多实事、很多好事。他把全部精力、时间贡献给社会，谋求社会进步。1898 年戊戌维新开始时，谭嗣同在长沙被保举进京，于 8 月 21 日到北京。因维新运动碰到阻力，推行不下去，谭嗣同去见袁世凯，想借重袁世凯的兵力进行改革，也是为了有利于国家、民族。由于袁世凯告密，谭嗣同等“戊戌六君子”被处死，维新运动只进行了 103 天，而从谭嗣同进京到被捕只有 36 天。当顽固派举起屠刀时，谭嗣同毫不畏惧，这时还来得及躲避，他送梁启超到日本使馆，而自己却留了下来。他说：“各国变法，无不从流血而成。今中国未闻有因变法而流血者，此国之所以不昌也。有之，请自嗣同始!”他的诗“我自横刀向天笑，去留肝胆两昆仑”成为千古传诵的绝唱，也鼓舞后继者为了祖国的独立、民主、富强赴汤蹈火，努力奋斗!

总之，谭嗣同的一生值得后人景仰和缅怀。他的思想值得研究，他的行动值得歌颂，他的爱国牺牲精神值得继承和发扬。

戊戌变法时翁同龢被罢官缘由辨析*

光绪二十四年（戊戌年）四月二十七日（1898 年 6 月 15 日），维新运动正在紧锣密鼓地揭开帷幕，变法措施开始颁布时，光绪皇帝忽然发出一道谕旨：

> 协办大学士户部尚书翁同龢，近来办事多未允协，以致众论不服，屡经有人参奏。且每于召见时，咨询事件，任意可否，喜怒见于词色，渐露揽权狂悖情状，断难胜枢机之任，本应查明究办，予以重惩，姑念其在毓庆宫行走有年，不忍遽加严谴。翁同龢著即开缺回籍，以示保全。

这个消息犹如晴天霹雳，让许多人震惊得目瞪口呆。翁同龢的学生叶昌炽时居北京，他在日记中写道："二十八日晨，阅邸钞，虞山师（按：指翁同龢）奉旨放归，朝局岌岌不可终日，如蜩如螗，如沸如羹，今其时矣。"

光绪帝开始变法的时候，怎么把教育自己 20 多年的亲密老师，曾经推荐康有为、积极支持变法的翁同龢罢了官？这是什么缘故？当时许多人和历史学家认为：这道谕旨并非光绪帝的本意，而是慈禧太后强令光绪发布的，其目的是剪除光绪帝的羽翼，打击刚刚开始的变法。这一解释长期以来得到人们的认同。

以后出现了另一种完全相反的意见，认为翁同龢被罢黜，不是慈禧的主张而是光绪帝的主意。理由是戊戌维新前夕，翁同龢与康有为之间产生了严重的意见分歧，光绪相信康有为，怕翁同龢在位妨碍变法，因而将翁"开缺回籍"，赶回老家。持此见解者，国内外亦不乏其人，最有代表性的应推旅美华裔历史学家萧公权先生。他

---

* 原载《故宫博物院院刊》，1995 年第 1 期。

在《翁同龢与戊戌维新》一书中对翁同龢被罢官的缘由做了全新的解释，并对翁的思想和政治品德颇有责难。

萧公权先生是著名学者，著作繁富、造诣很深，但他对翁同龢被罢官的缘由以及对翁同龢的政治评价，论证得并不充分。萧先生已作古多年，但类似的见解尚在流行，故笔者仍不免叩疑诘难，一吐自己的想法，本文主要集中在辨析翁同龢被罢官的缘由上。

萧公权先生承认翁同龢与康有为有过一段密切的关系，因翁的推荐，康有为受到光绪帝的器重。萧先生说："翁与康的亲密关系并未维持很久。在 1898 年元月至 5 月间，北京的情势改变了，翁对康的态度亦随之而变，促成这种改变的理由之一，可以从审察当时的情况中推测出来。康有为大胆的观点以及肆无忌惮的作风引起传统派人士的疑惧，许多死硬派官僚极力反对变法。翁那时已是人所共知的康有为之赞助者以及变法的主要推动者，因而迅即成为'保守派'的众矢之的；他的政敌自然乐于攫住这个机会来为难、打击他。在 5 月底，情况变得对翁氏十分不利，许多人接二连三地参劾他。正在这个时候，翁氏开始对帝表示他对康氏的憎恶。"① 这是说翁同龢为了避免别人攻击而疏远康有为，又说翁、康两人对"改革的方向和范围迅速发生了歧见，结果翁曾试图阻止康的激进思想"②。"康氏想要利用光绪帝来对抗慈禧太后……仅仅这个因素就足以使翁同龢与康有为分手。"③ "翁同龢两面做法，一方面赞助他所领导的改革，另一方面压抑其政敌所推动的现代化运动，使许多改革派和所有保守派都不欢迎他。"④

萧先生引用《翁同龢日记》中的两段话：

> 四月初七……上命臣，康有为所进书，令再写一份递进。臣对：与康不往来。上问：何也？对以"此人居心叵测"。曰：前此何以不说？对：臣近见其《孔子改制考》知之。

---

① 萧公权：《翁同龢与戊戌维新》，108 页，台北，联经出版事业公司，1983。

② 同上书，111 页。

③ 同上书，113 页。

④ 同上书，24 页。

初八日……上又问康书，臣对如昨。上发怒诘责。臣对：传总署令进。上不允，必欲臣诣张荫桓传知。臣曰：张某日日进见，何不面谕？上仍不允。退乃传知张君，张正在寓园也。

萧先生据此说："翁显然想要摆脱与康有为的关系，希望缓和其政敌的反对，这是一种卑劣的自保手段。它可能震惊并触怒了光绪帝，因而确实使翁氏陷入极大的困境——夹在其顽强政敌之反对与迄今一直信任他的光绪帝的不悦之间。"萧先生还推想，翁屡次受弹劾可能是康有为唆使御史们干的。

我认为，萧先生据此立论，以为翁同龢被罢官出于光绪的意旨，论据是不充分的。

首先，根据《翁同龢日记》来论证翁、康关系，使人不能无疑。尽管翁的日记史料价值甚高，但在翁、康关系上未可全信，因为戊戌政变、康梁逃亡、"戊戌六君子"被戮，翁同龢的处境很危险，随时可能获重谴。故戊戌前一段日记经过重新缮写，翁亲自删改，隐讳了翁和康的真实关系。此问题已经汤志钧先生在《戊戌变法人物传稿》（增订本）中详细论述。即以翁同龢推荐康有为一事而言，这是确凿无疑的事实，但翁日记中根本没有这方面的记载，甚至日记中矢口否认自己推荐过康有为。翁同龢不敢把自己和康有为的真实关系和盘托出，极力和康划清界限，以免被守旧派抓住把柄，惹来更大灾祸。在当时险恶的政治环境中，翁用心如此及其重缮、删改日记是完全可能的，也是可以理解的。而今天仅以《翁同龢日记》来论证翁、康关系，就难以让人深信无疑。

为了弄清翁同龢开缺回籍的缘由，我们可以找到许多证据，看看当时绝大多数人做何解释。这些人的身份和经历使其均有充分的作证资格。

第一个人即是戊戌变法的领导者康有为。萧公权先生说，翁、康之间的矛盾，翁对康"憎恶"导致光绪帝罢黜了翁同龢，如果这样，那么康有为必会有所表露。但查阅康的言论，只能得出完全相反的结论。

《康南海自编年谱》中记载：

（四月）二十七日诣颐和园，宿户部公所。即是日，懿旨逐常熟，令荣禄出督直隶并统率三军，著二品大臣具折谢恩并召见，并令天津阅兵，盖训政之变，已伏于是。于是知常熟之逐，甚为灰冷。

时旧党焰甚炽，常熟频被劾。

（翁）以割胶事为罪谤所归，荣禄嗾其私人劾之，常熟卒以是逐。常熟去官后云悔不听我言也。

这里，康有为十分明确地指出：翁的罢黜出于西太后的“懿旨”，翁被弹劾是因“旧党焰甚炽”，是荣禄嗾使（并非如萧公权先生怀疑的康有为的嗾使），而且翁被罢黜，康有为感到心灰意冷，可见翁、康矛盾导致翁被罢黜之说是不能成立的。

我们还可以举出康有为在不同时间所写的诗作证。第一首诗是政变后康有为刚刚逃到日本时所作的《怀翁常熟去国》，诗云：

胶州警近圣人居，伏阙忧危数上书。
已格九关空痛哭，但思吾党赋归欤。
早携书剑将行马，忽枉轩裳特执裾。
深惜追亡萧相国，天心存汉果何如？

此诗所说是康有为在德占胶州湾后第五次上书被阻未上达，欲离北京，翁同龢亲至南海会馆挽留。可注意的是此诗有康有为的注文：“十一月十九日束装将归。先是常熟已力荐于上，至是闻吾决行，凌晨来南海馆。吾卧未起，排闼入汗漫舫，留行，遂不获归。及常熟见斥，吾又决行。公谓上意拳拳，万不可行。感遇变法，且累知己，未知天意何如也。”此诗注中不但述说翁同龢从前到南海会馆挽留康的情形，而且说翁被罢官后还劝康不要离京，康有为对翁同龢极为感激，绝不像要排挤掉翁的样子，称“感遇变法，且累知己”，他把翁同龢比作萧何，自比为韩信，认为翁被罢官是受自己的牵连，可见康有为心目中自己与翁的关系是何等亲密。翁同龢被罢官后还在北京停留了半个月，于5月13日启程回常熟原籍，在半个月间有可能曾和康联系，仍劝康不要离京，“上意拳拳，万不可行”。

我们现在弄不清楚的是亲自会面还是托人传言。由此可见，翁同龢直到最后离京时尚与康有联系，他在日记中“与康不往来”之说不可全信。这类话明示与康划清界限，有可能是为了避免惹祸而后来窜入的。

第二首诗是在得知翁同龢逝世后所写的对翁的哀词：

> 海山凄断海风酸，忽听山颓最痛辛。
> 誉士岂闻才百倍，救公何止赎千身。
> 萧何能荐登坛将，王猛曾为入幕宾。
> 岂料七年悲党狱，竟成千古痛维新。

此诗所表达的对翁的悼念之情，极为深挚，再一次把翁比作萧何，丝毫没有流露什么翁、康矛盾。

第三首诗也是对翁同龢的哀词：

> 中国维新业，谁为第一人？
> 王明资旧学，法变出元臣。
> 密勿谋帷幄，艰难救国民。
> 峨峨常熟相，凿空辟乾坤。

此诗称翁同龢为中国维新第一人，“艰难救国民”“凿空辟乾坤”，赞誉备至，评价极高。如果翁、康之间在戊戌年已有严重的矛盾，康有为能写出这样的诗句吗？

我们再请出第二位证人，就是维新变法的另一位领袖梁启超。他当时在北京，是深知翁同龢开缺回籍底细的人。他在《戊戌政变记》一书中说：

> 自四月初十以后，皇上日与翁同龢谋改革之事，西后日与荣禄谋废立之事。四月二十三日皇上下诏誓行改革，二十五日下诏命康有为等于二十八日觐见，而二十七日西后忽将出一朱谕，强令皇上宣布，其谕略云……（按：即翁同龢开缺回籍之谕，从略）皇上见此诏，战栗变色，无可如何，翁同龢一去，皇上之股肱顿失矣。

梁启超接着又指出，翁同龢被罢黜起因于谏阻巡幸天津。他说：

> 荣禄讽御史李盛铎奏请阅兵，因与西后定巡幸天津之议，盖欲胁皇上至天津，因以兵力废立。此意满洲人多知之，汉人中亦多有为皇上危者而莫敢进言。翁同龢知之不敢明言，惟叩头谏止天津之行，而荣禄等即借势以去之，皇上之危险，至此已极矣。

按照梁的说法，翁同龢开缺不是出于光绪主动，而是由于翁极力保护危在旦夕的光绪帝，谏止巡幸天津。

梁启超自言，他写作《戊戌政变记》是出于政治需要，或有夸张失实之处。但梁在此处所谈翁同龢被罢官原因系得自可靠方面消息，既非事后推测，亦非道听途说。梁当时给他的好友夏曾佑写过两封信，信中说："二十八日康先生召见，闻今上圣明，诸大臣皆无及者，实出意外，惜覃溪（按：覃溪为翁方纲之字，此处指翁同龢）以阻天津之幸，至见摈逐，未能大启天下之蒙耳。康先生从容度无所补救，亦将南下。"另一信中则说："常熟去国，最为大关键，此间极知其故，然不能形诸笔墨，俟见时详之。南海不能大用，菊生无下文，仆之久不察者，率皆由此而生也。仆已于前日举行察看之典，未知下文如何耳！初时极欲大办，今如此局面无望矣。科举一变，则守旧之命脉已断，我辈心愿亦几了矣。日间必出都，相见不远也。"前一封信写于戊戌年五月七日，离翁同龢被罢官的时间仅10天，后一封信亦写于五月，时间也很近，这可以视为梁启超闻翁被逐后的最早反应。梁当时已指出，此事"最为大关键"，翁被逐的原委"此间极知其故，然不能形诸笔墨"。看来，梁得到了机密消息，或即指废立光绪的阴谋和翁谏天津巡幸，这种宫闱秘密不能在信函内明说，留待以后当面再说。梁启超还把康有为、张元济的"不能大用"和"无下文"的原因归于翁同龢的被逐。康、梁因此甚为沮丧，康要南下，这和本文前面所引康有为《怀翁常熟去国》一诗的注文中所言相符合，梁也决心要出都。梁说，由于翁被逐，虽不能大展抱负，但如果废除科举，断了旧派的命脉，自己的心愿也就了却了。看了梁启超这两封信中所说的意见和表露的情绪，谁还能相信翁同龢被罢官是由于翁、康矛盾，是出于光绪的主动？

为翁同龢开缺回籍缘由作证的第三个人就是光绪皇帝。他是第一当事人，最有作证资格，他虽没有留下直接的证言，但从其他人所引与光绪的谈话中可以找到间接的证据。

四月二十八日，翁同龢罢官后的第二天，光绪分别召见了康有为和张元济，康有为在逃亡时曾和《中国邮报》的记者谈话，提到皇帝的这次召见。当时康有为向光绪帝陈说不能依靠守旧大臣实现变法，“皇帝对这些话的答复使他非常着急，因为实际上他没有黜革这些高级官员的权力。他说，这个权力是握在太后自己手中”①。如果四月二十七日光绪帝真的主动黜革了朝中最重要的大功臣、自己的老师翁同龢，那么光绪不应当如此健忘，第二天还对康有为说自己“没有黜革这些高级官员的权力”。反之，如果光绪对康有为说过以上的话，那么正好证明前一天黜革翁同龢是出于西太后的意旨，而非光绪帝的意旨。

慈禧太后怎样黜革翁同龢，并未留下记录，但我们仍可从另一个重要官员张荫桓的遭遇中略窥翁同龢被黜逐的情况。张荫桓与翁同龢实际上是同案的被告，两人都赞成变法，都推荐过康有为，同署办公，处理外交，关系密切，又同受御史们参劾。因此，翁同龢开缺回籍，张荫桓亦岌岌可危。但张仍安然做官，免受处分，直到维新运动失败，“戊戌六君子”被杀，张荫桓才论罪遣戍新疆。为什么翁同龢被黜逐时张荫桓未受惩处？张本人透露了宫廷高层会议的情况。从这次会议中可以看出当时是谁在主持对高级官员的惩处。张荫桓后来遣戍新疆，路上同两位押解他的官员王庆保、曹景郕谈到晚清的政治内幕，王、曹二人写成《驿舍探幽录》，其中谈到翁同龢被罢黜时张荫桓处境可危，原文较长，但因能看出当时处分高级官员的程序，故部分录出：

> 某等因问曰：夏间翁常熟罢官，外间谣传，颇有波及，确否？

---

① 《中国的危机》，载《字林西报》（香港），1998-10-07。

张答曰：今年五月初五有查抄虚警。先是太后密召英年，令传谕崇礼，谓张荫桓有应查办事件，着其预备。是日，太后在颐和园召见庆邸、廖寿恒、刚毅，问：近日张荫桓遇事颇为专擅，参奏甚多，尔等有所闻见否？廖寿恒奏对以总理衙门所称能办事者，惟张荫桓一人，实亦非伊不可。太后闻之怒甚，因云：似尔所言，若张荫桓死了，则将如何？当下诸臣俱碰头莫敢一言。移时，太后复云：我亦知张荫桓颇能办事，究竟有无专擅之迹？廖寿恒等见太后盛怒，因奏对曰：张荫桓在总理衙门遇有事件，有与同官商议者，亦有一人专主者，缘张荫桓所识洋人颇多，凡交涉密议，行踪诡密，旁人不得闻知。时皇上亦侍侧，太后因言张荫桓遇事专擅，皇帝明日叫起入见，可以严加申饬，使知警戒。是日，廖仲山以事过寓，初谈闲话，语次因言及今日在颐和园召对如此如此，太后颇怒，甚代惊恐。余遂向询刚子良曾代我说话否？廖云：伊亦颇为力言。余意甚不平，因谓本衙门明日亦有事，当递膳牌，俟觐见看皇上若何。

廖仲山辞去，余因出城拜客，次早入朝至军机处，遇庆邸，告以昨日这事甚险，并将奏参专擅营私各折令看。余见谤书盈箧，不胜气忿，意谓圣意万一难回，惟有请皇上罢斥查办，容当上折申辩。看完，当即叫起，同起者，首庆邸、次廖寿恒、次刚毅，时王文韶初入军机，班在第四，连余五人同入。当闻太监传语，张大人垫子在南边，余跪聆皇上谕云：奏参各折，尔看见否？余奏对云：臣已看过，臣在总理衙门，某事系与某人商议，某事系同某人会办，均可查考。惟某条约，系臣一人专主，然亦众所共知，并未专擅。皇上因向廖寿恒云：尔昨日对太后所言，今日何不陈说？廖寿恒奏对云：昨日太后询问臣等，对以张荫桓在衙门办事，有与同官商议者，亦有一人专主者，系属实在，臣不敢欺。

皇上又向刚毅等问：尔有何言？刚毅等惟只碰头。皇上略谕庆邸云：传知张荫桓，不必忧虑着急，仍令好好办事。刚毅因接口传谕云：有恩旨，令张荫桓改过自新。余闻之心中愈觉愤懑，意谓本自无过，何云自新。故当时并未碰头谢恩。皇上旋谕云：尔先下去。余即下来，须臾皆出。我复对庆邸等云：余意仍欲上折申辩，经众相劝，谓一天风雨已散，何必再行多事？因而中止。[①]

张荫桓这段长篇叙述，略能揭示当时惩处高级官员之程序和内幕。第一，翁、张本属同案，同时受弹劾。这年闰三月安徽藩司于荫霖劾李鸿章、翁同龢、张荫桓“误国无状”。四月，御史王鹏运劾翁同龢、张荫桓“朋谋纳赂”。第二，四月二十七日，翁被黜逐，八天以后，即五月初五日，讨论对张荫桓的处理。第三，对张荫桓的处理，完全由西太后主持，开始时太后“盛怒”，已令崇礼“预备”，崇礼时为步军统领，职司卫戍，后来政变时“戊戌六君子”即是步军统领衙门捕拿和正法的，可见西太后本欲将张荫桓捕拿下狱。第四，张荫桓之所以免罪是廖寿恒、刚毅竭力帮着说话，尤其是刚毅的进言，使太后息怒。当时，刚毅极得太后宠信，故张荫桓向廖寿恒打听“刚子良曾代我说话否”。张荫桓知道，刚毅的话最能起作用。第五，光绪虽参加了会议，却一言未发，他不赞成西太后的意旨，但又不敢违拗。第六，太后对张荫桓的态度缓和后，仍令光绪帝出面，对张“严加申饬，使知警戒”，似乎处理过程均由皇帝主持，使运作程序合法化。实际上太后操纵一切，光绪只能奉命唯谨。第七，翌日，光绪帝召见张荫桓，语气温和，劝慰有加，并未“严加申饬”，和太后的盛怒迥然不同，这体现了皇帝和太后对此案的不同态度。

由处理张荫桓的会议可以推想八天前处理翁同龢的情况，两人本属同案，而翁的资历、威望、官职皆在张荫桓之上，要黜逐他，至少也要经过类似级别的会议。太后从甲午战争以后，因翁主战与力主节减庆典经费，积憾已非一日，加上荣禄、刚毅日进谗言，其盛怒亦可想见。会议上，除光绪可能曾为翁师傅求情而遭申斥，刚毅只能落井下石，所以翁同龢遭谴是必然的，但翁同龢毕竟是两朝

① 王庆保、曹景郕：《驿舍探幽录》。

帝师，又无明确罪状，西太后只能处以开缺回籍，而未将其押拿下狱，但最后处分仍由光绪帝下谕旨宣布，这是亲政后的合法程序。处分翁同龢的过程，我们找不到直接记载，但从张荫桓的谈话中，处理此案系何人主持、何人操纵，已可洞若观火。

以下再看看翁同龢的学生们如何看待此事。这两个学生当时都在北京，经常出入翁门。一个学生是叶昌炽，他在《缘督庐日记》光绪二十四年（1898）四月条中记载："二十八日晨，阅邸钞，虞山师奉旨放归，朝局岌岌不可终日……二十九日，谒虞山师未值，佩鹤来云，虞山之去，木讷令兄实挤之，或云与郎亭师一案"，又"七月十二日至别墅，适弢甫在允之座，谈极久；瓶师之归，木讷令兄有力焉"。

"木讷"即是刚毅。叶昌炽认为：翁同龢的开缺回籍是刚毅进谗所致，这是他听弢甫所言。弢甫是翁同龢之侄翁斌孙，常年随侍翁同龢。又说"或云与郎亭师一案"，郎亭即汪鸣銮，汪也是翁的学生，是"翁门六子"的第一人，光绪二十一年（1895）冬与长麟一起革职，其罪名是"妄事揣摩，辄于召对时，语气抑扬，罔知轻重，如侍郎汪鸣銮、长麟上年屡次召见，信口妄言，迹近离间"①，这是帝后党争中的一幕。叶昌炽和他的朋友们都认为，翁被黜逐是受了后党的排挤。

另一个学生是唐文治，他的《茹经堂文集》中有《纪翁文恭公事》："戊戌春，公保工部主事康有为通达时务可用，刚（按：即刚毅）随密奏太后，谓公植党荧惑圣听，四月二十四日（按：应为二十七日，此处唐文治误记）公奉旨开缺回籍，是日，适公生辰也。呜呼！刚之计可谓巧而毒矣。公丝毫无愠色，越数日，即行，至正阳门外，送者数百人，车马阗噎，有痛哭流涕者。公独坦然谓文治曰：'人臣黜陟，皆属天恩，吾进退裕如，所恨者不能复见皇上耳。'"叶昌炽和唐文治皆翁门弟子，当时皆在北京，亲见翁被黜逐，他们所说的话，可信程度是很高的。

---

① 赵尔巽等：《清史稿》卷四百四十二，《汪鸣銮传》。

另一个证人虽非翁门弟子，且身在上海，但与帝党、维新派关系密切，他就是郑孝胥。在听到翁同龢被罢官的消息后，郑孝胥就知道是守旧派排挤所致。他在日记中说："廿七日，翁既逐出，拟旨者乃刚毅、钱应溥、廖寿恒等也。度其情形，翁必力主上以变法自强，满洲人及守旧之党遂构于太后而去之。翁去则上孤，而太后之焰复炽。满朝皆伧楚，亡在旦夕矣。"① 郑孝胥熟知当时的斗争形势和派系分野。他虽在上海，却在翁被罢黜的第三天（二十九日）得到电讯，即时在日记中做出如上反应。

还可以举出一位不知姓名的维新派（疑即梁启超），政变后逃到日本，给日本政府和会社写了一封信，缕述政变原因，其中把翁同龢被逐视为西太后剪除光绪羽翼的措施："皇上年既渐长，而外患亦日弥。数年以来，屡思发愤改革，皆见制于西后。凡皇上有所亲信之人，西后必加谴逐，甲午年之窜安维峻，乙未年之褫长麟、汪鸣銮，革文廷式，今年四月之逐翁同龢，皆此类也。盖其意务欲剪尽皇上之羽翼，去尽皇上之腹心，使皇上孤立于上，然后能任其所欲为，此历年以来西后夺权之实情也。"② 此人看法与梁启超、郑孝胥相同。

再来看看当时在华的外国人如何认识翁同龢的"开缺回籍"。一个是英国传教士李提摩太，他在中国办报多年，交游甚广，曾替翁同龢起草维新计划。他在《留华四十五年记》中说："恭亲王于六月间死去，照惯例翁同龢应该补他的缺，但是慈禧将职位畀予了他的亲戚及忠心拥护者荣禄，而把翁同龢免了职，这个举动虽然发生在政变前的三个月，但对于皇帝对慈禧的短期的独立来说是第一次的打击。翁同龢免职后，慈禧临朝，命令各大臣直接向她呈奏。"李提摩太认为，翁同龢开缺是西太后对光绪的一次打击。

另一个外国人贺壁理，当时住在天津，听到翁开缺后写信给《泰晤士报》驻京记者莫理循，他说："15日的诏书（按：阳历六月

① 劳祖德整理：《郑孝胥日记》，第2册，662页，北京，中华书局，1993。

② 佚名：《新党某君上日本论中国政变书》，见中国史学会编：《戊戌变法》（二），602页，上海，神州国光社，1953。

十五日，阴历为四月二十七日，诏书即翁开缺回籍的谕旨）构成了一次政变。它的重要性在于即使不是真正废黜了，也是实际上废黜了皇帝，这样说不算夸大。……慈禧太后……胁迫这位可怜的年青皇帝革去了他的最忠诚的支持者翁同龢的官职。”① 这位外国人甚至把翁同龢被罢官等同于“实际上废黜了皇帝”。对照萧公权先生所说光绪主动罢免了翁同龢，差距何啻十万八千里。

我们还可以找到当时许多熟谙晚清政局的历史学家们的记载：

苏继祖是一位同情变法维新的历史学家，他写了《清廷戊戌朝变记》，记载四月二十七日：“谕旨三道（按：即翁同龢开缺、召王文韶入京、荣禄署直隶总督），皆奉太后交下勒令上宣布者。皇上奉此谕后，惊魂万里，涕泪千行，竟日不食，左右近臣告人曰：‘可笑皇上必叫老翁下了镇物了。’”苏继祖所言光绪的态度，和梁启超所言“战栗变色”是一致的。苏继祖写得这样具体，当有所闻而非揣测之词。

另一位历史学家黄鸿寿撰《清史纪事本末》，其中说：“同龢在毓庆宫授帝读最久，因鉴于事变，非变法不足图存，时为陈说于帝前，为太后所闻，撤同龢毓庆宫行走。其荐康有为也，谓‘有为之才，过臣百倍’，请举国以听，太后尤恶其语。又其时天津阅兵废立之谋，渐有所闻，同龢密言于帝，太后侦知之，遂命开缺回籍。”黄鸿寿所说翁同龢因反对巡幸天津而遭罢黜，也与梁启超所说符合。

胡思敬是反对维新变法的，他所写的《戊戌履霜录》对维新措施抨击颇多，他也说：“或谮翁同龢于太后，太后恶之，又追咎中东战事，免其官，放归田里。”“翁同龢以毓庆宫旧恩，颇蒙宠幸。奕䜣没，太后疑变政之举，皆同龢向导，逐之去位，上孤立失所恃。”胡思敬虽为守旧的历史学家，但所言翁同龢被罢逐，与其他人所言是一致的。

恽毓鼎是长期陪侍光绪帝的臣僚，他在《崇陵传信录》中说：“先是钱塘汪侍郎鸣銮奏对当圣意，屡召见有所陈，太后闻而恶之。

① 骆惠敏编：《清末民初政情内幕》（上册），刘桂梁译，107页，北京，知识出版社，1986。

忽传懿旨以迹近离间褫汪职，因此尤忌翁，猝用朱笔逐之。盖不欲其在上左右也。”他把翁的被黜与汪鸣銮的被褫职联系在一起。

为慈禧立传的费行简在《慈禧传信录》中说：“奕䜣、李鸿藻相继殁，荣禄遂赞密勿，然事皆同龢主之。……荣禄嘱莲英言于后，谓同龢专横，且劝帝游历外洋。后闻大骇，召帝诘之。帝辩无是事，后弗信，竟自为旨，逐同龢去。”他把翁被罢黜归结为荣禄的谗谮。

金梁在《四朝佚闻》中则把翁被黜逐归结为奕䜣临终时的遗言：“光初朝局，系翁一言，同僚议事，偶有不合，翁辄怫然，常入报帝，必伸己意，众已侧目，而恭久受挫，积憾尤深。病笃临视，太后问以遗言，泣奏翁心叵测，并及怙权，遂骤下罢斥之谕。或谓孙（按：指孙毓汶）实代草，所述皆翁对恭状，而引入严旨，乃成跋扈权臣矣！翁实不能负此重咎也。”

还可以举出陈夔龙、张元济、罗惇曧等人的证言，所言亦类似，不赘引。这里不管是维新派、帝党官僚、守旧派、历史学家或外国人，无不把翁开缺回籍之缘由归于守旧大臣的排挤和西太后的意旨。虽在具体情节上稍有差异，但慈禧之黜逐翁同龢，众口一词，已成信史。现在时隔几十年，举出《翁同龢日记》中所说光绪曾几次责备翁同龢，翁自言与康有为“不往来”，称康“居心叵测”，由此推论因翁、康产生矛盾，关系已决裂，光绪袒护康有为而罢黜翁同龢，实难令人信服。这种说法如何能和康有为所说“懿旨逐常熟”相调和？如何能和光绪帝当时所说自己没有黜革高级官员的权力相调和？又如何能和当时许多人的证词相调和？除非能够证明以上所引大量证词俱为虚妄伪说，否则光绪罢黜翁同龢之说不能成立。

即使完全相信《翁同龢日记》中所说光绪曾多次责备翁同龢，也得不出光绪主动黜逐翁的结论，责备与黜逐不是一回事。光绪帝年轻气盛，甲午战败后忧愁焦虑，急思变法自强，与大臣议政时多所责难，不能因有责备即认为光绪帝主动罢黜了翁同龢。光绪帝完全了解当时阻挠变法的是一大群守旧官僚，如果光绪帝不是疯子，当不致自坏长城，黜逐在当权大臣中唯一支持变法的人。如果光绪真拥有罢免高级官员的权力，那么他应该首先罢免荣禄、刚毅之流，而不该拿自己的师傅翁同龢开刀。

萧公权先生从翁同龢被黜逐前夕的日记中找到光绪责备翁的材料，断言翁被黜逐出于光绪的意旨。我们同样也可以找到此时光绪和翁同龢关系融洽的材料，以反证翁被黜逐并非出于光绪本人的意旨。

四月二十二日，也就是翁同龢被黜逐的前五天，光绪帝命翁同龢草拟《明定国是》，这是宣布变法、确定国家大政方针的重要文件，翌日，宣布此诏书，"百日维新"从此开始。翁的学生张謇在翁书房中亲见"虞山所拟变法谕旨"[①]。如果光绪不信任翁同龢，立即要黜逐他，那么怎么能把这样重要的变法文件交给翁起草？

即使是在翁的日记中，不少地方也表现出当时光绪对翁同龢的眷念与关注：光绪二十四年（1898）正月，翁召对时，突发汗证旧疾，光绪很着急，令太监扶掖，送归寓所，又派大臣去探视他。翁同龢很感动，他说："圣恩如此，自憾衰残，无一报称。"三月，翁又受凉发烧，病三日。光绪帝向大臣们"屡问翁某病势如何？垂问谆至"。翁病愈入值，光绪又"垂问再三，问昨归途如何？到家如何？饮食如何？"。翁同龢对皇帝的关心"感激无地"，从这些记载中丝毫看不出他们君臣师徒之间的关系已达破裂程度。

翁同龢遭罢黜前三天（四月二十四日），戊戌科新进士传胪，状元为贵州夏同龢，光绪帝因新科状元与师傅同名，表示高兴，召见军机时对翁同龢说："今科状元夏同龢与师傅同名，诚为佳话，足见君臣一德，遭际攸隆。"[②] 如果三天以后光绪要主动黜逐翁同龢，那么当无这种高兴的表示。

翁同龢被黜逐的四月二十七日，适逢翁的生日，后党对翁切齿痛恨，故而偏偏要在这一天下谕黜逐翁，故意羞辱他。如果出于光绪帝一时冲动，罢免师傅，他和翁相处日久，感情很深，当不会选定这个日子去刺激年迈的师傅。

翁同龢开缺回籍的缘由似乎是个小问题，但它涉及戊戌时代的

---

① 《张謇日记》，光绪二十四年四月二十二日。

② 陈夔龙：《梦蕉亭杂记》卷二。

党派分野与对翁同龢的评价。如果翁为慈禧所逐，表明了这是后党有计划进攻的重要一步；如果翁为光绪帝所逐，只能说明这是维新阵营内部的同室操戈和失去理性的自残行为，而对翁同龢的评价亦随之而异。萧先生在论述翁被黜逐出于光绪意旨的同时，又严厉地抨击翁，说翁被黜逐，不仅是翁同龢、康有为意见分歧所致，而且还因为翁妒忌康有为，与康争夺领导权，批评翁在政治上没有原则，时而反对新政、反对修建铁路，时而支持变法、支持维新。又说：翁的主张以个人利害为转移，经常改变态度，没有一贯立场，“翁尝试排除康氏，却反而迅速导致自己的失势”。

诚然，翁同龢是出身名门、笃信旧学、受传统教育的老臣，和康有为等具有较激进改革思想的人不可能完全一致，翁对康有为在《新学伪经考》《孔子改制考》中表露的历史观、政治观也不会赞成，但这并不妨碍他对变法的支持，正像湖南巡抚陈宝箴那样，曾竭力反对康的著作，上奏请求劈版禁毁，但并不妨碍他在维新运动中支持康、梁，在湖南积极推行新政。翁同龢当时和光绪帝、康有为一样忧心国事，谋求变法，因此，他们能够成为站在一条战线上的同盟者。翁同龢举荐康有为，表现了求贤若渴的忧国襟怀，故康有为终身不忘，把翁称作“维新第一人”，比作汉初的萧何。萧公权先生把翁之荐康解释成翁利用康有为以排斥李鸿章、张之洞等政敌，在翁利用康有为之后，康声望提高，被旧党攻击，翁又怀着“自保”和“妒忌”的心理，疏远并排挤康有为，结果反被光绪和康有为黜逐，事情几乎全被颠倒，敌友关系随意置换，卑私、阴暗的权欲支配着一切，这种分析并不符合实际情况，是片面而且无根据的。

李鸿章从甲午战争以后声望大减。戊戌变法时他虽不是翁同龢的同道，但却并非主要政敌，张之洞远在湖北，更说不上与翁有严重矛盾，翁同龢何必要利用康有为去排挤他们？再说，康有为小小的六品主事，并没有排挤李鸿章、张之洞的力量，以后康有为声望提高，也构不成对翁同龢的威胁，所谓“利用”“妒忌”“排挤”“争夺领导权”等纯系主观想象。

萧公权先生除了所举翁同龢为了避祸而努力与康有为划清界限

的显然经过改写的日记之外，举不出翁同龢改变初衷、排挤康有为、与康争夺领导权的任何证据。其实，当时翁同龢、康有为以至光绪皇帝都没有真正的权力，他们只有联合起来，向后党争取权力，故翁同龢被逐，康有为"甚为灰冷"，翁、康之间根本无争夺领导权的问题。

至于翁同龢的言论行动，前后确有矛盾。他曾反对修建津通铁路和卢汉铁路（即今之京津路、京汉路），表现出保守的倾向，但却又进呈冯桂芬的《校邠庐抗议》，以后又引荐康有为，支持变法，表现出进步的倾向。这不是什么奇怪的事情，而是近代历史人物相当普遍的特征。由于近代历史发展变化很快，人们的思想观点发展变化也很快。同一个人在不同时期经常会发表不同的言论，有时甚至是截然相反的言论。翁同龢不赞成开设同文馆，主张缓修津通铁路，即使这可以作为他思想保守的证据（这里不完全是思想保守，也有财政上的考虑），但以后他思想有所变化，特别是甲午战争以后，急谋变法，奋力图强，这是顺应时代的爱国行为，不能被看成"政治上无原则"，"没有一贯立场"。同时代的人物，如伟大的民主革命家孙中山，在甲午战争前夕曾上书李鸿章，表现了改良思想的倾向，但甲午战争中目睹清廷腐败无能，毅然走上革命道路，组织了兴中会，这是具有历史意义的进步。梁启超说过自己常常"以今日之我反对昨日之我"，这恰恰也体现了他能够随着时代不断前进的优点。翁同龢毕竟出身封建官宦家庭，在他身上会表现出难以逾越的阶级局限与历史局限，但在甲午战争和戊戌变法的关键时刻，他反对妥协，力主抵抗，举荐贤才，支持变法，表现出高度的爱国精神和革新勇气，这在当时的大官僚中并不多见，应当充分肯定。我们不反对用心理和动机来分析历史人物，可是用并不存在的"自保""妒忌"心理以及"争夺领导权"来概括翁同龢当时的思想和行为，由此得出光绪帝主动黜逐翁同龢的结论，这既不符合历史事实，又对古人很不公正。

百年功过论戊戌*

100 年前的戊戌年（1898），北京发生了一场旨在图强御侮的变法运动，史称“戊戌变法”。

自从甲午战争中国战败之后，日本逼迫中国签订丧权辱国的《马关条约》，清政府被迫赔巨款、割台湾、开商埠，利权进一步丧失。从此，帝国主义列强对中国的侵略更为加紧，各自割据势力范围，抢夺铁路修筑权、矿山开采权，企图瓜分中国。中国有志之士目睹国家艰危，无不义愤填膺，奔走呼号，探索自救之道。1895 年，康有为等赴北京应试的来自全国各地的举人上书清廷，反对《马关条约》，要求迁都，实行变法，继续抵抗日本，是为“公车上书”，开变法运动之先河。继之，维新派以变法救亡为号召，在各地建学堂、开报馆、设学会、译书籍，以求中国之进步。维新变法思潮，汹涌激荡，不可遏止。一部分上层统治者，包括光绪皇帝和翁同龢，在外患日亟的刺激下也倾向于变法，起用康有为、梁启超、谭嗣同等维新人士。1898 年 6 月 11 日，光绪帝颁布《明定国是》诏书，申明变法的决心，并斥责守旧大臣：

> 托于老成忧国，以为旧章必应墨守，新法必当摈除，众喙哓哓，空言无补。试问今日时局如此，国势如此，若仍以不练之兵，有限之饷，士无实学，工无良师，强弱相形，贫富悬绝，岂真能制梃以挞坚甲利兵乎？

自此日起，光绪帝在维新派的辅佐下，屡颁谕旨，推行新政。至 9 月 21 日慈禧太后发动政变，变法失败，共 103 天，史称“百日维新”。“百日维新”期间，颁布的新政大约有：开制度局以统筹全

---

* 原载《语冰集》，南宁，广西人民出版社，1999。

局；诏举经济特科；命官员保举新政人才；设中国银行、农工商总局以振兴实业；设立矿务铁路总局，催办京汉铁路及粤汉、沪宁铁路；创办京师大学堂，各省设立大、中、小学堂，命选派学生赴外国游学；设译书局以翻译西书；用新法练陆军、习洋操；裁撤衙门以减省冗员；各部删订则例，以求办事简便有实效；鼓励士民上书言事；等等。但以慈禧太后为首的守旧派反对变法，9 月 21 日，慈禧从颐和园回宫，囚禁光绪，夺取权力，康有为、梁启超逃亡，谭嗣同、杨锐、林旭、刘光第、杨深秀、康广仁“戊戌六君子”被捕遇害。一大批支持变法的官吏、知识分子，或被罢官，或被流放，或被拘禁，戊戌变法如昙花一现，归于失败。

中国本来是个封建国家，经济上是自给自足的封建小农经济，政治上是绝对的封建君主专制统治，文化教育上崇尚儒家的纲常伦理，实行科举八股的教育考试制度。这样的国家和英、法等正在飞速发展的资本主义近代国家完全不同，已大大落后于英、法。“落后就要挨打”，因此，从鸦片战争以来，中国在抵抗外国侵略的战争中屡战屡败。事实证明：传统的封建制度在近代世界已不能生存下去。洋务派已认识到外国的先进性，故而用西法制炮、造船，开工厂、筑铁路，但洋务派不想根本改变旧制度，只在器物层面学习西方的长处，以补苴中国的旧制度，无意把中国变成一个摆脱封建制度的近代国家，这就是“中学为体，西学为用”的实际含义。戊戌维新派的先进之处在于认识到器物层面的某些改变不可能挽救中国，必须从根本制度上进行改革，把传统的封建专制的农业国改变为近代君主立宪的工业国，以拯救中国的危亡。所以，维新派主张“大变”“速变”“全变”，大大突破了洋务派认可的变革范围。因此，维新派的主张不仅为守旧派所反对，也为李鸿章、张之洞等洋务派所不容。守旧派与洋务派勾结起来，共同扼杀了戊戌变法。

戊戌变法已经过去一个世纪，百年沧桑，神州巨变。戊戌变法以后 13 年，即 1911 年，爆发了辛亥革命，推翻了清王朝，埋葬了延续了 2 000 多年的封建君主专制制度。戊戌变法以后半个多世纪，民主革命获得胜利。帝国主义和封建主义在中国的统治被推翻，成立了中华人民共和国。戊戌变法以后100年，中国人民在邓小平理论的指导下正意气风发地建设有中国特色社会主义。抚今追昔，感奋实深。回顾百年前的戊戌变法，它的历史贡献在哪里？它的局限性又在哪里？

第一，戊戌变法的贡献在于政治上要求改变封建君主专制制度，建立近代的君主立宪国家。在封建专制制度下，君临万民，独揽一切，权力不容分割，不受制约，排斥了人民大众参政议政的权利，是造成不公正、不平等以及暴政、动乱、腐败的根源。戊戌时代的维新派强烈要求改变专制制度，他们借用了法国启蒙思想家卢梭的“民约论”思想。谭嗣同在《仁学》一书中说：“生民之初，本无所谓君臣，则皆民也。民不能相治，亦不暇治，于是共举一民为君……夫曰共举之，则因有民而后有君；君末也，民本也，天下无有因末而累及本者，亦岂可因君而累及民哉？夫曰共举之，则必可共废之。君也者，为民办事者也；臣也者，助办民事者也……事不办而易其人，亦天下之通义也。”原来巍巍在上、发号施令的“天子”不过是老百姓“共举”出来办事的，办不好事，还可以“共废之”。这样一来，几千年相传的专制皇帝神圣不可侵犯的神话被戳穿了，这在当时是十分大胆而新颖的见解，而且他尽情揭露了君主制度下的悲惨现实，直斥“如此黑暗地狱，直无一法一政足备记录，徒滋人愤懑而已”。欧榘甲的《论大地各国变法皆由民起》指出，专制制度是中国贫弱落后的根源。因为在专制统治下，君与民、官与民之间存在着不可调和的矛盾，人民“屏息潜伏不敢轻议国事以触文法……其民之气既散，益块然干槁，安于醉生梦死”，“外患猝至，乃如摧枯拉朽，莫能御矣”。按照维新派的说法，只有召开“议会”，实行“立宪”，使专制君主的权力有所制约，才能“解生民于倒悬之危，置国家于磐石之安”。

尽管君主立宪的主张客观上只能为新兴的中国资产阶级分享政权开辟道路，并不能真正挽救中国，但维新派力争制约君主的权力，摆脱专制主义的束缚，这是有重大意义的进步。人们只有不再相信君权的神圣，从专制君权中解放出来，才有可能继续前进，走上推翻君主的革命道路。所以，戊戌时代这一思想解放为许多知识分子的进一步革命化创造了条件。

第二，戊戌变法的贡献还在于经济上倡导民营企业，为民族资本主义的发展开辟了道路。洋务运动中，中国已出现了工厂、矿山、铁路等近代企业，但数量较少，而且大多是官办、官督商办、官商合办，都要挂上“官”的招牌，民营企业则得不到保护。1890 年，台湾巡抚刘铭传因基隆煤矿亏损累累，上奏清廷，请求将煤矿改为商办，清廷不准。守旧大臣驳斥道：“民有权，上无权矣。”刘铭传被交部议处。

戊戌变法期间，光绪帝采取完全不同的态度，“百日维新”的第一天即下谕各省设立商务局。光绪帝采纳御史王鹏运“请于各省会设立商务局，由各商公举殷实稳健、素有声望之绅商，派充局董，驻局办事”，“毋庸设大臣督办”的意见；以后两次谕令刘坤一、张之洞在上海、汉口试办商务局，创立商会，这是提倡创建摆脱官方约束的民间组织和企业；又鼓励士民著作新书，创行新法，制造新器，准许给予专利，甚至民间可以“兴造枪炮各厂”，“著照军功之例，给予特赏，以昭激劝”（五月十七日上谕）。连枪炮厂都许民间设立，其他民营企业更不在话下了。又鼓励商人张振勋、吴懋鼎开办烟台酿酒厂和天津呢绒厂，命地方官“体察商情，尽力保护”（五月二十六日上谕）。后来又在北京设立农工商局，命各省设分局，“分别制造，以扩利权，而资民用”。这一系列保护和鼓励民间工商业的谕旨，虽由于守旧派的阻挠大多未能实现，但民营企业的合法地位已不可动摇，对于私人创办工商业起了极大的鼓舞作用。故戊戌变法以后，中国资本主义有了初步发展。洋务运动期间创办的近代企业中，官办、官督商办、官商合办的企业多达 80%以上。而戊戌变法前后三年（1897—1899）中，中国创办的厂矿 54 个，资本额 621 万元，其中商办占 70%，民间企业已成为工商业的主流。

第三，戊戌变法的贡献还在于“百日维新”期间废止了八股文，改革了科举制，提倡学习西方，实行近代的教育制度，兴建近代的文化设施，如开学堂、设报馆、立学会等。维新派非常重视人才的教育。康有为说："欲任天下事，开中国之新世界，莫亟于教育。"①梁启超说："变化之本，在育人才；人才之兴，在开学校；学校之立，在变科举。"②

科举制和八股文是禁锢心智、脱离现实的典型。知识分子只读古代的儒家经典，按固定的格式写文章，就可得到高官厚禄。维新派对此做了猛烈抨击。严复说："八股取士，使天下消磨岁月于无用之地，堕坏志节于冥昧之中，长人虚骄，昏人神智，上不足以辅国家，下不足以资事蓄。"在变法期间，类似这种抨击科举八股的尖锐言论俯拾皆是。

维新派在反对科举八股的同时，又提出讲求西学、学以致用的主张。他们在教育文化方面，一是主张开办新式学堂。光绪帝在《明定国是》中特别提出："京师大学堂为各行省之倡，尤应首先举办。"并令各地筹设大、中、小学堂和各类专业学堂。二是科举不用八股文，改试策论。"嗣后一切考试，均以讲求实学实效为主，不得凭楷法之优劣为高下"（六月初一日上谕），并开设经济特科。三是鼓励创办报纸。谕改《时务报》为官报，派康有为督办其事。"各报体例，自应以胪陈利弊、开广见闻为主，中外时事，均许据实昌言，不必意存忌讳。"（六月初八日谕）此外还鼓励译书，选派出国留学生，许士民上书言事，开放舆论。在朝廷的大力倡导下，社会风气日新，学堂、报馆、学会纷纷创立，如雨后春笋，一发而不可阻遏。戊戌变法后 8 年，延续 1 000 多年的科举取士制度终于被废止，近代教育取代了传统的封建教育，报刊等大众媒介日益普及。

总之，100 年前的戊戌变法在政治上、经济上、文化教育上动摇或部分改变了封建制度的某些方面，为中国的近代化开辟了道路。当然，维新派有自身难以克服的局限性。他们在变法运动中表现得幼稚、脆弱、动摇、冲动、盲目乐观，反映了软弱性、妥协性和不成熟性，缺乏远大的规划、切实的行动，纸上谈兵，于事无济。许多应该做和必须做的事，他们想不到去做，或者不可能做、不愿意

① 梁启超：《康有为传》。

② 梁启超：《论变法不知本原之害》。

做。对于维新派当时的种种失误、缺点和短见，需要用阶级的和历史的方法分析，求得理解，而不可苛求前人。

戊戌变法时期，新旧力量对比悬殊，守旧势力尚很强大，而新兴资产阶级刚刚从旧社会的母腹中孕育诞生，非常稚嫩，不足以冲破旧势力的壁障。当年的维新志士们大多是青年知识分子，或为举人、秀才，或为中下级官吏，缺乏足够的地位、权力与声望，有感于国家的危急、人民的贫穷，他们怀抱救国安民的理想挺身而出，以天下为己任。那时还不可能走向民间去动员和组织人民群众，因而得不到社会的支援。那时也没有正确的、适合中国国情的理论、方针以指导变革主体。联系松散，意见分歧，力量薄弱。他们寄希望于光绪皇帝，以为只要说服皇帝本人，同意实行新政，“挟天子以令诸侯”，就可以冲破一切阻力。然而，他们低估了盘根错节的守旧势力。而守旧派，上有慈禧太后高高在上、专横揽权，下有枢廷诸臣、封疆大吏顽固不化、墨守成规。对光绪帝所下的“百日维新”诏谕，他们不执行，不办理，推诿拖延，束之高阁；对维新派人士则嫉恨怨妒，公开攻讦，势如水火。守旧派大权在握，不可动摇。故慈禧太后一声令下，光绪帝束手就擒，“戊戌六君子”坐待诛戮。变法维新的大厦突然倾倒，土崩瓦解。

戊戌变法是中国实行近代化的早期尝试。中国的近代化是长期、艰难、曲折、复杂的过程，会碰到许多艰难险阻，遭遇种种挫折失败，需要越过无数急流险滩。因此，需要有正确的、符合国情的指导理论，有克服众多困难的战略策略，有团结坚强、为之冲锋陷阵的改革群体，有支持改革的物质力量和社会基础。但是这一切，维新派均付阙如，戊戌变法是一场准备很不充分的政治运动。当年的维新派承担了一项自己难以胜任的任务。就像康广仁批评他的哥哥康有为所说：“伯兄规模太广，志气太锐，包揽太多，同志太孤，举行太大。当此，排者、忌者、挤者、谤者，盈街塞巷，而上又无权，安能有成？”① 因此，戊戌变法的悲剧有其深刻的根源，是历史的

① 《戊戌六君子遗集》，第 6 册。

必然。

100 年来，中国人民艰苦奋斗，取得了革命和建设的胜利。今天的中国已是独立而初步强大的国家，已经实现了戊戌时代维新志士们的理想。但中国仍处于社会主义初级阶段，近代化的道路仍很漫长，缅怀前贤，意气风发，我们将在邓小平理论的指导下，为建设有中国特色社会主义、实现国家的全面繁荣而努力奋斗。

戊戌时代的思想解放*

一

每一个剧烈变动的历史时代，都有那个时代的“思想解放”运动。中国在春秋战国之际，面临着奴隶制度的崩溃和封建制度的诞生，封建阶级的代言人感受到了时代脉搏的跳动，对一切旧传统进行猛烈的批判，他们著书立说，相互诘难，相互辩论，形成了学术思想界百家争鸣、欣欣向荣的新气象。这是封建阶级从奴隶制传统观念中解放出来的一次大运动。14—16 世纪的西欧，正处在资本主义的发生发展阶段，当时以意大利为中心掀起了一场文艺复兴运动，出现了一大批欢呼新时代的思想家，在哲学、宗教、文学、艺术等各个领域内开始竖起人文主义的进步旗帜。这是西欧新兴资产阶级从中世纪独断主义中解放出来的一次大运动。历史上的这种思想解放运动都是时代的产物，都是当时社会所包含的根本矛盾的产物，历史发展到特定的时期，新的生产力和旧的生产关系之间的矛盾，新的经济基础和旧的上层建筑之间的矛盾开始激化、尖锐。生活给人们提出了解决矛盾、促进社会发展的任务，进步的思想家们站在新生事物方面解释这些矛盾，提出解决方案，阐明发展前途。新时代的思想家们，好像是战斗准备时的号角，他们以敢想、敢说、敢做的精神抨击过去，歌颂未来，横扫前进道路上的许多旧传统、旧观念，动员并号召人们投入战斗。在历史上，差不多每一次经济和政治变革的同时都会相应地出现一次思想解放，而思想解放反过来又成为经济和政治变革的推动力。

---

* 原载《历史研究》，1958 年第 9 期。

60 年前，中国出现了一次资产阶级的思想解放运动，这就是戊戌时代维新派和守旧派的斗争。这次思想解放运动也是适应当代生活的要求而出现的。当时动荡的时代给人们提出了两个大问题。一个是经济生活中资本主义因素的产生和初步发展，资本主义经济的发展要求摆脱旧的束缚，要求帝国主义和封建主义给自己让道。另一个是自从鸦片战争以后形成的民族危机，特别到中日甲午战争以后，出现了帝国主义瓜分中国的形势，中国人民要求抵抗外来侵略，挽救民族、国家的危亡。现实生活提出的这两个大问题，摆在每一个阶级、每一个人的面前，迫使人们表明自己的态度，提出自己的看法。

当时以慈禧太后为首的地主官僚中的顽固派是“正统”的当权派，他们对新事物一概采取敌视和压制的态度，把机器技术看作“奇技淫巧”“雕虫小技”，把提倡工商业叫作“本末倒置”“上下交征”，把西方的政治制度、文化制度斥为“邪说诐行”“离经叛道”。他们在几千年的封建老铺子里佩戴上一副有色眼镜，东望望，西瞧瞧，愈是新鲜的、生气勃勃的事物，他们愈是觉得灰溜溜地可憎可厌。在鸦片战争以后的几十年里，他们虽然也吃了西方资本主义国家的一点苦头，但是他们不可能从中吸取适当的教训，他们大言不惭地声称：西方国家有轮船、枪炮、机器，中国则有纲常、礼义、诗书；轮船、枪炮、机器不过是“形而下”的小器，而纲常、礼义、诗书却是“为天地立心，为生民立命”的大道。大道是超过小器的，因此中国的封建主义当然也就一定会战胜西方的资本主义。这班冬烘先生成天在“以拙制巧”“用夏制夷”的昏梦中过日子，但是当外国侵略战争真正临头的时候，顽固派每一次都是最彻底的投降派，因为他们在抵抗外国侵略方面其实是一筹莫展、毫无所能的。

另一个统治集团是地主、官僚、买办的洋务派，这一派以李鸿章、张之洞为代表。他们在根本的政治立场上与顽固派并无分歧，但是这个派别较多地依附于外国资本主义势力，他们对西方的“船坚炮利”推崇备至。为了适应资本主义侵略者的要求，他们主张对封建制度做一些调整。李鸿章说当前的局面是“千年来一大变局”，

“处今时势，外须和戎，内须变法”。他主张“变法”与“和戎”并行，其实际内容就是：要求封建顽固派放下虚骄自大的架子，向侵略者屈服，并从侵略者那里找到支持力量，来维护其腐朽的统治。所以，梁启超批评李鸿章“其于西国所以富强之原，茫乎未有闻焉，以为吾中国之政教、文物、风俗，无一不优于他国，所不及者惟枪耳、炮耳、铁路耳、机器耳，吾但学此而洋务之能事毕矣”①。

随着中国资本主义的初步发展，在中国社会出现了一批具有资本主义思想的爱国知识分子，这就是戊戌时代的维新派。维新派代表着中国新兴资产阶级的利益。一方面，新兴资产阶级和封建主义、帝国主义有非常密切的联系，他们的力量十分薄弱，开办企业的时候要依靠反动势力的庇护和支持，因此他们不敢正面冲撞反动派，不敢与之展开彻底的斗争；另一方面，他们背负着帝国主义和封建主义这两座大山的沉重压力，只能够伛偻前行，不可能挺起胸膛，迈步前进，因此对反动势力的钳制深感不满。维新派就是这一新兴阶级的代言人。维新派思想有不少落后的、软弱的方面，这种落后和软弱的方面是他们的历史地位、阶级地位所带来的，但是他们要求发展资本主义，挽救被瓜分的危机，在一定程度上主张民主自由和民族独立，要求从封建阶级的旧思想中解放出来。维新志士为着自己的抱负，同反动派进行了较量，抛头颅，洒热血，在所不惜。在当时中国满天封建主义的阴云下，维新派的思想和活动是进步的，维新志士们在中国历史上写下了资产阶级启蒙运动的一章。

维新思想的萌芽可以追溯到1840年鸦片战争以后，当时，一批先进的知识分子，从魏源、冯桂芬，到薛福成、马建忠，他们为了挽救中国的危机，曾经介绍了不少西方的知识。但是，维新思想真正掀起一个政治运动，却以1895年康有为领导的“公车上书”为起点。当时，正是甲午战争失败后清政府在跟日本侵略者谈判投降条件的时候，爱国的人民不甘屈服，在全国范围内掀起了反投降的热潮，康有为集合了在北京会试的1 300余名举人，发起了一个上书运

① 梁启超：《李鸿章》。

动，提出拒签和约、迁都抗战、变法图强三项主张，以拒和作为目的，以变法作为手段。维新派的“变法”与洋务派的“变法”显然是本质上不同的两件事情，一个是投降主义的变法，一个是反对投降主义的变法，这样就使得维新派思想和洋务派思想在最根本的问题上站到了对立的立场上。“公车上书”虽然没有也不可能制止封建阶级的投降活动，但从此以后，维新变法的政治运动和思想运动日益发展。在政治战线上，维新派和守旧派爆发了一场争夺政权的斗争。在思想战线上，新学与旧学、学堂与科举、西学与中学也展开了争夺地盘的激烈斗争。一些先进的思想家，举着“维新、变法”的大旗，向封建制度展开了进攻。由于力量对比悬殊，维新派没有能够取胜，他们在政治上被反动派打得丢盔卸甲，在思想上也偃旗息鼓、阵脚大乱。戊戌时代的政治改良和思想解放运动如同昙花一现，并没有结出累累硕果。但是，它仍有重大的意义，人们久处在封建闭塞的发霉气氛中，忽然从那里吹过来一股新鲜的空气，麻木不仁的头脑开始清醒过来，僵硬的四肢逐渐动弹起来。专制独断的君权思想、昏人神智的八股文章，以及桎梏性情的纲常伦理，这一切曾经是封建阶级麻醉和统治人民的武器，现在这些武器也长起了斑斑锈痕。人民不仅从戊戌政治运动中认清了反动派的凶恶面目，而且从戊戌思想运动中获得了精神解放的力量，把反帝反封建的斗争向前推进，这样就使得中国的政治局面很快地从改良主义阶段迈进资产阶级革命阶段。

二

戊戌时代思想解放的内容是紧密地和政治斗争相结合的。当时新兴资产阶级主要的政治任务是挤进统治机构，分享政权。为了达到这个目的，维新派提出“兴民权”、“开议院”和“君主立宪”等主张，这些主张都是帮助资产阶级分享政权的手段。在世界历史上，资产阶级取得或分享政权的形式不外乎有两种：或者是利用人民群众的力量，彻底摧毁封建制度，建立起民主共和国的资产阶级专政（如1789年的法国资产阶级革命那样）；或者是由于资产阶级软弱，不能够也不敢于进行彻底的斗争，反而跟封建主握手言欢，沆瀣一气，建立起君主立宪的地主、资产阶级的联合统治（如德国1848年的革命和日本1868年的“明治维新”那样）。每个国家究竟实现哪一种形式，要看当时阶级力量的对比关系。戊戌时代的中国，新兴资产阶级是十分软弱的，没有进行资产阶级革命的力量和勇气，因此，他们从西方的政治模型中选取了“君主立宪”作为蓝本，他们高唱“民权”“议院”“宪法”等主张，其目的无非是要求封建阶级给自己让渡部分权力。但是，即使是这种并不能触动封建基础的改良主义要求，也遭到顽固守旧的统治阶级的拼命反对。守旧派从封建社会绝对的专制君权观念出发，驳斥维新派学说：“民有权，上无权矣”①，“使民权之说一倡，愚民必喜，乱民必作，纪纲不行，大乱四起”②，所以“议院必不可设，君权必不可下移”③。他们直截了当地拒绝了任何分享政权的企图。

为了打通进入政权的道路，推进变法运动，就必须要对作为封建制度有力支持的专制君权观念进行批判，从理论上阐明资产阶级议会政治的合理性。资产阶级维新派像法国大革命前的思想家卢梭一样，论证了国家和君主的起源，提出了君民关系的新观念。维新派的急先锋谭嗣同说：

> 生民之初，本无所谓君臣，则皆民也。民不能相治，亦不暇治，于是共举一民为君。夫曰共举之，则非君择民，而民择君也。夫曰共举之，则其分际又非甚远于民，而不下侪于民也。夫曰共举之，则因有民而后有君；君末也，民本也，天下无有因末而累及本者，亦岂可因君而累及民哉？夫曰共举之，则必可共废之。君也者，为民办事者也；臣也者，助办民事者也。赋税之取于民，所以为办民事之资也。如此而事犹不办，事不

---

① 《翼教丛编》卷五。

② 张之洞：《劝学篇内篇·正权》。

③ 《变法首先防弊论》，载《申报》，光绪二十四年九月二十五日。

办而易其人，亦天下之通义也。①

按照谭嗣同的这种说法，原来巍巍在上发号施令的“天子”不过是老百姓“共举”出来的，并不是什么应天承运的权威，而且君主办不好事情，还可以“共废之”。这样一来，几千年相传的君权神授观念一下子就被戳穿了。而且，维新派还进一步说，君主的存在是暂时的、有条件的，人们之所以“共举”君主，那是由于人类社会还停留在较低级的阶段，“有其相欺，有其相夺，有其强梗，有其患害，而民既为是粟米麻丝、作器皿、通货财与凡相生相养之事矣，今又使之操其刑焉以锄，主其斗斛权衡焉以信，造为城郭甲兵焉以守，则其势不能，于是通功易事，择其公且贤者，立而为之君”②。所以，君权的产生并不是由于什么不可捉摸的“天命”，而不过是人类蒙昧时代的一种社会分工，随着社会的进步，君权应该愈来愈削弱而逐渐趋于灭亡。正是基于这种看法，维新派提出所谓“张三世”的说法，就是“多君为政之世”（据乱世）必然要让位给“一君为政之世”（升平世），而“一君为政之世”又必然要让位给“民为政之世”（太平世）。历史的进化将会使君主制度永归消灭，到了理想的大同世界，那就“人人平等，无有臣妾奴隶，无有君主统领”③。

维新派的这种解释并没有真正科学地阐明君主制度的产生和发展，因为他们完全缺乏阶级的分析。但是，他们历史地批判了传统的君权神授观念，把君主制度的产生、发展还原为简单的人与人的关系，使专制君权思想发生根本动摇，这在当时不能不说是一种大胆新颖的见解。而且，维新派对君主制度的抨击并不仅仅停留在理论概念上，他们更进一步对中国几千年来专制君权制度下的悲惨现实做了淋漓尽致的描写。在这方面，谭嗣同是最激烈的一个，他历数了自秦始皇以来的专制暴政，一概否定了封建社会的政治和学术，认为“二千年来之政，秦政也，皆大盗也；二千年来之学，荀学也，

① 谭嗣同：《仁学》。

② 严复：《辟韩》。

③ 康有为：《大同书》。

皆乡愿也。惟大盗利用乡愿，惟乡愿工媚大盗”①。他直斥清朝统治者“秽壤”“膻种”“禽心”“毳俗”，“如此黑暗地狱，直无一法一政足备记录，徒滋人愤懑而已”②，甚至他还表示愿意加入起义农民的行列，所谓“志士仁人求为陈涉、杨玄感，以供圣人之驱除，死无憾焉”③。这种由民主主义思想和民族主义感情所交织而成的灿烂篇章，不仅使其他同时代改良主义者的作品黯然失色，而且在整个中国思想史上也闪耀着光辉夺目的异彩。

其他维新派人士虽然没有像谭嗣同那样激昂陈词，但是他们几乎都众口一词地指出：专制君主制度的存在是中国贫弱落后的根本原因之一。照维新派看来，在专制主义的高压下，君民之间、官民之间存在着无法解决的矛盾，这种矛盾愈来愈尖锐，以致“民”“屏息潜伏不敢轻议国事以触文法……其民之气既散，益块然干槁，安于醉生梦死”，“外患猝至，乃如摧枯拉朽，莫能御矣”④。资产阶级在对封建主做斗争的时候，总是把自己打扮成全民的代表者，把自己与封建主的矛盾说成全体人民与封建主的矛盾。资产阶级对顽固的守旧派说，这种矛盾的发展必然要弄到亡国灭种的地步，只有实行“立宪”和“议会”，才能“解生民于倒悬之危，置国家于磐石之安”，才能使“君民之间，仍复浃洽，耳目最近，喘息必闻，凡申详反复之繁难，胥吏挟持之弊窦，皆一洗而空之，以故国家无难决之疑，言路无壅蔽之患，内政既清，外侮不作”⑤。总之，维新派在“国家利益”和“全民利益”的盾牌下，竭力想说服统治者，要求他们按照资产阶级的意愿和利益安排政治制度，以便自己能进入统治机构。

在阶级利益的推动下，维新派就这样和专制君主制度展开了战斗，力争从专制君权制度和君权观念的束缚下解放出来。这是一个

---

① 谭嗣同：《仁学》。
② 谭嗣同：《致汪康年书》。
③ 谭嗣同：《仁学》。
④ 欧榘甲：《论大地各国变法皆由民起》。
⑤ 赵而霖：《开议院论》。

有很大意义的进步，因为君权神授观念是封建专制制度的一块重要基石，历代封建主曾经制造了各种荒诞离奇的神话，规定了许多繁文缛节，标榜忠君死节的伦理观念，把专制君权弄得高深莫测，神圣不可侵犯，以至即使是反抗封建制度最坚决的历代农民起义的英雄们也被这个传统观念紧紧地束缚住。农民没有能力识破这个混乱的历史疑团，因此他们在高举武器反对封建君主的时候，也还没有忘记要一个“好皇帝”。维新派在这方面的确跨进了一大步，提出了君民关系的崭新观念，拆穿了几千年来君权神授的全部谎言，尽管维新派并不愿意推翻皇帝，但是仅仅这样一个新观念的提出和传布，在客观上便不能不产生深远的影响。因为人们一旦从君权神授的迷信中解放出来，就有可能继续迈进，走上推翻帝制的革命道路。所以，戊戌时代的这一思想解放为以后许多知识分子的进一步革命化提供了一个出发点。

资产阶级维新派虽然尖锐地抨击了专制君权观念，但是这种抨击并没有超越改良主义的范围。他们在论述“民权”问题的时候，大多小心翼翼，不把民权渲染得“过分”。他们一则说：“及今而弃吾君臣可乎？曰是大不可。何则？其时未至，其俗未成，其民不足以自治也。彼西洋之善国且不能，而况中国乎？”①再则说：“权者生于智者也，有一分之智，即有一分之权，今日欲伸民权，必以广民智为第一义。”三则说：“欲兴民权，必先兴绅权；欲兴绅权，宜以学会为之起点。”②在维新派看来，中国人民是愚昧的群氓，毫无自治的能力，必须有一个皇帝来统治，所以推翻帝制是遥远渺茫的理想，不是当前所要采取的行动。当前的重要问题不过是增强“绅权”，让资产阶级分享政权；不过是改革教育，通过教育来解决其他一切政治问题。这样，维新派的眼睛虽然望着前面的目标，可是他们的两脚却不由自主地从侧面滑到了泥塘里，在这里，他们的阶级利益被陈述得何等坦率，他们的软弱性又暴露得何等彻底啊！

① 严复：《辟韩》。

② 梁启超：《上陈宝箴议论湖南应办事》。

三

回避斗争，把文化教育问题当作社会的首要问题，这是当时维新派的一个共同谬误，这个谬误的产生正是由于新兴资产阶级力量的软弱：一方面，不敢动用更有力的武器来改变旧制度，不敢过多地开罪顽固统治者；另一方面，在强大的反动势力面前深感自己的力量薄弱，迫切需要培养和团聚起一批肯效忠于资产阶级的人才。正是在这种情况下，推广教育、培养人才的问题在维新派的心目中才显得特别重要。所以，康有为认为，“欲任天下事，开中国之新世界，莫亟于教育”①。何启说：“人者，致治之具，善修其具，则为逸而功多；不善修其具，则为劳而功少……无其具而欲求其治，譬犹渡川而无舟楫，伐木而无斧斤。”②梁启超说：“变化之本，在育人才；人才之兴，在开学校；学校之立，在变科举。”③维新派既然把人才看得如此重要，那么他们究竟是怎样着手培养人才的呢？

显然，封建主义文化教育的老一套是不符合资产阶级要求的。资产阶级势必要另外创立崭新的一套。创新必先除旧，不从传统封建文化的束缚中解放出来，就无法树立资产阶级的教育制度，也就无法培养出资产阶级所需要的人才。所以，戊戌时代形成了一个批判旧文化、旧教育的热潮，特别是科举制度和八股文体几乎成为众矢之的。

科举制度和八股文体是厚古薄今、脱离现实的集中表现，又是废话连篇、言之无物的文字玩弄的典型。它要求知识分子“代孔孟立言，禁不得用秦汉以后之书，不得用秦汉以后之事”④，因此知识分子只能“遨游于三代之上”，不但脱离现实生活，而且对秦汉以后

① 梁启超：《康有为传》。
② 何启、胡礼垣：《新政真诠二编·新政论议》。
③ 梁启超：《论变法不知本原之害》。
④ 梁启超：《新政诏书恭跋》。

2 000 多年的典章制度茫无所知。它又要求知识分子只能按照固定的八股格式作文章，甚至连字数都是规定了的，结果只能是拼凑一阵，乱写一通，甚至是只要楷法工正，“则虽一书不读，一事不知，亦可以致高位，持国柄”①。在这种制度下所培养出来的知识分子，只能是愚昧无知、抱残守缺的封建卫道者，只知道拿着几本圣经贤传来反对一切新生事物。所以，维新派竭力反对这种制度，梁启超说：“八股取士，为中国锢蔽文明之一大根源，行之千年，使学者坠聪塞明，不识古今，不识五洲，其弊皆由于此。”严复称，八股有三大害，一是锢智慧，二是坏心术，三是滋游手，“总之，八股取士，使天下消磨岁月于无用之地，堕坏志节于冥昧之中，长人虚骄，昏人神智，上不足以辅国家，下不足以资事蓄”②。类似这种抨击科举和八股的言论，在当时维新派的著作中俯拾皆是。

维新派不仅攻击科举、八股，而且更广泛地批判封建主义教育的各个方面。归纳起来，维新派认为封建主义的文化教育有以下几点弊害：第一是教育不普及，“妇女不得入学，以无才为福……既无女学，则四万万之民去其半矣”，“耕农之贫，工作之贱，乡无义学，阀非贵胄，室无诗书，家乏衣食，于此而欲得读书识字，望若云天，二万万人中若此者殆十而九”③，所以在封建统治下，绝大多数人是目不识丁的文盲。第二是教学方法方面，“但责诵读，不求义解”，违反由浅入深、循序渐进的原则，“童齿未毁而授以平治天下无声无臭之书，之无粗识，或授以佶屈聱牙之奥”④，不但学童对所学内容没有理解，而且大大摧残了儿童身心的正常发展，结果只能培养出一批畸形古怪的酸秀才。第三是教学方针的厚古薄今、脱离现实，所谓“摇头顿足，高吟低咏，惟腐烂文数篇”，“乡里子弟，读书十年，而不能作一书札”，“通人学士，或有问一里之长几许？无能答者”，甚至“一代名臣而不知范仲淹为何人，曾入翰林而问司马迁为

① 梁启超：《新政诏书恭跋》。
② 梁启超：《推翻新政》。
③④ 徐勤：《中国除害议》。

何科前辈”[1]。对于这种教育制度，资产阶级维新派是特别愤慨的，干脆把它叫作“愚民”政策。徐勤说：“覆中国、亡中国必自科举愚民不学始也。”“不学而愚之术，莫若使之不通物理，不通掌故，不通古今，不知时务，聚百万瞽者跛者而鞭笞指挥之。”[2]维新派对封建文化教育的这种批判，尖锐辛辣，鞭辟入里，触及了封建主义文化教育的本质。

在批判旧文化教育的同时，维新派又大力宣扬自己的文化教育主张。他们共同的方针，一是“学以致用”，二是“讲求西学”，一反以往士大夫空谈性理、玩弄辞章、抱残守缺、无裨实际的恶习。维新派对于当时在学术界占统治地位的“宋学”和“汉学”，一般都是抱反对态度的。康有为对宋学的评价是“拘且隘”，对汉学的评价是“碎且乱”[3]。在国难当头之际，不论是空谈心性的“宋学”，还是琐屑考据的“汉学”，都是使得人们脱离现实、磨损志气的精神鸦片，维新派主张学术应该观照现实、观照生活。谭嗣同说：“凡不依于实事，即不得为儒术，即为坑儒之坑[4]”。这是何等积极的主张！当时现实生活提出了两个重大要求：一个是发展资本主义、争取民主自由的要求，这就是所谓“求富”；另一个是反对外国瓜分、争取民族独立的要求，这就是所谓“求强”。维新派的一切主张都是围绕这两个重大问题提出的，所以他们把自己的学问称为“富强之学”。严复说：“求才、为学二者，皆必有用为宗，而有用之效，征之富强。”[5]怎样才能富强？就是向西方学习。维新派特别歆羡日本的“明治维新”，因为“明治维新”就是东方封建国家向西方资本主义国家学习而取得成效的一个例证。康有为给光绪皇帝进呈了一本《日本明治变政考》，他在序言中写道：

> 夫凡有兴作，必有失弊，几经前车之覆，乃得后轨之遒。

---

①② 徐勤：《中国除害议》。

③ 康有为：《礼运注叙》。

④ 谭嗣同：《报贝元征书》。

⑤ 严复：《救亡决论》。

> 今我有日本为向导之卒，为测水之竿，为探险之队，为尝药之神农，为识途之老马，我尽收其利而去其害，何乐如之？譬如作室，欧美绘型，日本为匠，而我居之也。譬如耕田，欧美觅种灌溉，日本锄艾，而我食之也。……若以中国之广土众民，近采日本，三年而宏规成，五年而条理备，八年而成效举，十年而霸图定矣。

为了学习西方，在文化教育方面相应的措施就是翻译西方书籍，大办学堂、学会和报纸。维新派称译书、学堂、学会、报纸这一套资产阶级文化教育事业是“陈其利害，广其见识，发其神思，开其风气”的唯一工具，也是戊戌变法运动中最重要的措施之一。维新派的改革工作在其他方面的成就并不大，但在文化教育方面的确做了很多有益的事情：传统的八股取士一度被废止而代之以策论；在北京创办了京师大学堂（北京大学的前身），各地也开设了许多普通学堂和专业学堂，资本主义的学校制度开始起来取代封建主义的学塾和书院；社会科学方面的西方名著，像《天演论》、《原富》、《法意》和《名学浅说》被翻译介绍过来，成为当时最有影响的畅销书；各地政治性和学术性的学会如雨后春笋纷纷出现，成为资产阶级团聚力量的组织；还有各种各样的报纸，风发泉涌，百花齐放，或者议论时局，或者高谈政治，或者介绍西学，或者评价人物，在群众中展开了有力的宣传鼓动。这一切都是知识分子从封建传统的文化教育中解放出来的表现，虽然为时不久，变法运动就被顽固派所扼杀，但这种社会风气一开，顽固派费尽心力也不可能遏制了。就像欧榘甲所说：“斯时智慧骤开，如万流潏沸，不可遏抑也。及政变而八股复矣，然不独聪明英锐之士，不屑再腐心焦脑，以问津于此亡国之物，即于高头讲章，舌耕口穑数十年，号为时艺正宗者，亦谓诵之无味，不如多阅报之为愈矣。”①这种风气的改变的确是资产阶级维新派不可泯没的一件功劳。

当然维新派当时还不可能从封建文化教育的羁绊中一下子完全

① 欧榘甲：《论政变为中国不亡之关系》。

解放出来，在他们身上还保留着极其浓厚的封建色彩。例如，维新派把几千年传统学术攻击得体无完肤，称“三代下无可读之书”①。但是对于封建学术中最老牌的“孔家店”却不敢有半点冒犯。康有为写了许多著作，把自己的变法主张都托称为孔子的主张，康有为说，孔子的大道几千年来都淹没无光，没有得到很好的发挥，只有自己真正继承和发扬了孔子的微言真传，所谓“天爱群生，赖以不泯，列圣呵护，幸以流传，二千五百年至予小子而鸿宝发见”②。这种说法从顽固派的立场来看是“僭窃圣统，狂妄自大”，从革命派的立场来看却是资产阶级软弱妥协的具体表现。大家都知道，孔子学说是封建文化的集中代表，维新派一面竭力反对封建文化，一面却又拼命抱住孔老夫子做招牌，这显然是一个矛盾。这个矛盾正反映了当时新兴资产阶级既要斗争又怕斗争的特点。有的顽固派就抓住这一点进行反攻。如湖南的顽固派头子叶德辉大骂维新派说：“二十四朝之君主，谓之民贼，而独推崇一孔子，是孔子受历代褒崇为从贼矣。狂吠可恨！”③叶德辉是从右的方面来攻击维新派的，可是正由于维新派自己陷在不可摆脱的矛盾之中，所以他们对叶德辉所指责的这一点，只能张口结舌，无言以对。

四

政治观念和文化学术观念方面的斗争，其最终结果必然会转化为更高级的形态，亦即转化为世界观和方法论方面的斗争。顽固派在这场斗争中动员了几千年遗留下来的封建主义陈腐哲学，作为理论上的护符。为了攻击顽固派，资产阶级维新派创造了自己时代的新哲学，从更高的理论原则上论证变法维新的重要性。在这方面贡献最大的就是谭嗣同。

---

① 谭嗣同：《仁学》。

② 康有为：《礼运注叙》。

③ 《湖南时务学堂课艺批》。

顽固守旧派的命题是“天不变道亦不变”。他们声称，世界上的各种现象虽然是错综复杂的，但是最根本的“天”和“道”总是固定不变的，中国的“道”是圣人创造并留传下来的，是世界上最好的东西，何必去学习外国？只要我们守好固有的“道”，去应付一切复杂现象，就可以措置裕如了。“以不变应万变”，这就是顽固派的态度。像封建社会的三纲五常、诗书礼教，在顽固派看来自然都是应该谨守勿失的“大道”。这种哲学观点拒绝改革、反对变法的反动性是非常明显的。

为了反对这种观点，维新派提出了以下三个反命题。

第一个反命题是“道不离器”。维新派认为，世界上并没有像顽固派所说的脱离具体事物的、空洞的“道”，“道”总是离不开器的，也就是说精神、理性是离不开物质的具体形态的。谭嗣同说：“所谓道，非空言而已！必有所丽而后见……丽于耳目，有视听之道；丽于心思，有仁义智信之道；丽于伦纪，有忠孝友恭之道；丽于礼乐征伐，有治国平天下之道。故道，用也；器，体也。体立而用行，器存而道不亡。自学者不审，误以道为体，道始迷离徜恍，若一幻物，虚悬于空漠无朕之际，而果何物也耶？于人何补，于世何济，得之何益，失之何损耶？”①“道”和“器”的关系是中国哲学史上一直争论不休的大问题，有些哲学家认为“道在器先”，道是第一性的，这就形成唯心主义营垒。另一些哲学家认为“道在器中”，器是第一性的，这就形成唯物主义营垒。谭嗣同的整个哲学体系虽然并未超越唯心主义的范围（例如，他认为构成宇宙万物的“以太”归根到底仍旧是脱离客观实在的抽象），可是当他正面和反动派论敌对阵交锋的时候，在他的哲学论证中却常常不自觉地迸发出唯物主义的光彩，他在论证道和器的关系时就是如此。谭嗣同运用这个唯物主义的命题有力地打击了顽固派，他说：“夫苟辨道之不离乎器，则天下之为器亦大矣。器既变，道安得独不变？”②这样从唯物主义立场提出的反驳，就使得顽固派“天不变道亦不变”的论据失去了立

①② 谭嗣同：《思纬壹壹台短书》。

脚点。

资产阶级维新派第二个最有积极战斗意义的反命题是“日新”。所谓“日新”，就是变化和发展的观点，一切都在变化中，一切都在从低级到高级的运动中，这个观点是被维新派所特别强调的。戊戌时代，中国社会正处在从独立的封建社会变成半殖民地半封建社会的时代，变化着的各种现象实在太多了，介绍过来的西方科学成就也实在太新鲜了。时代的变动和科学发展的成果反映到中国当时进步思想家的头脑里，就形成了生动活泼的变化和发展观点。谭嗣同说：“天不新，何以生？地不新，何以运行？日月不新，何以光明？四时不新，何以寒暑发敛之迭更？草木不新，丰缛者歇矣；血气不新，经络者绝矣；以太不新，三界万法皆灭矣。”又说：“昨日之新，至今日而已旧；今日之新，至明日而又已旧。所谓新理新事，必更有新于此者。”①梁启超说：“凡在天地之间者莫不变，昼夜变而成日，寒暑变而成岁。大地肇起，流质炎炎，热熔冰迁，累变而成地球。海草螺蛤，大木大鸟，飞鱼飞鼍，袋兽脊兽，彼生此灭，更代迭变而成世界。紫血红血，流注体内，呼碳吸氧，刻刻相续，一日千变而成生人。……贡助之法，变为租庸调，租庸调变为两税，两税变为一条鞭。并乘之法变为府兵，府兵变为彍骑，彍骑变为禁军。学校升造之法变为荐辟，荐辟变为九品中正，九品变为科目。上下千岁，无时不变，无事不变，公理有固然，非夫人之为也。”②处在这样一个万物流变的世界里，就必须适应变动，跟上时代。特别是当时的中国，处在“地球既通、万国争并、瓜分豆剖、大势相迫”的危险环境中，怎么还能死抱住祖宗的陈规遗法，不肯放手呢？维新派经常援用“穷则变，变则通，通则久”之语来开导守旧派。康有为写道：“盖变者，天道也。天不能有昼而无夜，有寒而无暑，天以善变而能久；火山流金，沧海成田，历阳成湖，地以善变而能久；人自童幼而壮老，形体颜色气貌，无一不变，无刻不变。《传》曰‘逝者如斯’。故孔子系‘易’以变易为义。又曰‘时为义大’。时

① 谭嗣同：《仁学》。
② 梁启超：《变法通议·自序》。

者，寒暑裘葛，后天而奉天时，此先圣大声疾呼，以仁后王者耶？泰西之国，一姓累败而累兴，盖善变以应天也。中国一姓不再兴者，不变而逆天也。夫新朝必变前朝之法，与民更始，盖应三百年之运。顺天者兴，兴其变而顺天，非兴其一姓也。逆天者亡，亡其不变而逆天，非亡其一姓也。一姓不自变，人将顺天代变之，而一姓亡矣。一姓能顺天，时时自变，则一姓虽万世存可也。”①康有为虽然这样“苦口婆心”，无奈言者谆谆而听者藐藐，顽固派并不理会这一套，他们仍旧在梦想使历史开倒车，高唱“今不如古”“宁静淡泊”“守道不变”，顽固派在历史发展的激流中好像是不知痛痒的木偶一样，除了一套纲常伦理、时文八股之外，对国家盛衰、民族存亡根本是漠不关心。所以，谭嗣同愤慨地质问顽固派：你们这种违拗“日新”、反对“变革”的态度，难道真的能够“窒天之生，扼地之运行，蔽日月之光明，乱四时之迭更”吗？难道真的能够阻挡历史车轮的前进吗？当然，这是绝不可能的。谭嗣同指出：在历史规律面前，“彼（按：指顽固派）之力又何足以云尔哉？毋亦自断其方生之化机，而与于不仁之甚，则终成为极旧极蔽一残朽不灵之废物而已矣！”②不管你愿意变还是不愿意变，历史总归是要前进的，任何人若企图违抗历史发展的潮流，都势必要成为被历史规律抛弃的可怜虫！梁启超也向顽固派大声疾呼：“变者天下之公理也，大地既通，万国蒸蒸，日趋于上，大势相迫，非可阏制。变亦变，不变亦变。变而变者，变之权操诸己，可以保国，可以保种，可以保教。不变而变者，变之权让诸人，束缚之，驰骤之。呜呼！则非吾之所敢言矣！”③就是这样，维新派把发展变化的观点和当时的变法运动紧密地结合在一起，使他们的哲学观点具备了丰富的现实材料和重大的战斗意义，也使他们的政治主张在更高的理论原则上得到透彻而有力的阐发。

资产阶级维新派提出的第三个反命题是“仁以通为第一义”。这

① 康有为：《进呈俄罗斯大彼得变政记·序》。
② 谭嗣同：《仁学》。
③ 梁启超：《论不变法之害》。

是谭嗣同《仁学》中开宗明义的一句话。谭嗣同把宇宙的本体叫作“仁”，“仁为天地万物之源”，按照谭嗣同的说法：“仁”是无所不包、无所不在、无所不通的，所谓“遍法界、虚空界、众生界，有至大至精微，无所不胶粘、不贯洽、不筦络，而充满之一物焉。目不得而色，耳不得而声，口鼻不得而臭味，无以名之，名之曰‘以太’。其显于用也，孔谓之‘仁’”[①]。星、地、日、月，为什么能够互相吸引，构成大宇宙？谭嗣同认为这是由于“以太”的作用，是由于“仁之通”。五官、百骸，为什么能够组成人体？也是由于“以太”的作用，也是由于“仁之通”。总之，谭嗣同把一些粗浅的自然科学知识和中国的传统哲学糅合在一起，设想出一个统一的、无限的宇宙观，而统一的基础就是“仁”。

谭嗣同的“仁”虽然离辩证唯物主义的宇宙观还是很遥远的，但它在反对封建主义等级关系和闭塞习气的斗争中却发挥了积极的作用。谭嗣同解释道：“仁”的最大特点就是“通”。“通”有四个意义，即“中外通”、“上下通”、“男女内外通”和“人我通”。封建社会中森严的等级制度使上下隔绝、男女内外隔绝、人我隔绝，显然是和“通”的原则相违背的。而封建主义的“名教”又是这种等级关系在观念上的反映，“名”是讲究封建等级的名分隶属关系，而“仁”是讲究自由平等的关系。所谓“通之象为平等”，“平等者，致一之谓也。一则通矣，通则仁矣”[②]。所以，谭嗣同依据“仁以通为第一义”的原则，对封建名教进行了激烈的声讨，他说：

> 俗学陋行，动言名教，敬若天命而不敢渝，畏若国宪而不敢议。嗟乎！以名为教，则其教已为实之宾，而决非实也。又况名者，由人创造，上以制其下，而不能不奉之，则数千年来，三纲五伦之惨祸烈毒，由是酷焉矣。君以名桎臣，官以名轭民，父以名压子，夫以名困妻，兄弟朋友各挟一名以相抗拒，而仁尚有少存焉者得乎？然而仁之乱于名也，亦其势自然

①② 谭嗣同：《仁学》。

> 也。中国积以威刑，钳制天下，则不得不广立名，为钳制之器。如曰“仁”，则共名也，君父以责臣子，臣子亦可反之君父，于钳制之术不便，故不能不有忠孝廉节等一切分别之名。①

又说：

> 君臣之祸亟，而父子、夫妇之伦遂各以名势相制为当然矣，此皆三纲之名之为害也。名之所在，不惟关其口，使不敢昌言，乃并锢其心，使不敢涉想。愚黔首之术，故莫以繁其名为尚焉。君臣之名，或尚以人合而破之。至于父子之名，则真以为天之所命，卷舌而不敢议。不知天命者，泥于体魄之言也，不见灵魂也。子为天之子，父亦为天之子，父非人所得而袭取也，平等也。……《记》曰：“婚姻之礼废，夫妇之道苦。”本非两情相愿，而强合渺不相关之人，絷之终身，以为夫妇，夫果何恃以伸其偏权而相苦哉？实亦三纲之说苦之也。夫既自命为纲，则所以遇其妇者，将不以人类齿。……独夫民贼，固甚乐三纲之名，一切刑律制度皆依此为率，取便己故也。②

从“仁”和“通”的哲学中，谭嗣同演绎出这样激昂慷慨、精彩透彻的议论，真正是唱出了跟封建名教观念势不两立的对台戏。

维新派提出如上所述的三个主要命题来反对顽固派的陈腐哲学。当然，由于历史和阶级条件的限制，资产阶级维新派不可能把自己的哲学思想发展得充分圆满。他们的著作中虽然包含着一些唯物主义因素，但是他们由于软弱，不敢和传统的儒学、佛学宣告决裂，因而并没有成为真正的战斗的无神论和唯物论者。谭嗣同说：“仁为天地万物之源，故唯心，故唯识。”③康有为也认为沟通天地人我之间者为“不忍之心”④。资产阶级维新派并没有摆脱唯心论哲学体系的羁绊。此外，维新派虽然强调变化、发展的观点，但是他们只承

---

①②③ 谭嗣同：《仁学》。

④ 康有为：《大同书》。

认量变，不承认质变，汪康年说："小水之相会，非欲成大川也，然而成大川之道在此矣。众声之相和，非欲成大响也，然而相和已多，则成大响矣。治水者自流，伐木者披枝，事固有由散而后得整，由流而后及源者。"①这种渐变论的观点正是改良主义政治主张的理论根据，也是维新变法运动招致失败的根本弱点。

五

以上是戊戌时代思想解放运动的梗概。当然，这样一种思想解放远不是彻底的。维新派虽然抨击了专制主义的君权神授观念，用资产阶级的民主、平等原则重新解释了君民的关系，但是他们不敢直截了当地推翻帝制，还死抱住光绪皇帝，甚至不惜以身殉之；维新派提倡资产阶级的文化和学术，对科举、八股攻击不遗余力，但是，他们托古改制，依附圣贤，盘旋在孔孟的脚下，不可能和封建主义文化彻底决裂；维新派主张发展变化，反对停滞静心，并且也曾吐露和发挥过唯物主义的个别论点，但是他们反对质变，反对革命，强调"不忍之心"，不和反动势力进行正面的斗争，却妄想以企求恩赐的办法换取枝枝节节的改良，他们跟形而上学和宗教唯心论仍旧保持着紧密的关系。这就是戊戌时代思想解放运动所达到的和没有达到的。一个时代的思想潮流，归根到底是该时代物质生活条件的反映。戊戌时代，祖国正处在水深火热、任人宰割的重重苦难中，当时，刚刚从地主阶级中分化出来的资产阶级知识分子为了挽救国家危亡而在黑暗中探求、摸索，但是，只有初步发展的微弱的资本主义经济，并不能给他们提供充分的物质支持力量，维新派完全处在一场力量悬殊、没有胜利希望的战斗中，而且他们自己也带着很浓厚的封建因素，不可能把思想解放的任务进行得再深入一步。不久，当帝国主义奴化思想和封建主义复古思想的反动同盟军稍稍

---

① 汪康年：《论中国求富强宜筹易行之法》。

一反攻，“所谓新学，就偃旗息鼓，宣告退却，失了灵魂，而只剩下它的躯壳了”。历史在继续前进，五四以后，中国产生了崭新的文化生力军，这就是中国共产党人领导的共产主义的文化思想，这支文化生力军以新的武器、新的阵势，向帝国主义文化和封建主义文化展开了英勇激烈的进攻。可是，曾经站在历史潮流前头的维新派却在向后倒退，当年反对专制君权的主张一变而为“保皇”“复辟”，当年反对科举、八股的主张一变而为“尊孔”“读经”，维新派违背了自己主张的变化发展的哲学观点，企图阻挡历史的前进。最后，维新派就像当年的守旧派一样，在历史的铁的规律面前碰得头破血流。

戊戌变法运动距离今天整整 60 年，这 60 年，特别是最近 10 年，社会的发展是多么迅速！戊戌时代那些先进人物的想法和看法似乎离我们已十分遥远了。我们的祖国，在中国共产党的领导下不但摆脱了帝国主义和封建主义的压迫，而且在经济战线、政治战线、思想战线上也取得了社会主义革命的基本胜利。祖国的社会主义经济建设正在以一日千里的速度向前跃进。今天，中国人民又在经历一次新的思想解放运动，和历史上任何时代的思想运动比较起来，今天的思想解放才是真正彻底的解放。今天的思想解放，首先是劳动者的思想解放，它是反对一切剥削阶级的思想观点的，而不是以某种剥削阶级的观点去反对另一种剥削阶级的观点（如戊戌时代以先进的资产阶级思想观点去反对反动的封建阶级思想观点），只有在社会主义的光辉时代里，劳动者才能真正掌握自己的命运，才能成为国家的主人，因而他们的精神面貌必然要发生巨大的改变；今天的思想解放又是全民的思想解放，它并不像历史上的思想运动那样仅仅限制在少数人的狭小圈子里，少数人垄断知识的时代即将一去不复返，文化知识正在大普及，千千万万新的知识分子正在涌现、成长，人民群众无穷无尽的智慧和创造力得到了真正充分的发扬；今天的思想解放又是理论和实践的统一，人民群众从实践中提出任务，解决任务，真正做到了敢想、敢说，而且敢做，不像历史上的思想运动，与实践脱节，只是“说多做少”，甚至是“只说不做”；

今天的思想解放是真正彻底的思想解放，劳动人民对于横亘在前进道路上的一切思想障碍是无所留恋、无所畏惧的，他们将以急风暴雨的形式扫荡一切剥削阶级观点和主观主义、保守主义思想，为社会主义建设开辟一条宽广的康庄大道。

我看张之洞*

张之洞是中国近代历史上的重要人物，是一位有名的洋务派，他在近代实业、教育、军事、文化等各个方面做出了很多贡献。

光绪七年（1881），张之洞任山西巡抚，后历任两广总督、湖广总督、署两江总督，晚年入军机处，直到1909年去世，享年72岁。他死后两年，爆发了武昌起义，清王朝倒台。因此，他是清朝268年历史上统治阶级上层中最后一个死去的重要人物。

从张之洞的一生来看，他是个复杂人物。他和近代史上许多人物一样，具有矛盾性格，他身上的错综复杂的矛盾反映了时代的特征。当时中国已是半殖民地半封建社会，民族矛盾、阶级矛盾十分尖锐，封建主义的东西将要退出历史舞台，但还未死亡，还相当强大；资本主义已经产生，但还没有成长壮大。旧的未死，新的方生，正处于过渡时期。张之洞的言论、行动、思想正反映了这个时代特点。一方面，他在历次对外战争中是抵抗派，是爱国者；另一方面，他又是半殖民地半封建统治秩序的维护者。一方面，他在中国近代化起步时学习西方，开工厂、筑铁路、办学堂，倡导新事物，做出了重大贡献；另一方面，他对旧事物、旧思想恋恋不舍，千方百计加以维护。他身上的这种矛盾，反映了晚清的时代特征。

尽管他是一个矛盾人物，一生有功有过，但总的说来，他做了许多有益于国家民族、有益于后代的事情。他一生的政绩和事业是很突出的，是应该给予肯定的。

张之洞一生积极地、热诚地、全身心地投入洋务运动，与李鸿章同为最重要的、最积极的洋务派。他的成绩以办汉阳铁厂为最重

---

* 原载《河北师院学报》（社会科学版），1997年第3期。

要。当时既没有经验，也缺乏经费，不懂科学技术，可以说张之洞是在黑暗中摸索前进的，困难之大，问题之多，难以想象，这一点我们从他的书信、奏折中可见大概。然而，他不畏困难和阻力，艰苦创业，面临诸多开拓者所必然面对的问题，终于建成当时亚洲最大型、最先进的钢铁厂（比日本的八幡厂早 7 年）。张之洞完全可以不费心建厂，他可以像其他官僚一样当太平官，养尊处优，无所事事。但他不是这样，而是不畏困难，坚忍不拔。尽管他有许多失误，不懂怎么办工业，花了许多冤枉钱，走了许多冤枉路，但他那种坚持奋斗、为国为民的精神是十分可贵的。当然，他并不仅仅办一个汉阳铁厂，还建了湖北枪炮厂（当时最先进，直到抗战中仍用汉阳造的步枪），还有湖北纺织四局。在张之洞的倡导带动下，湖北成为工商业最发达的地区之一，仅次于上海，超过了广州、天津。

在教育上，张之洞开设许多书院和新式学堂，同时派学生留日学习。当时的官费留日学生中以两湖最多，占全国留日学生的 1/4，我们所熟悉的黄兴、宋教仁、蔡锷便是其中的佼佼者。

张之洞在编练新军上也有所贡献。他所编练的自强军成为甲午战后振兴军队的典范，和袁世凯小站练兵同时起步，他的湖北新军第六镇的军事实力仅次于袁世凯的北洋六镇。值得注意的是，张之洞的第六镇与北洋军队不同，它的思想很开明，所以革命青年大批涌入，革命思想广泛传播，后来成为武昌起义的发动者和主力。

虽然张之洞本人是个封建官僚，有其自身的局限，他开工厂、建铁路、练军队都是为了巩固清朝的统治，但结果却走到了反面，挖了清朝统治者的墙脚，培养了自己的掘墓人，这是完全出乎他的意料的。孙中山曾说，张之洞是不言革命之大革命家。他革了自己的命。不过，他确实做了很多事情，客观上有利于国家和民族。晚清封疆督抚大员数百人，有几个肯这样做事？谁肯办实业、开学堂自讨苦吃，为筹措经费而弄得焦头烂额，到头来还得不到一个好。当时许多官僚认为张之洞在干傻事，讽刺他好大喜功，我们后人对他作为先驱者碰到的困难和作为开拓者的苦衷，应该更多地理解。他在任两广总督时，为办厂而订购好了机器，不料却又调任湖广总督。他的后任李瀚章是个讨厌新事物的大官僚，怕费钱费事，张只好带着工厂搬家。像李瀚章这样的官僚在当时占绝大多数，他们庸碌而无所作为。我们后人宁可多要几个张之洞，多留几个工厂、学校，而少要几个李瀚章。

张之洞在反侵略战争中抱何种态度呢？我们可以说，他在一生中自始至终反对外国侵略，是个抵抗派、爱国者，这可从他在三件大事中的思想、主张和行动上来考察。

首先是伊犁交涉问题。沙俄占伊犁，崇厚订条约（即《里瓦几亚条约》），丧权辱国，举国哗然。这个时候，张之洞协同张佩纶、陈宝琛带头反对，迫使清政府派曾纪泽改订条约。虽仍旧不平等，但却也多少争回了一些权利，应该说张之洞这种爱国的言行产生了实际的效果。

其次便是中法战争。由于张竭力主战，清政府就把他从山西巡抚调任两广总督，实际上由他主持战事。张之洞坚决抵抗，积极备战。他做了几件大事，其中一件便是奏请朝廷起用刘永福。当时在是否起用刘永福的问题上有争议，张之洞主张重用，朝廷听从了他的建议，给刘永福以正式官衔，封为记名提督，并发饷 15 万两。他还起用了老将冯子材，冯子材本来已退休在家，张之洞把他请出山，给以兵权，终于取得了著名的镇南关大捷。另外，张之洞还大力支持刘铭传在台湾抗法，资助 30 万两饷银，并派粤军支援。在中法战争中，他不是统帅，但实际上坐镇后方指挥调度，可以说他的功绩是很显著的。

最后便是甲午中日战争了。他在战时已调署两江总督，为了抗敌，他把两江、湖广的军队大批北调，并借款支援东北的抗战，态度很积极。待到马关谈判签约时，张之洞又坚决反对割台，他大胆陈奏：如果签约，“坐视赤县神州，自我而沦为异域，皇太后、皇上将如后世史书何？”，锋芒直指慈禧、光绪。及至割台，台民激烈反抗之时，朝廷断绝对台支援，而张不顾禁令，筹款援助台湾抗日，所以当时有人指责他，说台民“反叛”是他主使的。

在近代史上，身居高位、掌握一定权力的大臣坚决反侵略的很少，可谓凤毛麟角。林则徐、左宗棠较突出，张之洞也可算一位。他虽未带兵上前线，但一生站在抵抗派一边，在关键时刻，有言论、有行动，能考虑到民族利益，有强烈的爱国主义思想，值得充分肯定。

当然，张之洞本人是过渡时代的人物，在他身上新旧思想冲突很鲜明。他是清朝大臣，忠于朝廷，维护封建统治；他崇奉儒学，维护纲常伦理。这两个方面贯穿于他的思想和行动中。时代在飞速前进，他却跟不上时代，逐渐成为落伍者。戊戌维新时期是张之洞的一个转折点，这时的新旧冲突表现得非常明显。他本来支持维新变法，对康、梁也很友好，特别是在湖广总督衙门接待当时仅为举人的梁启超，礼遇不亚上宾，实不寻常。另外，“戊戌六君子”中的杨锐是张最得意的弟子，跟张关系甚密，刘光第也是张所推荐。然而，张之洞和维新派之间渐生分歧，并走向了对立。开始仅是学术上的，张之洞对公羊学有意见，后来发展到政治分歧，反对“民权说”，终与康、梁反目。《时务报》主笔汪康年与梁启超之纠纷便反映了这种矛盾。后来，张之洞又著《劝学篇》反对维新派，并镇压了唐才常的自立军，而自立军就是在康有为的领导之下，以勤王为名搞武装斗争的军队。

总之，张之洞是个矛盾人物，他做了很多好事，办实业、筑铁路、开学堂、建新军。他在历次反侵略战争中是坚决抵抗的，闪耀着爱国主义的思想光辉，这一点正是他同李鸿章的不同之处，也是他和李发生矛盾的重要原因。但张之洞身上有许多旧东西，跟不上时代的前进而落后于时代。中国近代史上许多人物都是这种情况，从先进转向落后，康有为、章太炎、严复、梁启超都是近代历史上的佼佼者，后来又都落后于时代，这是近代历史人物普遍存在的缺陷。新与旧在一个人身上同时并存，激烈交战，时代前进了，如不能及时抛弃旧思想，吸取新思想，适应新形势，就会走向保守、落后，甚至走向反动。

但无论如何，张之洞的一生在许多方面做出了功绩，值得肯定和纪念，至于他的局限和缺点，可以从他所处的时代和地位得到解释，得到理解，不能苛求。

谈翁同龢*

从我记事起，就听老前辈们说过许多乡土的故事和人物，其中印象较深的是关于翁同龢的传说。这些传说的内容已逐渐从我的记忆中淡褪，可是有一位老前辈讲述他曾多次见到过晚年的翁同龢在我乡虞山之麓、尚湖之滨散步踯躅的情形，翁的身后有一位侍仆，带着一把油纸伞，雨天挡雨，晴天遮阳。不知道为什么，这一口述琐事在我幼小的心灵中却留下了永久的印象。以后，我学习和研究历史，渐渐地对翁同龢知道得更多了，知道他的人品、事业、学问以及他的贡献、局限。但我的脑海中还时时出现最初的印象，一位白发老者踽踽行走于山麓湖滨。在我的心目中，这一形象体现了公忠、廉洁、耿直与爱国的赤诚，也体现了孤寂忧愤之情。

中国土地广阔，历史悠久，文化发达，每个地区都诞生过著名人物。人们对本乡的历史人物总怀有特殊的感情，把那些为祖国的历史文化发展起过作用、做出过贡献的人物，引以为自己的骄傲，他们的经历、事迹、诗文、作品往往家诵户说，耳熟能详。“山不在高，有仙则名”。我的故乡常熟是一个不算很大的中等城市，自古迄今就诞育或居住过仲雍、言偃、周章、萧统、黄公望、王铁、瞿景淳、毛晋、钱谦益、瞿式耜、王翚、吴历、翁同龢、曾朴等许多重要人物。他们对常熟这个鱼米之乡来说，犹如冠帽上镶嵌的一串明珠美玉，为之增添了耀眼的光辉。

现在各地愈加认识到乡土历史和人物的重要意义了。各地不时传来纪念历史人物的消息：广东纪念洪秀全、康有为、孙中山，山东纪念孔子、孙子，四川纪念李白、苏东坡，湖南纪念王夫之、魏

---

* 原载《繁露集》，北京，中国社会科学出版社，1997。

源、黄兴，湖北纪念屈原，如此等等。常熟市则和中国史学会于1994年5月甲午战争100周年和翁同龢逝世90周年之际联合召开了甲午战争与翁同龢学术研讨会，这是反思中国历史、开展爱国主义教育的好形式。这次会议上，专家们提供了许多论文，进行讨论，百家争鸣，各抒己见，交流心得。对翁同龢这一历史人物进行如此大规模的研究和讨论，这还是第一次。史料发掘得更多了，研究更深入了，对翁同龢历史地位的评价更加公正、更加实事求是了。会议后结集而成的论文集反映了当前的研究水平和这次会议的成果。我相信关于翁同龢的研讨会将会有第二次、第三次，研究水平将一次比一次高。

正因为中国的历史悠久，文化积存丰厚，所以必须分工合作进行研究。当前区域历史、区域文化的研究方兴未艾，如果各地对发生和诞育于该地的事件、人物能进行持续不懈的研究，分头努力，全国配合，持之以恒，那么将对学术研究形成强有力的推动，必能更正确、更深刻地阐明祖国的历史发展，弘扬灿烂的民族文化，这是我热切的期待和衷心的祝愿。

义和团反帝爱国运动*

19 世纪末期，由于帝国主义列强对中国进行疯狂的侵略，中国面临着严重的民族危机。1898 年以康有为为首的改良主义政治运动代表中国新兴资产阶级对帝国主义瓜分中国的阴谋提出了抗议。这个运动失败后的次年，下层群众（主要是农民）的反对外国侵略和压迫的斗争就上升到高峰，形成了中国近代史上继太平天国革命（1851—1864 年）以后农民起义的又一次高潮——义和团反帝爱国运动。

一

义和团运动是 1860 年开始的中国人民反对外国教会欺凌的爱国斗争的继续和发展。西方殖民国家侵略中国一开始即以利用宗教宣传为特征。1860 年以前，外国传教士的活动地区主要还限于通商口岸。1860 年以后，因清政府被迫承认外国教会“在各省租买田地建造自便”，大批的传教士乃得以深入穷乡僻壤，建立教堂，并以教堂为据点，为他们本国政府的利益而进行活动，如曾在华南传教 40 年之久的美籍教士师雅各（Jacob Speicher）就明白供认：“在美国领事与传教士之间有一种明确的了解，后者奉命将他们所居地的情况随时报告领事。”①

外国传教士除了进行各种帝国主义侵略活动，还在地方上形成

---

* 原载《人民中国》，1955 年第 13 期。

① 转引自师雅各：《基督教对中国的征服》。

一种特殊势力，他们伙同以入教为护符的地痞恶棍，强占当地居民的土地房屋，包揽词讼，欺压良善，甚至逞凶杀人。

这样一群传教士真是“披着羊皮的残暴的狼”。他们的横行不法使各地人民在实际生活中切身地感觉到帝国主义者的压迫，因此，从 1860 年以后，全国各地先后发生了反对外国教会的斗争——人民自发的反帝斗争。而在每次斗争中，清政府总是袒护教会。例如 1870 年的“天津教案”（在此案中，法领事因先向中国官民开枪被杀），清政府除把地方官发配充军并付巨额赔偿金外，还处死了 18 名爱国人民。清政府的媚外惧外益加助长了帝国主义分子的气焰，人民对外国教会的仇恨和愤怒也更高涨。

1894 年以后，外国侵略者纷纷抢占中国沿海港湾，争夺铁路修筑权，划分势力范围。人民越来越感到帝国主义者对他们生存的威胁而不能不奋起反抗，于是在义和团的领导之下，一场轰轰烈烈的反帝爱国运动便终于爆发了。

二

义和团原来是 14 世纪以来反封建压迫和异族统治的民间秘密结社白莲教的一支。白莲教在 19 世纪初曾在四川、湖北等地发动过大规模的反对清朝封建统治的起义。起义被镇压下去之后，白莲教分成许多支派，其中义和团一支在山东、直隶一带农村中继续秘密活动。

1898 年德国侵略者强占胶州湾和修筑横贯全省的胶济铁路，沿路占夺土地、房屋，在高密县枪杀农民 20 余人。山东人民不能忍受侵略者对他们的欺凌压迫，于是，义和团领袖朱红灯就在 1899 年初打出“反清灭洋”的旗帜，领导劳苦人民进行斗争。义和团为了对抗既有新式枪炮又有官府支持的教会，到处设立拳厂、神坛，用练习拳棒、烧香拜神的方式发动和组织群众，这种斗争方式是原始的、落后的，但长期处在被压迫地位的中国农民那时还找不到更好的组织形式和武器，而只能用迷信与武术来增强团结和信心。义和团在山东发展十分迅速，以茌平一县为例，到年底全县800多个村庄几乎每村都有了拳厂。

山东地方官最初对义和团抱着敌对态度。1899年9月，山东巡抚毓贤派兵在鲁西平原县大举进攻义和团，但反被打败。毓贤发现自己的腐朽军队不能消灭汹涌的革命势力，就转而承认义和团为合法的民间自卫组织，并利用“扶清灭洋”的口号来代替“反清灭洋”的口号。在为反抗外国压迫、争取斗争获得更大发展的情况下，义和团的领袖们与清朝官府进行了一定的合作。

虽然如此，具有反封建传统的义和团并没有被封建统治者所软化。义和团领袖非但不接受官府的管辖，还迫使一些地方官听从他们的命令。他们不准官吏坐轿，强迫官吏跪在神坛之前，甚至杀掉几个为人民所最痛恨的赃官。

帝国主义发现山东地方官为人民的声势所慑服，就出来干涉。美国公使康格迫使清政府撤换了毓贤，代以袁世凯。这个帝国主义的忠实走狗上任以后，立即派遣自己训练的新军，联合驻青岛的德军和各教堂的武装力量，对义和团实行残酷的屠杀。

袁世凯的屠杀政策同样阻止不了革命运动的发展。1900年春，除山东外，直隶人民也纷纷组织义和团。随后义和团渗透到清朝统治的心脏地区北京、天津和保定三角地区。清军在涞水跟义和团作战，又遭失败。

涞水战斗之后，直隶全省农村中革命势力高涨，并向城市发展。距北京仅74公里的涿州和其他一些城市已在义和团的控制之下。成千上万的义和团群众——淳朴正直的农民和手工业工人，大多是青年，也有妇女——戴着红色或黄色的头巾，拿着大刀、长矛，打着“替天行道、扶清灭洋”的大旗，从乡村涌向城市。沿途他们虔诚地遵守戒条，不损害任何和平居民和旅客。在告示中，他们表示自己的目标是把外国人驱逐出去，以免中国被割据和瓜分。他们又宣称要派人到日本去索回失地台湾、澎湖列岛和赔款。

革命的风暴使清朝封建统治者惊慌失措。武力镇压屡屡失败，派员“招抚”又无结果。最后，清政府被迫采取利用义和团的阴险政策，承认义和团活动的合法，企图避开眼前的革命刀锋，维护其统治，然后徐图控制义和团的活动。直隶总督裕禄用隆重的礼节把义和团领袖曹福田、张德成接到天津。1900 年 6 月，义和团数万人进入天津和北京。

义和团进入这两个大城市之后，清朝统治者并没有达到控制它的活动的目的。义和团进攻教堂，包围天津租界和北京东交民巷各国公使馆，拆毁铁路、电线。他们还焚烧官署，杀戮赃官，使清朝封建统治秩序受到严重的威胁。

三

义和团运动的迅速发展完全出乎帝国主义者的意料。当义和团从四面八方涌入北京的时候，各国公使馆才急忙调动军队直接进行武装干涉。一支 2 000 多人的联军在英将西摩尔的率领下，从天津向北京进攻。义和团拆毁铁路并在沿线展开激烈的阻击战。这支侵略军只走到距天津 65 公里的廊坊就被迫狼狈撤退。事后，西摩尔承认“义和团所用设有西式枪炮，则所率联军必全体覆灭”。义和团作战的英勇，由此可见。

接着，英、美、法、德、俄、日、意、奥八国组成联军，大规模进犯，6 月 17 日，在激烈的炮战以后，侵略军占领大沽炮台并向天津推进。侵略军攻占大沽之后，义和团和广大民众愈益激奋，聂士成率领的清军和天津武备学堂学生也起来抵抗，和外国侵略军激战。在人民群众反帝怒潮的冲击下，慈禧太后被迫于 6 月 21 日发布“宣战”上谕。

义和团对侵略军进行不屈不挠的战斗。一些清军将士如聂士成等作战英勇，共御外侮。天津城郊的血战持续了 1 个多月，最后由于义和团武器窳劣和组织松散，侵略军才得以于 7 月 14 日占领天津城。义和团的激烈抵抗使帝国主义感到没有足够的兵力和充分的准备是打不下北京的，因此，侵略联军在天津停留了 20 多天，纠集了 4 万多兵力才开始向北京进攻。义和团战士们仍在沿路节节阻截。当帝国主义军事压力迫近的时候，慈禧太后的态度转变了，她命令大臣李鸿章准备和外国进行媾和谈判。

清朝统治者态度的转变使义和团陷于腹背受敌的境地，侵略军乃得于 1900 年 8 月 14 日进入北京，然后分兵四出，侵占保定、张家口、山海关、沧州等地。帝俄还乘机侵占了东北。整个中国北方的人民力量与帝国主义侵略者展开了残酷的搏斗。这时清朝统治者已完全向外国侵略者投降。慈禧太后带着光绪皇帝和一些亲信大臣狼狈逃往西安，途中发布了“剿匪”上谕，命令清朝军队“会同”八国联军，对义和团进行屠杀。李鸿章也于联军占领北京不久之后就和侵略者开始了谈判。

当义和团运动在直隶发展的时候，其他一些地方也发生了农民反帝反清的武装斗争。但各省督抚坚决执行了和外国侵略者合作镇压的政策，故而这些地区的反抗运动未能大规模发展起来。当联军侵入北京以后，直隶的义和团在内外反动派的联合镇压下只能退入农村，分成小部队继续战斗。

四

帝国主义者在对义和团运动进行血腥镇压的时候还散布种种诬蔑之词，把义和团运动说成中国人对白种人的仇视，把自己的武装干涉说成“文明对野蛮的战争”。这种谬论在当时就受到伟大的革命导师列宁和其他进步人士如马克·吐温等的严正驳斥。列宁说：

> 中国人确实是憎恶欧洲人，然而他们究竟憎恶哪一种欧洲人，并且为了什么呢？中国人并不是憎恶欧洲人民……那些到了中国只是为了赚钱的人，那些利用其被赞颂的文明只是为了欺骗，掠夺、暴行的人，那些对中国作战只是为了获得贩卖毒

害人民的鸦片烟的人，那些伪善地以传播基督教来掩护掠夺政策的人，中国人能不憎恶他们吗？①

中国人民所反对的就是这些帝国主义分子。对于这些帝国主义分子，义和团当初所要求的只是把他们驱逐出去，所以在1900年6月即帝国主义开始大规模武装干涉之前，在义和团运动中被杀的外国传教士只有在山东的少数人，而这一案件，根据英人博特牧师和库寿龄的记载，乃是偶然发生的。

至于这些自称为"文明人"而诬蔑中国人民为"野蛮人"的帝国主义者在对义和团运动的镇压中做了些什么"文明"事情呢？这里是八国联军司令德国将军瓦德西的记载：

联军占领北京之后，曾特许军队公开抢劫三日。其后更继以私人抢劫。……

…………

所有中国此次所受损毁及抢劫之损失，其详数将永远不能查出……抢劫时所发生之强奸妇女、残忍行为、随意杀人、无故放火等事，为数极属不少，亦为增加居民痛苦之原因。②

这里是暴行的目击者和参加者英国人朴笛南·威尔的记载：

法国步兵之前队，路遇中国人一团……法国兵以机关枪向之，逼至一不通之小巷，机关枪即轰击于陷阱之中……直至不留一人而后已。……

…………

后至之兵……又穷事搜刮，即偏僻之地，并抢劫之，以补其落后之失。……即公使中亦有因而发财者。③

这些就是1900年帝国主义者在中国干下的"文明行为"！

---

① 《列宁斯大林论中国》，16页，北京，人民出版社，1953。

② 《瓦德西拳乱笔记》，王光祈译，上海，上海中华书局，1923。

③ 朴笛南·威尔：《庚子使馆被围记》。

五

义和团运动失败的主要原因在于它是一个没有先进阶级领导的农民战争（当时新兴的中国资产阶级对义和团采取了反对的态度，而中国工人阶级则还没有登上历史舞台）。在运动发展过程中由于参加者的成分复杂、帝国主义的疯狂镇压和一部分封建顽固派的鼓煽，也发生了单纯排外的倾向，但这一切都无损于义和团运动作为中国人民伟大的反帝爱国运动的光辉。

在义和团运动中，帝国主义不能不认识到：具有光荣的民族传统的中国人民是绝不会屈服在外国侵略者的铁蹄下的。在此之前，帝国主义者狂妄地叫嚣瓜分中国。在此之后，他们的腔调改变了。瓦德西看到中国人民团结一致，"'神明华胄'之自尊思想，充满脑中……含有无限蓬勃生气"，因此不能不得出"无论欧美日本各国，皆无此脑力与兵力可以统治此天下生灵四分之一，故瓜分一事，实为下策"的结论。所以，义和团运动虽然被镇压下去，1901 年的《辛丑条约》虽然使中国蒙受更多的屈辱和多至 9.8 亿两的赔款负担（本息合计），但是帝国主义终于不敢立即实行瓜分中国的阴谋。义和团英雄们的牺牲奋斗在当时起到了使祖国免于沦入殖民地深渊的作用。

义和团运动之后，旧式的农民起义为孙中山所领导的资产阶级民主革命所接替。自此中国人民的反帝反封建革命斗争开始走上新的阶段。

对义和团运动的再认识*

义和团运动是伟大的反帝爱国运动，是中国民主革命的一个重要阶段。它在打击帝国主义侵略者，防止瓜分中国方面有重大的作用。我们纪念它，研究它，为的是加深对运动的认识，将其作为中国人民的爱国主义教材。新中国成立以来，在济南已开过许多次学术讨论会。1960年召开的纪念义和团运动60周年讨论会，当时受到全国学术界的普遍注意，对义和团研究是一次重大的推进，当年的许多基本观点仍为今天史学界所认同。1980年召开的纪念义和团运动80周年讨论会，在反对“四人帮”歪曲义和团运动、拨乱反正方面有很大贡献。今年是纪念义和团90周年，这次会议更加成熟、更加深入，应该成为总结40多年来研究工作、检阅研究队伍的一次盛会。特别是国际友人来了很多，应该成为中外学者交流成果、增进友谊的盛会。

40多年来，新中国的历史科学蓬勃发展。回顾40年前，中国近代史，包括义和团运动的研究刚刚起步，人员很少，成果很少，对义和团运动的复杂性、矛盾性并没有充分的认识，当时还处在研究早期阶段。这40年来，史料丰富了，研究领域拓宽了，认识更加深化、更加科学了。这是义和团运动史研究工作者刻苦钻研、辛勤劳动的结果。

历史研究就是这样，历史内容是客观存在的，而认识历史则需要反复研究，逐步深入。每个事件在历史上只发生一次，不会有第二次。历史一旦发生，就成为客观事实，不以人们的意志为转移，不允许篡改，不允许涂抹。历史研究必须忠实于客观事实，还历史

---

* 原载《山东社会科学》，1990年第6期。

以本来面目，这是历史学家应该共同信守的原则。历史内容的客观性决定了历史之成为科学。但是，人们认识历史却是一个漫长、曲折的过程，并不是一次认识就能完成。20 世纪 50 年代、60 年代写的文章现在看来还较笼统、表面，因为那是在认识的早期阶段，我们在当年认识的基础上继续研究前进，才能达到今天这样对义和团运动的认识水平。如果历史的认识可以一次完成的话，那么我们已在 60 年代开过一次研讨会，80 年代和 90 年代就无须再开会了。因此，人们对历史总是要不断重新认识、加深认识的。

为什么对历史要不断重新认识？我想大概有三个方面的原因。

一是历史虽是客观的，不会再改变，但客观历史十分复杂，充满矛盾，非常丰富，人们不可能一下子认识其本质和各方面的特点。义和团运动史就是这样，它的性质、起源、组织、思想、战斗口号，它的发展、失败和意义都需要从各方面探讨，有时候呈现非常矛盾的情形。就拿义和团的性质和意义来说，它是一场反帝爱国运动，是以后民主革命取得胜利的一块奠基石，这是事情的基本方面，必须充分肯定。但我们的认识并不能停留在这里，我们还应看到事情的另一方面，即在当时的条件下，农民作为小生产者有很大的局限性，给运动带来盲目排外、迷信落后的色彩，统治阶级又力图操纵利用，运动很难保持纯洁性和独立性。这场运动本身具有复杂的两面性，从第一个方面，即其反帝爱国来说，应该肯定其伟大功绩，应该看到中国广大农民中蕴藏着伟大的革命精神，任何轻视农民的观点都是不对的；从第二个方面，即其局限性来说，农民不可能自己解放自己，必须有无产阶级的领导、中国共产党的领导，才能把农民运动提高到新的境界和新的水平，离开共产党的领导，任何其他力量都不可能拯救中国。历史过程的复杂性要求我们全面地看问题，我们有时候认识了、强调了这一方面，但却忽视了、忘记了另一方面。所以，历史需要反复研究、不断加深，才能取得比较全面、比较正确的认识。

二是有新史料不断被发掘、不断出现。拿义和团运动来说，20 世纪 50 年代初，史料十分缺乏，只有《庚子国变记》《崇陵传信录》

之类，有些假史料也分辨不清，如《景善日记》。以后，中国史学会所编《中国近代史资料丛刊》，义和团部分有 4 大册，这就大大开拓了我们的眼界，改善了研究条件。再以后，历史档案陆续公布，笔记、日记大量出版，外文资料也得到整理、翻译。山东与天津的同志进行许多次调查，抢救了一大批实物和口碑资料。现在，研究义和团已拥有一个巨大的资料宝库，使我们对很多事件、人物的认识更加准确、更加完备。历史资料的发掘、整理、出版，是人们对历史需要重新认识的第二个原因。

三是社会现实的发展以及研究者个人主体条件、知识结构、认识方法的改进。历史一旦形成，就不会再改变，但涌现到历史学家头脑中的过去的历史总是和现实有联系。现实给历史学家们以启示和询问，提供新的研究角度和研究方法，不断促使历史学家以新的态度、新的观点重新审视过去的事件和人物。可以说，人们在回顾和研究人类过去的时候不可避免地会渗入今天的因素，即今天的思想感情和认识方法。例如：20 世纪 60 年代对义和团进行调查，有所收获，但由于当时的认识模式过于单一，没有考虑到社会结构、文化心理、民风习俗、地域生态等问题，因此，遗漏、流失了大量宝贵的资料，这是引以为憾的，但当时的认识水平和知识结构尚未达到现在的高度，所以又是无可奈何的。现在，更多的人从社会学、文化学、风俗学的角度进行探讨，取得了可喜的进展。这是历史学界视野扩大、方法改进的结果，也是历史学家主体条件前进的结果。因此，客观历史虽早已形成，但每一代研究者都会对已经形成的历史产生许多新的认识，每个人由于有不同的立场、经历、水平，故而对同一历史事件会产生不同的看法，甚至同一个人在不同时期也会有不同的看法，这就需要相互切磋，共同讨论，修正错误，不断提高。这都是符合人类的认识规律的，符合历史研究的规律的。

以上三个方面是人们需要不断研究历史、加深认识的原因。这样才能使主观更正确地反映历史，使历史科学得以发展。这当然不是说客观历史可以随心所欲地不断改写。我所要强调的是，历史是客观存在，可以被我们认知，但认识过程却是漫长的。历史内容的客观性和历史学家认知能力的局限性构成了一对矛盾，我们正是在努力克服这对矛盾的过程中使认知更加全面，从而推动历史科学的前进。

光绪之死*

在距今100年的光绪三十四年（1908），名义上是清朝皇帝，实际上却被软禁在瀛台的光绪皇帝和统治中国近半个世纪之久的慈禧太后几乎同时死去。皇帝死于光绪三十四年十月二十一日酉时（下午5至7时），太后死于十月二十二日未时（下午1至3时），相距20个小时左右。这正当八国联军攻入北京后的第八年，中国备受帝国主义的欺凌侮辱，国势阽危，民生凋敝，国将不国。光绪和慈禧几乎同时死亡，老百姓深感震惊、诧异、惶惑，有识之士担心：中国这艘千疮百孔的破舟会不会在惊涛骇浪中沉没？其命运如何？光绪和慈禧在政治上势不两立，矛盾尖锐，一个是38岁的中年，一个是74岁的老人，两人几乎同时死亡，这难道是偶然的巧合？其中是否有不可告人的阴谋？会不会是慈禧太后临死之前害怕光绪皇帝复出掌权、全翻历史的成案，故而谋杀了光绪？阴霾笼罩，疑云纷起。逃亡海外的保皇党人为光绪吊丧，大肆声讨慈禧太后和袁世凯，指责他们是谋害光绪的主犯，舆论讨伐，沸沸扬扬。但他们远在海外，并不清楚光绪是怎么死的，仅在两人的死亡时间上质疑，拿不出确凿的证据。国内人众也狐疑满腹，流言纷纷，清廷严加查禁，“奉旨著民政部、步军统领、各督抚悬赏购缉造言煽乱匪徒”①。宫廷事秘，“斧声烛影”，谁也不明真相，谁也不敢公开议论。胡思敬在《国闻备乘》中回忆当时的情形说：

德宗（光绪）先孝钦（慈禧）一日崩，天下事未有如是之巧。外间纷传李莲英与孝钦有密谋，予询问内廷人员，皆畏罪

---

* 原载《清史研究》，2008年第4期。

① 许宝蘅：《巢云簃日记》。

不敢言。

其实，在皇帝、太后死亡之前四年，即1904年（光绪三十年），早已有人预言到光绪先死。清朝外务部右侍郎伍廷芳对日本公使内田康哉透露光绪皇帝必定会死在慈禧太后之前。内田康哉问伍廷芳：当皇太后驾崩后皇上会如何？据《内田报告》记载："伍言道：亦如世间传闻，诚为清国忧心之事，万望无生此变。伍话中之意，皇太后驾崩诚为皇上身上祸起之时。今围绕皇太后之宫廷大臣，及监官等俱知太后驾崩即其终之时。于太后驾崩时，当会虑及自身安全而谋害皇上。此时，万望能以我守备兵救出皇帝。"①

其实，慈禧死前必定会谋杀光绪，许多官员、太监对此心知肚明，但不敢说出。国内较早指出这一弑君阴谋的是长期陪侍光绪皇帝的翰林院侍读学士、起居注官恽毓鼎。他的工作是记录光绪的起居言行。在清朝灭亡以前，即宣统三年（1911）四月他已写成《崇陵传信录》，这是光绪帝的一本传记。其中说：

> （光绪三十四年）十月初十日，上率百僚，晨贺太后万寿，起居注官应侍班，先集于来薰风门外，上步行自南海来，入德昌门，门罅未阖，侍班官窥见上正扶奄肩，以两足起落作势舒筋骨，为拜跪计。须臾忽奉懿旨："皇帝卧病在床，免率百官行礼，辍侍班。"上闻之大恸。时太后病泄泻数日矣，有谮上者谓帝闻太后病，有喜色。太后怒曰："我不能先尔死。"

这是恽毓鼎在光绪死前11天所经历的事，所记慈禧的话和伍廷芳告知日本公使的话完全符合。十月初十日是慈禧的生日，光绪率领百官前往慈禧处探病与请安，从南海步行到德昌门，恽毓鼎随从，皇帝扶着太监的肩头，做身体起落的活动，以舒筋骨，可见身体尚健康正常，但太后不愿与皇帝见面，传谕竟说：光绪已有病卧床，不必再见面了。光绪听了大概很吃惊，话中包含杀机，是不祥之兆。这是武昌起义前半年多的记载。到了民国二年（1913）正月十七日，

① 孔祥吉、村田雄二郎：《罕为人知的中日结盟及其他·绪论》，成都，巴蜀书社，2004。

此时清朝已亡，言路已开，无所禁忌，恽毓鼎在日记中说道："清之亡，虽为隆裕（按：即光绪的皇后，称隆裕太后。辛亥革命推翻清朝，批准发布退位诏书的是隆裕太后），而害先帝，立幼主，授载沣以重器，其祸实归于孝钦也。"① 恽毓鼎直接指出了"害先帝"的是慈禧太后。民国以后，《崇陵传信录》传播甚广，慈禧谋害光绪之说得到佐证。越到后来，记事者日多，传闻更甚。如《方家园杂咏纪事》中说："吾闻南斋翰林谭组庵，内伶教师田际云皆言，大变之前二日，尚见皇上步游水滨，意志活泼，证以他友所闻，亦大概如此。"尚书陆润庠曾为光绪请脉，对人说："皇上本无病，即有病，亦肝郁耳！意稍顺当自愈，药何力焉。"② 许多曾给光绪看过病的医生虽然认为光绪身体虚弱，常年生病吃药，但死前一段时间病情未见加重，身体尚属正常，并未突发急性致死的病症。其中名医屈桂庭说光绪死前三天"在床上乱滚"，"向我大叫肚子痛得了不得"，且"面黑，舌焦黄"，"此系与前病绝少关系"③。晚清内务府大臣增崇的儿子回忆，他幼年时适逢光绪之丧，他父亲接到光绪死的消息，跟叔叔们说："就是不对，前天，天子受次席总管内务大臣继禄所带的大夫请脉，没听说有什么事。""前天继禄请脉后说'带大夫的时候，上头还在外屋站着呢，可怎么这么快呢？'"一位叔父说，这简直太可怕啦！另一位叔父说："这里头有什么事儿罢！""我父亲叹了口气，又摇头说：'这话咱们可说不清啦！'"④光绪死后，穿戴入殓，一反常规，都由宫内太监一手包办，未让内务府插手。"光绪身故后，便是销声匿迹地移入宫中，甚至入殓之际究竟是什么样也无人能知其详，就连在内务府供职的我的父亲、叔父们都讳莫如深，避而不谈。"⑤

还有曾经陪侍慈禧太后、在宫中生活多年的德龄在《瀛台泣血记》中写道："万恶的李莲英眼看太后的寿命已经不久，自己的靠山

① 恽毓鼎：《恽毓鼎澄斋日记》，第2册，632页，杭州，浙江古籍出版社，2004。
② 胡思敬：《国闻备乘》。
③ 《诊治光绪帝秘记》。
④⑤ 《文史资料选辑》，第22辑，总122辑，北京，中国文史出版社，1991。

快要发生问题了，便暗自着急起来，他想与其待光绪掌了权来和自己算账，不如还让自己先下手为好。经过几度的筹思，他的毒计便决定了。”据德龄所述，光绪之死就是在慈禧同意下李莲英下毒所致。德龄对慈禧很有好感，书中很多处赞扬慈禧。但德龄还是说：“我竭力袒护老佛爷，可是对于她之经常虐待光绪，以及她谋害光绪性命的事，我却无法替她找出丝毫借口。”

新中国成立以后，溥仪从战犯变成了平民，写了一本《我的前半生》，其中说：“我还听见一个叫李长安的老太监说起光绪之死的疑案。照他说，光绪在死的前一天还是好好的，只是因为用了一剂药就坏了。后来才知道这剂药是袁世凯使人送来的。”

这些人所说虽然在细节上有不同和矛盾之处，但都猜测或肯定光绪是被毒害致死的。凶手是谁？多数说是慈禧，也有人说是袁世凯或李莲英。提供证言的有长期陪侍光绪的起居注官恽毓鼎，有给光绪治病的医生，有内务府大臣的儿子，有光绪继承人宣统，有陪侍慈禧太后的德龄，还有早就预言了光绪之死的晚清高官伍廷芳。众口一词，都认为光绪被害而死，因此距今30年之前，历史学界和社会上大多数人都相信此说。

20世纪80年代以后，事情发生了变化。清史研究更加重视清宫档案，档案数量汗牛充栋，涉及各个方面，其中有光绪病史的记录，积存甚多，保存相当完整。于是历史学家、档案学家、医学专家共同合作，仔细收集与研究光绪的脉案和药方，探索其一生的健康情况，得出了和上述情况截然相反的结论。他们认为光绪一生身体虚弱，百病丛生，久治不愈，尤其光绪三十四年（1908）之后，病情加重。他的去世属于正常死亡，并非慈禧等人谋杀，“光绪之死，既无中毒或伤害性的迹象，也没有突然性早亡的迹象，应该是属于正常的病亡”①。

专家们在详细研究分析了光绪的脉案之后，说光绪幼年即身体虚弱，大婚之前稍感风寒，必头疼体瘦，年仅十五六岁已弱不禁风，

① 《揭开光绪帝猝死之谜》。

二十七八岁患耳鸣脑响，渐次加重，又长期遗精。平日因慈禧虐待，生活清苦。戊戌以后长期遭软禁，食不果腹，衣不暖身，御前所列菜肴虽多，但大多腐臭，不能进口，有时令御膳房添换一菜肴，必先奏知西太后，太后常常以俭德责之，光绪竟不敢言。瀛台涵元殿光绪居所年久失修，四处透风，隆冬天气并无炉火，寒冷已极。侍候光绪的老太监王商去和内务府大臣立山商量，立山也同情皇帝的处境，偷偷整修了涵元殿，糊好了涵元殿的窗户纸。不料慈禧闻知此事，怒责立山，“看来你越来越能干了，会走好运了，明儿我派你去打扫瀛台”，吓得立山连掴自己耳光，连称“奴才该死”。义和团起时，慈禧大概以为立山会与光绪、外国人连通一起，竟把立山处死。

类似虐待光绪的情形很多。专家们认为慈禧的虐待使得光绪心情不舒畅，病体加重，以致死亡。专家们称：“详考清宫医案，用现代医学的语言来说，光绪是受肺结核、肝脏、心脏、风湿等慢性病长期折磨，致使身体的免疫力严重缺失，酿成了多系统的疾病，最终造成心肺功能衰竭，合并急性感染而死亡。”[①] 也有专家说：“光绪之死与慈禧之死，其间并无必然之联系。光绪帝之死按脉案记录之病理、病状分析，属于正常的疾病死亡。没有发现突发性的意外病变之可能。所谓他是被慈禧所毒害而死的议论，至少，在目前来说，尚没有可靠的史料依据。……他母子二人的接连死去……其实这不过是当时一种偶然的巧合，并没有什么值得可疑之处。”

另一位专家说：“从光绪帝临死前的脉案及其亲书的《病原》来分析，其死因属于虚劳之病日久，五脏俱病，六腑皆损，阴阳两虚，气血双亏，终以阳散阴涸，出现阴阳离决而死。”[②]

1938 年，易县的崇陵（光绪陵墓）被盗掘，尸体遗物暴露在外。1980 年清理并重新封闭了崇陵，曾将光绪的遗骨做过简单检测，当时没有先进的检测仪器，并没有发现有外伤的痕迹，亦无中毒表现。此次检测过程较简单，故只能以脉案做分析，光绪之死属于正常死

---

① 冯伯祥：《清宫档案揭秘光绪之死》。

② 李秉新：《光绪猝死一案》。

亡，遂成定论。崇陵重新封闭时，光绪的若干头发、遗骨与衣服被保存在西陵文物管理处的库房内。

社会上虽有人提出了不同意见，但并没有更强有力的新证据。如《启功口述历史》中说：慈禧太后病痢，他的曾祖父（启功为清朝宗室，其曾祖父溥良为晚清礼部尚书）在太后住所外侍疾，“就在宣布西太后临死前，我曾祖父看见一个太监端着一个盖碗从乐寿堂出来，出于职责，就问这个太监端的是什么？太监答道：‘是老佛爷赏给万岁爷的塌喇。’塌喇在满语中是酸奶的意思。当时光绪被软禁在中南海的瀛台，之前也从没有听说过他有什么急症大病，隆裕皇后也始终在慈禧这边忙活。但送后不久就由隆裕皇后的太监小德张（按：即张兰德）向太医院正堂宣布光绪皇帝驾崩了”。但由于对光绪的脉案进行了详细研究，大多数人相信光绪是正常死亡，所以启功先生这段证言未引起学术界和社会的重视。

进入21世纪，光绪之死的谜案又被提上日程，由中央电视台清史纪录片摄制组、清西陵文物管理处、中国原子能科学研究院反应堆工程研究设计所和北京市公安局法医检验鉴定中心共同合作，组成“清光绪帝死因”专题研究课题组，运用最先进的技术，采用最精密的仪器，对光绪遗体的头发、遗骨、衣服以及墓内外环境进行反复的检验和缜密的分析研究。该研究工作极为复杂艰难，研究时间长达5年之久。

由于崇陵已重新封闭，不可再开棺检验，且年代已久、检材不足，因此研究工作困难巨大。但课题组运用侦查破案的思维方式，根据信息的产生、传递、处理、还原、应用等原理，充分利用“中子活化”、“X射线荧光分析”、“原子荧光光度”和“液相色谱/原子吸收联用”等一系列现代专业技术手段，通过开展多项综合分析、模拟实验、双向推理、多维论证等多项工作，对西陵保存的光绪头发、衣服、遗骨进行检测和研究，最终破解了光绪帝死亡之谜。

在研究分析中，为准确检测和推断光绪帝死时体内微量元素的情况，研究人员将光绪帝的头发清洗晾干，再剪切成1厘米长的若干截段分别测试，结果发现，光绪帝的两缕头发截段中含有高浓度的元素砷（As），其最高含砷量为 2 404 微克/克，远高于正常人头发的含砷量 0.25～1.0 微克/克，且各截段含量差异很大。砷在自然界分布很广，多以硫化物和氧化物形式存在，主要有雄黄（二硫化二砷）、雌黄（三硫化二砷）、砒霜（三氧化二砷）等，其中砒霜（三氧化二砷）是剧毒的砷化合物。

为验证光绪帝的头发砷含量是否确属异常，研究人员分别提取了隆裕皇后、一清代草料官及当代人的头发样本进行同时代、同环境、同性别发砷测试，结果证实，光绪帝的几处头发截段中最高砷含量不仅远远高于当代人样本，也分别是隆裕皇后的 261 倍和清代草料官的 132 倍。为验证光绪帝头发中的异常砷含量是否因长期服用中药雄黄等而导致慢性砷化物中毒所造成，研究人员又将其与当代慢性砷化物中毒的人进行了发砷对比实验，结果显示，光绪帝的头发上最高含砷量是慢性中毒患者最高含量的 66 倍，且砷分布曲线与慢性砷化物中毒者的砷分布曲线完全不同。由此证实：光绪帝头发中的高含量砷既属异常现象，又非自身服药引起慢性砷化物中毒而成。

那么，光绪帝头发中的高含量砷究竟从何而来？为弄清这一问题，研究人员首先进行了光绪棺椁内外等环境取样与砷元素含量检测，检验结果：光绪帝头发中的最高砷含量是其棺椁内帷幔碎屑等物品最高砷含量的 83 倍，是墓内外环境样品包括棺椁盖上土最高砷含量的 97 倍，环境样品中的砷含量远低于光绪帝头发上的砷含量。由此，环境污染的可能被排除。接着，研究者又进行了含砷物质浸泡模拟实验，结果发现，外界的砷化合物不经过自身机体代谢，也可以吸附、渗透到头发内。由此推测，光绪帝头发中的高含量砷是由光绪身体内含有高浓度砷的物质沾染所形成。随着研究工作的逐步拓展与推进，在排除了周围环境物质的沾染后，各种研究数据把光绪帝头发上的大量砷元素的唯一来源锁定在光绪帝的腐败的尸体。

光绪尸体是否是沾染其头发的砷的唯一来源？如果是，那高浓度砷化物是什么？这些高浓度砷主要存贮于尸体何处？其化合物种类和总量是多少？是否能致其死亡？为搞清这些问题，研究人员决定扩大检测分析范围并依照法医工作规范取样检验。首先，对光绪头发上沾染的残渣物进行了重新检测，检测结果是残渣物的砷含量高于头发。由此，进一步证明了含高浓度砷的残渣物是头发高含量砷的来源。其次，对提取的光绪帝的遗骨进行了表面附着物的刮取与检测，结果表明，其中两块遗骨（一块肩胛骨和一块脊骨）表面沾染了大量的砷，说明这些砷确实来源于腐败的尸体。最后，对光绪帝的随葬衣物进行了全面系统的砷的分布的检验。光绪帝的送检衣物共有五件，包括四件上衣（或外衣）、一条裤子。由于年代已久，五件衣物除龙袍保存状态尚为良好外，其余三件内衣均已严重腐烂。根据尸体腐败对穿着衣物侵蚀由内向外会逐步减轻的一般规律，研究人员依次推定出四件上衣由内到外的穿着顺序。随后依照物质吸附和信息转换还原原理，对接近光绪帝尸体特殊部位的衣物分别取样，进行了砷的分布的检验。

检测数据结果表明：从同一件内衣来看，每件衣物的胃区部位、系带和领肩部位的含砷量都高于其他部位；从穿着层次看，里层衣物的含砷量大大高于外层；从尸体的特殊部位看，衣物掉落下来的残渣（胃肠内容物）的砷含量极高。这说明，大量的砷化合物曾存留于光绪帝尸体的胃腹内，并在尸体腐败过程中由里向外侵蚀衣物，由此造成胃区、腹区部位衣物上的高含砷量。

随着研究工作的推进，大量砷化物曾在光绪帝体内贮存已被实验所证实，但具体是何种砷化物以及其总量是多少还尚不明确。砷化物不同种类具有不同的毒性，总量又关系到能否致人中毒死亡。因此，研究人员又对光绪帝发中高含量砷的砷种态（即砷价态或形态）进行了分析，采用液相色谱/原子吸收光谱联用分析法研究不同种态砷的比例关系，结合进行动物小鼠模拟实验，以判定可能导致光绪帝中毒死亡的砷化合物种类。同时，通过衣物、头发、附着残渣等对光绪帝尸体中的砷化合物总量进行了仔细测算。

实验结果表明：光绪帝摄入的砷化合物是剧毒的三氧化二砷即砒霜，而其腐败尸体仅沾染在部分衣物和头发上的砒霜总量就已高达约 201.5 毫克。根据相关研究，人口服砒霜（三氧化二砷）60～

200 毫克就会中毒死亡。光绪帝摄入体内的砒霜总量明显大于致死量。至此，光绪帝死因终于破解，即光绪帝系砒霜中毒死亡。其胃区、腹区部位衣物上的砷是其含毒尸体腐败后直接侵蚀遗留所致，而其衣领部位及头发上的大量砷，则由其腐败尸体溢流侵蚀所致。

这次检测和研究的详情、方法、数据和结论由钟里满等 13 位专家写成《清光绪帝死因研究工作报告》，结论是："光绪帝系砒霜中毒死亡。"此研究工作报告已公开发布。研究过程表明，这项工作走出了一条超常规之路，是运用现代科学技术和侦查思维解决历史问题的成功尝试，是自然科学研究与社会科学研究并肩合作的范例。研究结果也会对我国史学界和全社会发生重大影响。100 年前光绪和慈禧的死亡，预示了长达 2 000 多年的中国专制帝制的崩塌。3 年之后，武昌起义，孙中山领导的革命获得了胜利，建立了共和国，清王朝终于被推翻。光绪帝被毒害致死，百年之后得以确证，尘埃落定，真相大白。

本课题的主题是光绪是否被毒死，已得到答案。至于主要凶手是谁，尚可研究讨论。以当时的条件、环境而论，如果没有慈禧太后的主使、授意，谁也不敢、不能下手杀害光绪。慈禧蓄意谋杀光绪已非一日，早在戊戌变法后，就已酝酿废立与弑君阴谋。光绪二十四年（1898）八月初十日，太后再出训政后 4 天，即以光绪名义发布谕旨称："朕躬自四月以来，屡有不适，调治日久，尚无大效。京外如有精通医理之人，即著内外臣工切实保荐候旨，其现在外省者，即日驰送来京，毋稍延迟。"① 其实从四月以来，光绪正精神振作，意气风发，雷厉风行地进行"百日维新"，每天颁发许多诏谕，怎么会"屡有不适，调治日久，尚无大效"？这分明是假话，即使偶有小病，北京有太医院，何以立即通告全国，征请全国名医为光绪治病。这不过是慈禧怀着废立与弑君的心肠，在全国制造光绪病重的假象，以便有朝一日实现她的目的。慈禧玩弄的把戏当时许多人已洞若观火，因而有上海绅商经元善等 1 200 人联名发电："请保护

① 《德宗实录》，卷四百三十六。

圣躬。”全国各地和海外华侨也纷纷反对。外国公使也关心光绪的安全，强硬要求由法国医生入宫为光绪看病。两江总督刘坤一说：“君臣之分已定，中外之口难防”。社会上激烈的反对声浪阻止了慈禧阴谋的实施。

从官方档案众多的脉案、药方看，光绪确实体弱多病，但并非因病而死。对这些脉案、药方，也要谨慎从事，考察它是在什么环境、什么条件下形成的。

如江苏名医陈莲舫被征召入京，为光绪治病：

> 叩头毕，跪于下，太后与皇帝对座，中置一矮几，皇帝面苍白不华，有倦容，头似发热，喉间有疮，形容瘦弱……故事，医官不得问病，太后乃代述病状，皇帝时时颔首，或说一二字以证实之。殿廷之上，惟闻太后语音，陈则以目视地，不敢仰首。闻太后命诊脉，陈则举手切帝脉，身仍跪地上，据言实茫然未知脉象，虚以手按之而已。诊毕，太后又缕述病情，言帝舌苔若何，口中喉中生疮如何，但既不能亲视，则亦姑妄听之而已。①

原来所谓看病如此而已！所谓“脉案”是依照慈禧所说记录在案，这样的“脉案”怎能确证光绪的真实情况？

不久，陈莲舫因如此诊治需承担极大风险，向太监行贿，告老称病逃回了家乡。

其他医生亦有类似回忆。内务府总管大臣增崇是带领众多医生入宫看病的官员，据他的儿子回忆：

> 从当时的情况看，无论太医或外省保荐的医士，给光绪请脉，都得依慈禧的脸色行事。凡干不长的，多半是违背了慈禧心意；干长的则是切合了慈禧的“需要”了。至于世人所能见到的光绪的脉案、处方究竟如何，不待言说。对于这些事，我父亲（按：指增崇）、叔父们心中有数。我听得多了，也有些

① 许指严：《十叶野闻》。

明白。[①]

还有当时著名诗人陈衍也说：

冬，西后与德宗先后一日崩殂。初，德宗久病未愈，征医各省，处方有效则后怒。[②]

总之，慈禧唯恐自己先死，光绪复出掌权，尽翻旧案，故而在全国求医问药多次，大造光绪病重的舆论，希望光绪因体弱多病而先死，在人间悄悄地消失。但事与愿违，偏偏自己先罹患重病，势将不起，故临终前令亲信下手毒死光绪。从检测结果与史料记载来看，这应是事实的真相。

---

① 《文史资料选辑》，第22辑，总122期。

② 《凌霄一士随笔》。

光绪之死与袁世凯“告密”真相*

光绪三十四年十月二十一日（1908 年 11 月 14 日）下午，38 岁的光绪皇帝躺在冰凉寂静的中南海瀛台涵元殿，满怀悲愤地离开了人间。第二天下午，操纵晚清政权近半个世纪之久的慈禧太后，也死在中南海仪鸾殿内，终年 74 岁。光绪皇帝和慈禧太后去世的消息一传出，就震惊了海内外。人们普遍认为，年纪轻轻的光绪反而死在了 74 岁的慈禧的前面，而且只是差一天，这不是巧合，而是处心积虑的谋害。于是，光绪被人谋害致死的种种说法就由此产生了。

一、光绪临终病情

那么，光绪究竟是怎么死的呢？让我们看看中国第一历史档案馆当年光绪病情档案是如何记载的吧。

光绪帝 37 岁时写的《病原》中说：遗精已经将近 20 年，前几年每月遗精十几次，近几年每月二三次，经常是无梦不举就自行遗泄，冬天较为严重。腰腿肩背经常感觉酸沉，稍遇风寒必定头疼，耳鸣现象也近 10 年。光绪二十六年（1900）以后，光绪的病不断恶化，从未好转。从现代医学角度分析，光绪已患有严重的神经官能症、关节炎和骨结核以及血液系统的疾病，这是导致光绪壮年殒命的直接原因。

光绪二十四年（1898）三月初九，御医曹元恒在《脉案》中写到光绪肝肾阴虚，脾阳不足，气血亏损，病势十分严重，在治疗上

---

* 原载《领导文革》，2005 年第 1 期。

不论是寒凉药还是温燥药都不能用，处于无药可用的严重局面。五月初十，御医陈秉钧写的《脉案》上写有“调理多时，全无寸效”的话。七月十六日，江苏名医杜钟骏为皇帝看过病后说：“我此次进京，满以为能够治好皇上的病，博得微名。今天看来，徒劳无益。不求有功，只求不出差错。”拖到九月，光绪的病状更加复杂多变，脏腑功能已经全部失调，死亡只是早一天晚一天的事了。

十月中旬，光绪的病情已经进入危急阶段，他出现肺炎症及心肺衰竭的临床症状。十月十七日，周景涛、吕川宾等三名御医会诊，一致认为光绪皇帝已是极度虚弱，元气大伤，已处于病危状态，并私下对朝臣说：“此病不出四日，必有危险。”十月十九日，光绪已出现胸闷气短，咳嗽不断，大便不通，清气不生，浊气下降，全身疲倦乏力的症状。到二十日，光绪已经是眼皮微睁，流着口水的嘴角轻轻颤抖。当天夜里，光绪开始进入弥留状态，肢体发冷，白眼上翻，牙关紧闭，神志不清。到了二十一日的中午，光绪的脉搏似有似无，眼睛直视，张嘴倒气。拖到下午，光绪怀着满腔的怨恨与世长辞了。

我们从光绪去世前八年的档案记录来看，可以认为：光绪帝从开始病重一直到他的临终，他的病状演变是属于逐步恶化，并没有特别的症状出现，既没有中毒或其他伤害性的迹象，也没有突然暴死的迹象，应该属于正常病死。

二、帝后之争

同治十三年（1874）十二月初五的深夜，同治皇帝因为患天花突然去世。临终没有留下由谁来继位的遗命，而国家又不能一天没有君主。第二天召开大政会议，讨论究竟由谁来继位，慈禧太后压制了其他一切意见，坚持由 4 岁的载湉入宫来继承皇帝大位。载湉之所以能够当上皇帝，是因为慈禧亲生之子同治皇帝去世后，没有留下儿子继承皇位，更重要的还是慈禧权欲熏心，想找个儿皇帝，创造再次垂帘听政的机会。光绪元年（1875）正月二十日，4 岁的载湉在太和殿正式即位。从这一天起，光绪就被慈禧牢牢抓在手里。光绪虽然当了皇帝，是一国之君，但是自从他入宫以后，陪伴他的只有孤独，他是在烦琐的宫中礼节、慈禧不断的严词训斥中长大的，他从小就心情抑郁，精神不快，身体积弱，难以抵挡疾病的侵袭，留下了难以治愈的病根。

光绪十五年（1889）正月二十日，19 岁的光绪皇帝举行大婚典礼。光绪的一位皇后两个妃子都是慈禧做主选的，皇后不是别人，正是慈禧亲弟弟桂祥的女儿叶赫那拉氏。慈禧选自己的侄女为皇后，为的是在把朝政交给光绪后，还能利用皇后来控制和操纵皇帝，起码可以监视和掌握皇帝的一举一动。

光绪的两位妃子是瑾妃和珍妃，二人是亲姐妹，但相貌、性格却大不相同。瑾妃相貌一般，而且性格脆弱；珍妃貌美端庄，性情机敏。珍妃对光绪的同情和体贴，激起了光绪对未来的憧憬和热情，同时也引发了他要在政治上摆脱束缚有所作为的欲望。大婚后的数年间，他与珍妃共同度过了一生中显得较为轻松的时光。

光绪临朝亲政后，53 岁的慈禧表面上退居颐和园颐养天年，实际上权势依旧，一如既往地把握着国家政务。她一方面处处限制光绪的权力，国家重要大事都要秉承她的懿旨去办理；另一方面又通过自己的侄女隆裕皇后及亲信太监李莲英等人，暗中监视光绪的行踪。

光绪二十四年（1898）四月二十三日，光绪皇帝颁布《明定国是》诏书，宣布变法，强调博采西学，推行新政，授予康有为“专折奏事”特权。那些守旧的权贵重臣害怕光绪皇帝的改革会触动他们的地位，纷纷投靠慈禧并竭力挑拨他们“母子”的关系。慈禧也深恐光绪改革的成功会影响到她的独裁。这样朝廷大臣中出现了“后党”与“帝党”，双方展开了激烈的斗争。光绪亲政的 10 年，是与慈禧进行政治和权力斗争的 10 年，从中日甲午战争到戊戌变法运动，双方矛盾日益尖锐。

三、重创：戊戌变法失败

光绪二十四年（1898）八月，在以慈禧为首的守旧势力的反对和镇压下，变法运动最终失败，康有为、梁启超出逃，谭嗣同等“戊戌六君子”遇害，光绪本人也被囚禁在中南海瀛台，他的政治生活到此结束。此后，光绪度过了10年没有人身自由的囚徒生活。

光绪深知慈禧的险恶用心，日夜担惊受怕，提心吊胆，对天长叹：我连汉献帝都不如啊！被囚禁在瀛台的光绪心情抑郁，病情日益加重，体质直线下降。

光绪二十六年（1900）七月二十一日，八国联军入侵北京。慈禧带着光绪皇帝仓皇出逃，相传她临行前还不忘处置珍妃，命令太监崔玉贵把珍妃推到宁寿宫外的井中害死了。光绪得知珍妃的死讯以后，精神就更加崩溃，旧病复发，日趋严重，再也无法康复了。

由此可见，光绪从自幼多病，到青年以后的病情逐步加重，都与他的政治处境和精神生活密切相关。慈禧的长期压制和打击是光绪得病的重要原因。从这一点看来，民间传说是慈禧把光绪害死的，并非全无道理。

四、传统说法留重重疑团

戊戌变法中袁世凯的告密是关键情节，传统的说法是：因袁世凯告密而导致慈禧政变，究竟袁世凯怎样告密？至今众说纷纭，留下重重疑团。

戊戌年七月三十日，光绪帝颁密诏给杨锐，嘱维新派妥筹良策，推进变法。密诏中说：“朕位且不能保，何况其他？”光绪帝意识到将有变故，自己处在危险地位，流露出焦急心情，要维新派筹商对策。八月初二日又由林旭带出第二次密诏，令康有为“汝可迅速出外，不可迟延”。康有为、梁启超、林旭、谭嗣同等维新派的核心人物跪诵密诏，痛哭失声，誓死搭救皇帝，不得已铤而走险，决定实行兵变，包围颐和园，迫使慈禧太后交权。八月初三日谭嗣同夜访法华寺，会见袁世凯，劝袁举兵杀荣禄，围颐和园，对慈禧太后则或囚或杀。此后事情的发展有不同说法，传统说法是：袁世凯是个两面派，一面假意和维新派周旋，骗得光绪帝封他为侍郎；另一面看到慈禧的势力根深蒂固，决定投靠旧党。他用假话哄走了谭嗣同。八月初五日向皇帝请训，当天乘火车回天津，向荣禄告密，出卖光绪帝和维新派。当夜，荣禄赶回北京告变。八月初六日晨，慈禧临朝训政，囚禁光绪，随后捕拿维新派，杀害“戊戌六君子”，“百日维新”遂告失败。

五、一个谜：政变之初，慈禧为何不捉拿谭嗣同

以上传统说法长期流行于史学界，但近几十年史学家对此提出疑问，否定了因袁世凯告密导致慈禧政变之说，其理由如下：八月初六日慈禧实行政变时，如果是袁世凯告密导致政变，则政变上谕中必定指名捕拿谭嗣同，因谭是劝说袁世凯围园劫持太后的人，属于“逆首”。慈禧太后绝不会放过他。何以上谕中只命捉拿康有为、康广仁兄弟，没有谭嗣同在内？而且上谕中康的罪名是“结党营私，莠言乱政”，罪名较轻。如果有围园劫太后之谋，则是大逆不道，罪在不赦，上谕中何以轻轻放过？

六、又一个谜：荣禄不可能乘火车连夜赶回北京

还有，袁世凯在八月初五日上午觐见光绪后，即乘火车回天津，“抵津，日已落”，袁赶到荣禄处告密，已在夜间，荣禄得知围园消息后，万难在当夜赶去北京，把消息反馈给太后。因为，当时北京、

天津之间的火车通行不久，只有白天行车，没有夜车，也缺乏夜间行车的设备、经验与技术。即使荣禄以直隶总督之尊也不可能下令加开一次夜车。荣禄于八月初五日夜间万万赶不到北京，而慈禧太后实行训政却在初六日上午，可见太后的政变并非由袁世凯告密所引起，政变时还不知道康有为等有围园劫太后之谋。政变是新旧两党长期矛盾积累的结果，守旧大臣杨崇伊等认为维新派乱政妄行，请求慈禧太后出而训政，这是守旧派的一个既定步骤，与袁世凯告密无关。

七、疑点重重的袁世凯《戊戌日记》

袁世凯在《戊戌日记》中说，谭嗣同深夜来访，再三要求袁世凯举兵杀荣禄，包围颐和园，并说：“不除此老朽（按：指慈禧太后），国不能保。”袁世凯闻言大惊，推辞敷衍，不肯答应。可是《戊戌日记》存在几个疑点。第一，包围颐和园，杀西太后，这是何等重大而紧急的事件，袁世凯告密如果是积极的、主动的，可以在第二天，即初四日在北京找到北京的大臣告密，何必一定要回天津向荣禄告密？初三夜，谭嗣同找他密谈，提出围园杀太后之谋，初四日一天何以袁无所动作，没有在北京告密？第二，据袁世凯说，初五日返津见荣禄，即要告密，“略述内情”，忽有客人入座，因此欲言又止，只好等明天再说。此是何等大事，谭嗣同已募勇士数十人在京，事态一触即发，慈禧有旦夕之祸，却因为座上有客人，把此事延宕一天，难道袁世凯不能禀明荣禄有要事相告，设法把客人支走？袁世凯是何等精明人，办事却为何拖沓、糊涂？

八、袁世凯与维新党的关系

应该说，慈禧把袁世凯认作维新党人是有道理的。事实上袁世凯与维新党人联系密切，不但与闻兵变之事，而且参与密谋，做出投向维新派的承诺。他在维新变法问题上和康有为的思想十分接近。甲午战争以后，他即和康有为结交。1895 年，在康有为发动“公车上书”以后，袁世凯当时在督办军务处当差，也曾向光绪帝上书，条陈变法事宜，他当时的思想观点和康有为很接近。

1895 年夏，康有为第四次上书，都察院、工部不肯代递，袁世凯曾向督办军务处要求代递。不久，强学会成立，袁世凯积极参加，是发起人之一。后来袁世凯奉派赴小站募新建陆军，康有为等为袁设酒饯行，康有为对袁的印象极好，认为：“袁倾向我甚至，谓吾为悲天悯人之心，经天纬地之才……”

袁世凯通过维新派的荐举，越级提升。袁对维新派感激不尽，他们之间的关系拉得更近了。维新派内部议论的机密事，也不避着袁，而且袁表示支持。不管怎样，光绪帝是合法的君主，袁世凯除了思想上与维新派有一致之处，无论从忠于君主的伦理观念上说，还是为个人名利地位计，他都会向维新派靠拢。

八月初三日，当光绪帝的密诏带到康有为那里，维新派的几位核心人物聚在一起，捧诏痛哭，商议救光绪的办法，其中竟有袁世凯的心腹徐世昌在内。如果不是袁已对维新派做出全力支持的承诺，那么维新派是不会让徐世昌参加这一秘密活动的。

袁世凯虽早已参与维新派的谋划，并承诺要支持维新派，但八月初三日谭嗣同夜访，提出杀荣禄、调兵入京围颐和园劫持太后之谋后，袁世凯犹豫了。因为执行此计划极其冒险且难度很大。袁军虽为精锐，但周围有聂士成、董福祥的军队牵制。聂、董的军队人数远在袁军之上。且袁军驻扎小站，离北京二三百里，要长途行军，突破聂、董二军的阻拦，奔袭颐和园，成功的把握实在太小了。

荣禄一直在窥测事态的发展，袁世凯被召进京，封为侍郎，荣禄很紧张，谎称英、俄在海参崴开战，大沽口外，战舰云集，故调动军队，把聂士成军调到天津，把董福祥军调到长辛店，以防不测。他还写信给袁世凯，催他赶快离京返津，袁世凯回到天津，并没有发生像他在《戊戌日记》中所说与荣禄的谈话，而荣禄只是把他留在天津，未让他回小站营中，并对袁世凯严密防范。袁世凯听说北京发生政变，慈禧太后再出训政，捉拿康有为，吓得魂飞天外，以为密谋已经败露，故“大哭失声，长跪不起”，向荣禄表示忏悔，并将谭嗣同夜访之事和盘托出，为保全自己，出卖了光绪帝和维新派。

荣庆其人与《荣庆日记》*

荣庆，字华卿，号实夫，蒙古正黄旗人，鄂卓尔氏，生于咸丰九年（1859），卒于民国六年（1917）。曾担任刑、礼、户诸部尚书，以及军机大臣、协办大学士、管学大臣；宣统三年（1911）礼部改为弼德院，荣庆初为副院长，旋改顾问大臣、德宗实录馆总裁。荣庆在晚清政坛上历任要职。但是，长期以来，人们对他了解得很少。其主要原因盖在于资料缺乏。《清史稿》虽有荣庆传，但失之过简。对于荣庆的身世、政治上发迹的原因及其与慈禧、荣禄、奕劻诸权贵的关系都没有交代清楚；至于荣庆在清末错综复杂的政治斗争中所起的作用，亦未详述。

最近，谢兴尧先生整理、点校的《荣庆日记》已由西北大学出版社刊印。这对于我们了解荣庆其人与清末的这段历史颇多裨益。关于《荣庆日记》的发现与出版，谢先生曾有一段说明：

> 四十年前我因搜集史料，从事写作，经常出入旧书店。……某次在旧书店购得一包抄录的文献资料，归后细审，其内容约分两类：一系抄录的私人日记，卷帙较繁；其余则系抄存的私人函札记事。二者均属于记述清末当时重要人物彼此往还关系。……惟因全部均系草书，难于辨识；又因年久纸墨漫漶，且有残缺脱落，以其整理困难，置之箧底未暇取视。而人事推移，时光如驶，岁月不留，转瞬之间，竟数十载！我现在已年逾七旬，日趋衰颓，倘不及时清理，将见此重要史料，沦为废纸，未免可惜！因抽工夫加以整理点校，使其眉目清晰。①

---

* 原载《清史研究通讯》，1987年第3期，与孔祥吉合写。

① 《荣庆日记·序言》，1页，西安，西北大学出版社，1986。

这部日记始于光绪四年（1878），终于民国五年（1916），先后总共38年。这期间恰好是中国近代社会发生剧烈动荡的年代，各种政治势力，先进的与保守的，革命的与反动的，彼此展开了你死我活、动人心魄的争斗。荣庆作为一个"位极人臣"的满蒙贵族，赶上了这个风云变幻的时代，参与了许多重要的政治活动。正因为如此，《荣庆日记》中涉及许多珍贵的秘闻，诸如有关清代朝廷之典章制度、政治外交、官风民情。透过这些记载，均足窥见当时宦海背景，"政局里层，较之官书文牍的刻板文章，应酬词句，有所不同"①。

然而，荣庆又是一个老于世故、小心谨慎的官僚。对于当时的政治大事、上层内幕与自己真实的思想活动，讳莫如深，很少透露。因此在日记中只是罗列每天的行止、接待的人物，至于谈些什么、他自己的政治态度如何，几乎尽付阙如。不管是对他拥护、笼络的权贵，还是对于与他格格不入的政敌，他都不加臧否，不予评论。而且愈是到了历史发生重大转折的时刻，荣庆愈是能保持惊人的沉默。只有在个别情况下，才以寥寥数字发泄一点感慨与牢骚。

荣庆这种拘谨的性格严重影响了这部日记的史料价值，也为我们了解当时的史实与人物增添了许多困难。因此，要了解荣庆其人，除了参酌这部日记之外，还需要翻看与他同时代的函札、公牍，披阅清宫档册，如此才可能勾画出一个比较完整的轮廓。

一

荣庆与一般满蒙权贵不同，他不是靠门户荫典取得高位的，而是靠刻苦攻读、科举起家的。荣庆的祖父皂升官至四川提督，其父亦"负羽军中"，以其生于重庆，故以庆名。然而，在荣庆出生不久，皂升因"年老重听"奉命致仕，于是举家由重庆迁到成都居住。

---

① 《荣庆日记·序言》，5页。

在荣庆 7 岁那年，其生父奉命赴重庆采买硝磺，不料身染瘟疫，病死山城。第二年夏天，其祖父亦感染痢疾去世。短短数年间，荣庆家境急剧衰落，“陋巷逼迫，非复阀阅矣”①。

也许正是这种家计窘迫的生活环境，迫使荣庆发愤读书、刻苦自励。在川期间，荣庆屡次应成都芙蓉书院、潜溪书院课考，均能名列前茅。

光绪九年（1883）荣庆在北京会试中式，三年后又考中进士，这对于 20 多岁的荣庆来说，真可谓平步青云，少年得志了。然而，此后荣庆的仕途并不平坦。他出身寒素，在朝臣中自无奥援，又拿不出钱来向显宦行贿，因此在长达 10 多年的时间里，一直在翰林院默默无闻地供职。据《清史稿·荣庆传》记载，荣庆中进士后，以编修充镶蓝旗管学官，累迁至侍读学士、蒙古学士，迁转迟滞，“荣庆当引见，或讽以乞假。谢曰：‘穷达命也，欺君可乎。’”其穷困潦倒之状，是不难想见的。

天无绝人之路。荣庆在中进士 13 年之后，终于遇到了一个飞黄腾达的极好时机。是年春天，荣庆被简拔为山东学政。平心而论，像荣庆这样才能平平，在集中了全国人才的翰林院里实在算不上是佼佼者。然而，仅六七年间他却由一省的学政扶摇直上，成了刑部、礼部尚书，还当上了军机大臣。其升擢之迅速，曾使许多官僚感到震惊。荣庆政治上发迹的奥秘究竟何在？翻阅日记即可找到答案，原来是他在山东学政任内结识了袁世凯。

荣庆与袁世凯的亲密关系在日记中多有反映。当荣庆到济南任职半年之后，由于义和团运动的蓬勃发展，清廷派袁世凯接替毓贤为山东巡抚。荣氏于十一月初九日日记中写道：

> 阅电抄……袁侍郎署东抚，庙谟深远矣。②
>
> 十一月二十三日，出西关，袁署抚前旌已至，即同毓中丞跪请圣安。袁抚小坐，行。③

---

① 《荣庆日记·蜀游草》，2 页。

② 同上书，34 页。

③ 《荣庆日记》，35 页。

十二月十八日，慰亭中丞到，谒慈（按：指荣庆嫡母），见子女。荐医李少庚，未服其药……①

袁世凯抵任之际，适逢荣氏之母患病，故有荐医之举，并馈赠“人参鲜花、儿女辈服物”。新任巡抚的上述举动使荣庆受宠若惊。是年除夕，荣庆母死，“袁抚军送经并焰口”。当荣氏扶柩回京时，二月初十日到天津，“袁慰廷部下刘直牧永庆来吊，并代办火车一切”②。

当后来袁世凯长子云台（克定）到京时，荣氏让“内子等见之”③。这种不同寻常的举动，在荣氏整个日记中是绝无仅有的，它反映了荣、袁之间的密切关系。

然而，仅仅依靠与袁世凯的私交，荣庆还不能骤登显秩，因为袁氏当时仅为一省巡抚，所起作用自然有限。荣庆当时很可能借助了慈禧的亲信荣禄的力量。荣禄，“字仲华，瓜尔佳氏，满洲正白旗人，时为大学士，军机首辅”。戊戌政变后数年中，“身兼将相，权倾举朝”④。荣庆很可能由袁世凯的推荐而与荣禄攀上了关系。

荣庆的日记似乎可以证明这种推断。在赴山东学政之任前，《荣庆日记》中几乎没有提到荣禄的名字，但从山东归来后，略相（按：荣禄字“略园”）则成了其无话不谈的挚友，如在义和团运动时期，京城兵荒马乱，人心惶惶。围绕要不要依赖义和团向列强同时开仗，统治集团内部意见纷纭，争吵不休。荣庆在这场纷争中极力主张“请统兵亲王勿兼译署，遣散拳民，保护使馆”⑤。他在日记中写道：

五月二十三日，仍预备未召见，闻廊岱（按：指廊坊）已开仗，陈仲相条陈以散拳民事，并以无与各国一齐开衅之理。仲相答以：“子之言，我之心也。若再分辨，视为逆类矣。”洒

① 《荣庆日记》，35页。
② 同上书，36页。
③ 同上书，59页。
④ 中国史学会编：《戊戌变法》（三），38页，上海，神州国光社，1953。
⑤ 《荣庆日记》，37页。

泪而散。①

虽是寥寥几语，但可窥二人之间在政治上情投意合、推心置腹的关系。

正是由于荣禄的援引与推毂，荣庆在光绪二十七年（1901）三月得以“奉旨署理仓督”。他于奉命之日在日记中写下了“不次之擢，感悚实深”八个字。他倚仗荣禄的支持，颇思做一番整顿。他在给荣禄的信中说：“庆二十载京曹，兼以历任仓师，半系知交，其中积弊，闻之颇稔。此时有难办之处，亦实有易办之机，固不敢出以操切，亦何敢再蹈因循。惟自来任大事，挽积习，初办之时，罔不议论纷腾，阻挠百出。陶文毅之整顿淮鹾，丁文诚之革除川弊，崇文勤之督沈，阎文介之抚东，卓卓诸贤，均不免此，其行之易而收效者，则以胡文忠之在湖北为最。盖地方新复，事同创始，今之时局，大略类此，仓务即其一端。惟庆一点血诚，不愿让前人独步，而识力魄力，究不知撑到几分。”②

荣庆的这封信正好是表白他对荣禄感恩效力的心声，他干得颇为出色，以剥船盗米，改由火车径运，并仓廒，增经费，杜领米弊端，裁稽查仓务的御史，清廷皆如其所请。他由一个被人看不起的翰林院管学官，数年间竟成了政治舞台上的一颗新星。仓场总督只干了1年多，就被破格拔擢为刑部尚书，接着又调礼部尚书，复调户部，拜军机大臣、政务大臣，光绪三十一年（1905）协办大学士。这时的荣庆才刚刚40出头，年富力强，踌躇满志。一般官僚走数十年的漫长宦途甚至都不可获得的显秩高官，但荣庆只用了五六年的时间就得到了。

二

荣庆在庚子之变后官运亨通，迭交好运，除了他与袁世凯、荣

---

① 《荣庆日记》，37～38页。

② 同上书，44～45页。

禄之间这种迥非寻常的关系外，还有一个重要条件，即他是由科举正途出身。在一群浑浑噩噩的满蒙贵族中间，能够像荣庆那样饱读诗书、擅长诗赋的官僚简直凤毛麟角。然而，正是他的这种出身与阶级地位，使他对清末统治阶级推行的新政产生了极为厌恶的感情。

义和团风暴平息之后，清廷迫于时局的压力，不得不以推行新政相标榜，于是，“废科举”“兴学堂”成了清末新政的重要内容。当时，慈禧与光绪还躲在西安“行在”，热心教育的张百熙受命兴学，以振兴京师大学堂为己任。他“奏加冀州知州吴汝纶五品卿衔，总教大学”，凡大学教职员皆自聘，锐意提倡革新教学内容与考试方法，这些做法都引起守旧势力的不满与攻击。因此，慈禧等人在回銮之后，决心挑选一个最能代表他们意志的官员掺到京师大学堂中，稍分张百熙手中的权力，被选中的人就是荣庆。《清史稿·张百熙传》谓：“大学既负时谤，言官奏称：本朝定制，部官大率满汉相维，请更设满大臣主教事。乃增命荣庆为管学大臣，旋别设学务处，以张嘉亨为大学总监督，百熙权益分。”说的正是以荣庆牵掣张百熙这桩事。

张百熙在刚接到清廷委任他管理京师大学堂的命令时，雄心勃勃，颇多宏伟设想。但是，为时未久，攻击新学的流言蜚语就遍传都下，荣庆等人则更是处心积虑地与新学作对，所有这些都使张百熙这位以开通风气、沟通中西为己任的教育改革先驱者感到心灰意冷，无可奈何。他在给自己的挚友、同乡瞿鸿禨的密札中写道：

> 所难者，则学堂也。从前京师议论，皆以学堂为无父无君之地，今犹是见解，犹是议论也。昨与燮臣相国言及，同为太息久之。容诣略相及公处详言之。……若因其为难而不为，既无以对朝廷，亦无以对我公与略相也。勉竭小才，至开办后再行陈说，彼时必望公体谅此心耳。①

荣庆充当了管学大臣之后，办事皆以遵奉慈禧的懿旨为准绳，坚持“以中国政教之固有，而亟发明以拒异说”。《荣庆日记》中有

① 转引自徐一士：《一士谈荟》，98页，太原，山西古籍出版社，1996。

许多慈禧向荣庆询问有关大学堂事宜的记载。然而，关于荣庆与张百熙为难情况，在《荣氏日记》中几乎找不到任何痕迹。乍看起来，仿佛荣、张二人相处十分融洽。在张百熙光绪三十三年（1907）去世时，荣庆还于日记中写道：

> 二月十七日，未正入署，酉归，治秋（按：即张百熙）故报到，挽以联云："负韩欧伟望，输文富大年，天不慭遗斯世痛；钟湘岳灵奇，抱兰荃忠爱，魂兮归去楚江春。"①

其实，荣庆的挽联是言不由衷的，关于荣、张不和一事，时人多有记载。

《清史稿·荣庆传》谓："大学堂之创立也，命荣庆副张百熙为管学大臣。百熙一意更新，荣庆时以旧学调济之。"此处所谓"调济"二字，实际上是"掣肘""牵制"的同义语。

《清史稿·张百熙传》则云：

> 始议分建七科大学，又选派诸生游学东西洋，荣庆意不谓可，而百熙坚持之，亲至站送诸生登车。各省之派官费生自此始。……百熙拟建分科大学，以绌于资而止，惟创医学及译学馆、实业馆，遽谢学务。

这里已将荣庆与张百熙之对立写得比较清楚了。唯"遽谢学务"四字过于简单。其实，此事与荣、张矛盾亦不无关涉。

张百熙谢学务事发于光绪三十二年（1906）清廷官制改革之后。时军机大臣瞿鸿禨劝百熙就任即将设立的学部尚书，而张百熙则因为与荣庆不和，久已存引退之心，其致瞿鸿禨密札云：

> 学部非设不可，而兹事体大，下走实不敢承。公之意固公而非私，然自揣无此学识，以公一人之意争之，不得固失言，得而不能胜任，使我公有举不得人之悔，而议之者并公而咎之，何如慎之于始也？公谓如何？……非公爱我，谁可与言及此者？幸乘其自任而赞成之，俾潜得以引身而退，公之赐也！……

---

① 《荣庆日记》，115页。

二三年来，颇有退志，所以迟迟者，始则以东朝万寿，不能不一随班。嗣以学务羁身，难于摆脱，后复以东方事变，万无可言归之理。今东事粗定，但能开去学务，无论身居何部，冀可渐得自由。……忧来无端，聊为知己发之，知公亦不能为潜计矣。①

观张百熙此函，即可了解其为人扼抑而不得伸其志的痛苦心境。据徐一士先生考订，信中“幸乘其自任而赞成之”应指荣庆。清朝末年，随着革命风潮的日益高涨，广大知识分子和留日学生对统治阶级的倒行逆施愈来愈不满，不少人反戈一击，将矛头指向朝廷。这种局面迫使清廷不能不加强对学生的约束，于是学部就成了新、旧势力争夺的重要地盘。因此，清廷借光绪三十二年（1906）的官制改革将张百熙调离学部，由荣庆“专办部务”，慈禧特别询问荣庆“日本留学生及学堂章程，并学堂管理”。

慈禧将张百熙调离学部一事，在当时曾引起强烈反响，许多热心新学的人都为此鸣不平。瞿鸿禨在给张氏信中即谓：

公于学务有益，学务于公亦相宜。吾两人苦心热血，一旦皆付之东流，夫复何说！……连日胸中恶劣，了无佳况，奈何奈何！②

瞿氏此处所发泄的自然是对荣庆的怨愤。

荣庆对新学不满，在清朝垮台后的日记中偶尔亦有所流露。如民国四年（1915）十一月初二日的日记有云：

阅近人《大学堂始末》，本甚怼我，然挽回风气、爱惜国帑之苦心，不觉为我传出，至其中误处不少，亦不置辩也。③

不言而喻，“挽回风气”与“爱惜国帑”是荣庆阻挠新学发展的重要理由。在他看来这自然不是坏事，而是引以为豪的。

---

① 转引自徐一士：《一士谈荟》，101 页。

② 同上书，101～102 页。

③ 《荣庆日记》，270 页。

三

由于得到了慈禧太后的垂青，荣庆得以进入枢垣，充政务大臣，进入清王朝的最高决策机构。随着职务上的升擢，荣氏亦日趋骄矜，目空一切，引起了朝臣，特别是汉族官僚的侧目。早在荣庆刚入军机处学习行走时，陕西道监察御史王乃徵即上书弹劾，王氏谓：

> 如荣庆者，外貌轩昂，极似有才，胸中实毫无经纬。……本年充会试总裁，臣亦蒙恩派充同考官，偕赴汴梁。其衡文一切，本无学识。而自满自足，凌厉同官……无复大臣体统。又八月下旬，在刑部尚书任内，以无礼之语，当堂斥辱司员，致秋审十数员同日告假辞差，经侍郎沈家本遍诣代为谢过，其事乃解，旋即转升礼部，众谓其自求迁避耳。乃未久忽拜枢臣之命。臣窃以荣庆庸妄骄矜在所不免，但年富力强，如令潜心部务，释躁平矜，练习应事接物，容为卿尹有用之才。今兹危机存亡之秋，畀以翊赞纶扉之任，臣愚不知其所以胜任也。①

言官的弹章虽然不留任何情面，而慈禧却不会因此稍稍动摇对荣庆的信任。相反，随着时局的日趋严重，慈禧对荣庆的宠信和依赖更超过以往。即以预备立宪而论，这本来是清朝统治者最为棘手的难题，慈禧亦将此难题交给荣庆等人处理。

先是，慈禧等“既内恐舆情之反侧，又外惧强邻之责言”，万般无奈，派出了载泽、端方、戴鸿慈、李盛铎、尚其亨五大臣“分赴东西洋考求一切政治，以期择善而从”。不料五大臣归国后异口同声地请求立宪，要求以“五年为期改行立宪政体”，并认为只有如此，方可以“安宇内，御外侮，固邦基，保人民”。这些出洋考察政治的大臣还具体提出了“万不可缓，宜先行者三事”，这三件事是：

（1）请朝廷宣布立宪宗旨，仿照日本“明治维新”，祭天誓诰，

---

① 王乃徵：《弹劾庆亲王等片》，中国第一历史档案馆藏。

明定国是。

(2) 实行地方自治，地方官一律由选举产生，仿照外国，由“庶官任其责，议会董其成”。

(3) 保障集会、言论、出版自由，并着手制定宪法，五年内改行立宪政体。

不用说，所有这些政治改革都是慈禧等极力反对的。但是，由于局势愈来愈变得不利于清朝的专制政体，与其把政权让给革命党人，毋宁在立宪问题上稍做让步，于是，慈禧下令让亲贵对五大臣的请求进行讨论，并指定荣庆草拟谕旨。光绪三十二年（1906）七月初八、初九日王公大臣们集会商议立宪问题，《荣庆日记》逐日记载：

> 七月初八日，入值，袁督（按：指袁世凯）请安。……未正至外部公所，醇邸、孙、世、那三相、冶秋尚书、慰亭直督同本处公阅出洋大臣折件。申后归，慰亭来访，夜有所拟。
>
> 七月初十日，入值，邸已到。醇邸以次诸大臣有起。巳归，饭后眠起，所拟脱稿。
>
> 七月十一日，未初至外部公所，同阅拟谕，庆邸决定。
>
> 七月十二日，卯初见，与庆邸再谈……晚饭后与宝臣访慰亭夜话。……
>
> 七月十三日，卯入值，已到。辰正后见邸，再见宣预备立宪懿旨，晓示天下，督勉臣民。①

荣庆穷数日之力，绞尽脑汁，冥思苦想，又同庆亲王奕劻、直隶总督袁世凯及铁良、端方等友好反复磋商，才算拟就了这道在晚清历史上具有重要历史意义的谕旨。这道谕旨宣称：

> 时处今日，惟有及时详晰甄核，仿行宪政，大权统于朝廷，庶政公诸舆论，以立国家万年有道之基。但目前规制未备，民智未开，若操切从事，徒饰空文，何以对国民而昭大信，故廓清积弊，明定责成，必从官制入手，亟应先将官制分别议定，次第更张。并将各项法律，详审厘定，而又广兴教育，清理财

---

① 《荣庆日记》，103页。

> 政，整顿武备，普设巡警，使绅民明悉国政，以预备立宪基础。著内外臣工，切实振兴，力求成效，俟数年后规模初具，查看情形，参用各国成法，妥议立宪实行期限，再行宣布天下，视进步之迟速，定期限之远近。①

在汹涌澎湃的革命浪潮前，清廷不得不宣布预备立宪，企图以此抵制和消解革命。这道谕旨字斟句酌，端出了慈禧太后痛苦而狡诈的决策，而其执笔者正是她的心腹大臣荣庆。

当时满族亲贵对立宪的态度存在着意见分歧，作为预备立宪谕旨的起草人荣庆的真实态度究竟如何？荣氏在重大政治问题上，往往在日记中不吐真言。据当时人记载，荣庆在大臣讨论立宪时，与铁良一起，站在宪政的对立面，他明确表示："吾非不得知立宪政体之美，顾以吾国政体宽大，渐流弛紊，今方宜整饬纪纲，综核名实，立居中驭外之规，定上下相维之制，行之数年，使官吏尽知奉法，然后徐议立宪可也。若不察中外国势之异，而徒徇立宪之美名，势必至执政者无权，而神奸巨蠹，得以栖息其间，日引月长，为祸非小。"② 可见，荣庆是害怕执政者无权而反对立宪。具有讽刺意味的是实行立宪的谕旨，偏偏出自一个对宪政严重抵触的保守官僚之手，清廷实行宪政之初衷亦于此可见。

---

① 《光绪朝东华录·光绪三十二年七月十三日》。

② 《东方杂志》，光绪三十二年十二月增刊。

唐文治小传*

唐文治（1865—1954），号蔚芝，别号茹经，江苏太仓人。祖父唐学韩；父唐受祺，恩贡生；母胡氏。文治幼承家学，6岁，与祖父同榻，“夜抵足，口授诸经，咿唔之声，或达丙夜”①。其母亦亲授书诗，督课甚严，“髫龄，常禀慈训，四书唐诗皆吾母口授，至今油灯凉月之影，刀尺讲读之声，仿佛犹在耳目间”②。光绪六年（1880）考中秀才，时年15岁，就学于太仓理学家王紫翔门下。王主张通经致用，教其读朱子书及唐宋文，由是对性理之学渐有心得。17岁与郁氏结婚，同年中举人，此后两次赴北京会试，均落第。光绪十年（1884）至十三年（1887），在江阴南菁书院学习，院内多著名学者。唐文治习业4年，得良师益友的帮助颇多，从院长定海黄以周学经学、小学。黄以周教以“学问必由积累，初无顿悟之方，而积累全在静专，亦无袭取之道”③，又在书院协助王先谦校对《皇清经解续编》。他读书勤奋，在理学、经学方面都打下了深厚的基础。以后唐文治还遇到两位重要的师友：一是沈曾植，对唐的政治思想影响颇大；一是桐城派大家吴汝纶，与其论文章义法，唐对吴极为心折。

唐文治离开南菁书院后，曾赴天津就馆塾。光绪十八年（1892），会试中式，座师翁同龢评其卷：“经生之文，有静穆之气，此作是也。经艺渊博，不使才锋，策赅博。”殿试列二甲第一百五十名，派任户部江西司主事，后调云南司主稿、北档房总办。光绪二十四年（1898），又兼任总理各国事务衙门章京。他办事勤恳认真，二日至户部，又

---

* 原载《清代人物传稿》下编第七卷，沈阳，辽宁人民出版社，1992。

① 唐文治：《茹经堂文集》，第1编，上海，上海书店，1996。

② 唐文治：《茹经堂文集》，第2编。

③ 唐文治：《茹经堂文集》，第1编。

二日至总署，公务十分繁忙。这时，帝国主义列强为借款、筑路、划分势力范围，对清廷讹诈勒索，经常到总署吵闹。唐文治随许景澄办事，“许与公使辩论，命余缮记问答函牍、疏草，杂还旁午，时辄招余佐理”①。为了办好外交，他专心阅读外交档案、条约原稿、文集笔记，并自学俄文，亲自翻译俄文的机要电文。由于长期在油灯下读书、撰稿、翻译，故目力受损，晚年遂成瞽者。

唐文治和翁同龢的关系很密切。翁是唐的座师，又担任户部尚书、总署大臣，唐文治是其属僚。翁同龢请唐为西席，教翁的嗣曾孙读书，故唐的政治观点和翁一致，站在帝党一边。中日甲午战争中，清军溃败，清廷屈辱求和，帝党官吏纷纷上书主战。光绪二十年（1894）十一月，唐文治上《请挽大局以维国运折》，主张抵抗与变法结合起来。他说：“方今中国之积弱，非一朝一夕之故，苟非举宿昔之弊，一切扫除而更新之，则万不足以固邦本而御外患。”要求清廷“破除常格，改易新政”。他提出八项主张：一是正人心、别流品；二是务刚断、严赏罚；三是奖气节、去阘冗；四是正官常、破资格；五是拔贤才、变科目；六是改武科、用火器；七是联邦交、简使臣；八是塞漏卮、节浮费。他指出，“在外之大臣，且尾大不掉，至于欺君误国”，“在内之宦官，且有勾结无赖，弄权窃柄”②。矛头直指慈禧太后所重用的李鸿章和李莲英。《马关条约》签订时，他又代替太仓举人张仲虎等草拟奏折，反对议和，这些都鲜明地反映了唐文治早年的进步思想和爱国主义立场。

戊戌变法前夕，他上《谨殚竭血诚以维国脉折》，并附《请停止搜刮之政片》，痛陈列强瓜分中国的危机，“今我纵不爱此尺寸之土，又何忍以芸芸之苍生，神明之遗胄，俾之沦于异类，畀诸豺虎”，要求停止对老百姓的横征暴敛，“上以培朝廷之元气，下以保黎庶之生命”③。又代沈曾桐草拟《谨陈管见以固人心折》，鼓吹改革，主张“仿欧洲各国之例，集思广益，折中舆论，以多者为胜”。他的议论和维新派很相似。

---

① 唐文治：《茹经堂文集》，第2编。

②③ 唐文治：《茹经堂奏疏》，台北，文海出版社，1972。

“百日维新”前夕，翁同龢被罢官回籍，帝党势力被削弱。翁离京时，唐文治至车站送行，依依惜别。此后，唐文治埋头户部和总署的日常事务，没有直接参加变法活动，但始终同情维新派。戊戌变法失败的第二年，守旧派正在全面反扑，欲尽废学堂。唐文治写信给友人说：“不学无术之徒，乘间抵隙，臆决唱声，方欲尽裁天下之书院，尽裁天下之学堂，借以涂饰生民之耳目，而以自文其固陋。”“学堂之在今日更有不容不设之势，并有不忍不设之情。”① 表现了在逆境中维护新政、坚持真理的勇敢精神。

八国联军侵占北京，强迫清政府签订《辛丑条约》，唐文治随同奕劻办理和约交涉。因义和团运动中日本书记官杉山彬被杀，光绪二十七年（1901），清廷派户部侍郎那桐赴日本道歉，唐文治为随员。回国后，唐文治代那桐撰写《奉使日本记》，并著有《东瀛日记》，称赞日本维新富强之效，主张“取日本之所强而弃其所短，权其本末轻重、缓急先后之序，次第行之”②。光绪二十八年（1902），中国和葡萄牙交涉修改条约。葡未参加八国联军，没有获得庚子赔款，而且中国在整顿关税中加重了葡方的进口税。葡公使甚为不满，要求扩大澳门租借地，唐文治力主驳斥葡方的要求，保全了主权。同年，唐文治又随同固山贝子载振赴英国参加英王爱德华的加冕典礼，并游历比、法、美、日等国，环绕全球，历程8万里，为时170天。回国后，写《由英回京条陈》，认为西方致治保邦之方，“其中切近易行，为中国所万不能缓者，厥有三事”：一为兴商务，是“民生命脉所关，箴膏起废之良药”；二为办路矿，“可以收海外之资财，拯斯民之困厄，通四方之风气，辟数世之利源”；三为开学堂，“国运隆污必与学校盛衰相消息”。

光绪二十九年（1903），清政府设立商部，唐文治任右丞，后改左丞，升左侍郎。他认为：“我国商情涣散，非尽力提倡，断难振兴。”在任职期间，他宣布商政宗旨：“以保护商民，开通商智，厚结商力，体恤商艰，培植商家元气，不苛扰、不干涉为主要”，“堂

---

① 唐文治：《茹经堂文集》，第2编。

② 唐文治：《茹经堂文集》，第1编。

司各官均宜束身自爱，不得自营商业，借图私利”[1]。他手定商部章程，商部下设保惠、平均、通艺、会计四司，并制定了保护和奖励实业的《商部条例》《商律》，这是我国最早的工商法规。他又提倡设立商会，先在北京、上海设总商会，逐渐推广。他任职期间，全国各地所设总商会、分会已有46处。他又设立农工路矿公司、勘矿总公司，接收和经营京师工艺局，创设高等商业学堂、劝工陈列所、农事试验场，使一大批民办企业在商部登记注册，从各方面努力发展工商业，保护民族资本。光绪三十二年（1906），商部改为农工商部，唐文治署理尚书。同年，其母逝世，唐丁忧回籍，从此脱离了官场，转向教育事业。

唐文治十分重视教育，以兴学为救国之要务。早在戊戌变法之前，他就说：“自学校衰而人心薄，居民上者当务之急，或不暇注意于此，庸讵知人才之兴废，乃国家盛衰之机。”[2] 后来又说：“人才者，国家之命根也；学堂者，又人才之命根也。”[3] 因此，唐丁忧离京，返回南方，即绝意仕进，致力于教育。光绪三十三年（1907），出任上海实业学校（原名南洋公学）监督（即校长）。翌年，被推举为江苏教育总会会长。辛亥革命后，上海实业学校改名南洋大学，后又改称交通部工业专门学校，唐一直担任校长达14年。1920年，因目疾辞职。次年，该校改名为交通大学。原来的南洋公学规模狭小，校务废弛。唐文治任职期间，大力整顿，扩充规模，改革教学，除原有铁路一科外，又增设电机、航海、土木、铁路管理等科，聘请外籍教师，增开课程，建立实验室，派遣留学生。他提出：“本学堂分设高等学科，造就专门人才，尤以学成致用、振兴中国实业为宗旨。”[4] 在唐文治等的努力下，交通大学成为我国第一所多学科性的工业大学，培养了大批优秀的工程技术人才和管理人才。

1920年后，唐文治定居无锡。时施肇基捐资创办无锡国学专修

---

① 《唐文治年谱》。

② 唐文治：《茹经堂文集》，第2编。

③ 王桐荪：《试述唐蔚芝先生的教育思想及其实践》。

④ 周宗湘、刘露茜：《唐文治对发展我国近代高等工科教育的建树》。

馆，聘请唐为馆长。这是一所研习中国传统文化学术的高等学校，唐文治标举学校宗旨为“正人心、救民命”，“务以砥砺品质、躬行实践为宗旨”，“发扬吾国固有之文明”①。他汲取了西方学校和我国传统书院的优点，延聘名师，博采众长，兼收并蓄，十分注意提高教学质量，树立良好学风，培养学生的道德情操。“九一八”事变以后，他反对日本侵略，强调“明耻教战”，亲书匾额“世界龙战，我惧沦亡，卧薪尝胆，每饭不忘”，悬挂校中，鼓舞学生的斗争精神。他亲自授课，担任经学、国文课程教师，编写教材，博及群经，融会汉宋，著述宏富。晚年专授“读文法”课程，分析文章义法，辨明阴阳刚柔之理、抑扬顿挫之致。在他的教育熏陶下，成长起许多知名的文史专家。抗日战争爆发，无锡国专迁往长沙、桂林，唐文治年逾古稀，双目失明，仍随校辗转内地，历尽艰难，表现了他热爱祖国与教育事业的高风亮节。后归居上海租界中，创设“国专”上海分校。1945 年抗战胜利后，“国专”迁回无锡。新中国成立前夕，国民党迫害进步学生，他和张元济联名写信，刊登报端，揭露国民党当局的暴行。1949 年新中国诞生，无锡国专改为中国文学院，后并入苏南文教学院，院系调整时又并入江苏师范学院（今苏州大学），唐文治一直担任名誉教授。1954 年 4 月，唐文治因病逝世，享年 89 岁，其著作有《茹经堂文集》《茹经堂奏疏》等。

① 唐文治：《茹经堂文集》，第 1 编。

辛亥革命开启了中国现代化的新纪元*

辛亥革命是中国20世纪中的伟大历史事件。中国人民每年都要纪念它。纪念它推翻了清朝政权，结束了2 000多年的封建帝制。纪念它建立了中华民国，开创了共和的政治体制。纪念它传播三民主义，促进了民主意识。纪念它高举革命爱国的旗帜，开辟了中国人民继续前进的道路。纪念它为追求民族复兴和国家现代化进行的不懈努力。

中国的现代化可以从鸦片战争算起。它是一个漫长、崎岖、曲折的过程，到今天还没有完成，我们仍在这条道路上迅速迈进。到21世纪中叶，将把我国建成富裕、民主、文明、和谐、美丽的社会主义现代化国家。回顾以往，中国人民经过许多艰难险阻和激烈斗争，用血与火谱写下一页又一页壮丽的历史篇章。

辛亥革命是我国现代化过程中的一个阶段。主要是完成了推翻封建专制、建立共和政府的任务。这是了不起的大事情。2 000多年压在人民头上的皇帝被推翻了，这在过去是不能想象的。所谓“国不可一日无君”，“朕即国家”，没有皇帝还成什么国家？不能想象的事情居然发生了。这是中国现代化道路上的一个里程碑。为什么要推翻皇帝？因为清朝皇帝存在一天，中国就不可能独立富强。正像江泽民在纪念辛亥革命90周年大会上所说：“清王朝是中国反动封建势力的代表，同时已成为帝国主义统治中国的工具。不扫除这个障碍，要获得人民的解放和幸福是不可能的。”只有推翻了清王朝，才能实现国家的现代化。

实现现代化是近代中国人的理想和希望。现代化是从古代传统

---

* 原载《瞭望》，2001年第42期。

的农业社会走向现代工业社会的过程。各个国家现代化的具体道路是不同的，根据各国的国情和国际情势而千差万别。但它的趋势又是共同的，各国都在走向民主、进步、富裕、强盛，都在融入世界历史发展的潮流。这是不可抗拒、不可逆转的必然趋势。

20 世纪初，当八国联军的铁蹄蹂躏了北京后，中国在帝国主义侵略和封建主义压迫下进入漫漫黑夜。但帝国主义的侵入也在中国促成了商品市场和劳动力市场。中国初步出现了现代工商企业，逐渐形成了无产阶级、资产阶级和现代知识分子。新的经济和新的社会力量是中国的希望。发展新经济和新社会力量即实现现代化，需要国家政权强有力的支持。欧美各国实现现代化之初无不有国家的参与和支持。17 世纪和 18 世纪欧美出现了许多新兴的民族国家，正是这些民族国家积极运作，执行有利于工商业发展的各种措施和政策，才使经济文化蓬勃发展，使欧美国家从传统走向现代。当时腐败无能的清政府不能肩负支持中国现代化的艰巨任务，成为中国现代化的障碍。

历史曾经给予清政府多次机会。洋务运动是其中的一次，比日本的“明治维新”还要早，且时间长达 30 年。当时国际形势也没有后来那样险恶，洋务运动中清政府被迫蹒跚前进了几步，搞了一些近代工业，采煤，设工厂，行轮船，建海军，办教育，中国的现代化从此起步。但清政府封建意识太深，传统包袱极为沉重，在现代化的道路上迈不开步伐。工厂、矿山大多官办，经营不善，弊端重重。开了个同文馆以引进新文化，但由于顽固派的抵制而虎头蛇尾，没有成绩。派往美国的留学生因保守官僚的反对，被中途撤回。修建铁路争论了 10 年之久迟迟不能启动，10 年时间在抵制、争论与无所作为中白白荒废。组建北洋海军算是较有成效的项目，但中法战争后经费无着，订购舰炮陷于停顿。日本却奋起直追，以中国为假想敌，举全国之力大办海军，导致中日甲午战争中我国海军一败涂地。30 年洋务运动的破产证明清政府不可能承担起现代化的任务。甲午战争失败后，更多的人理解改革的必要性和紧迫性，仍寄希望于清王朝，帮助它改弦更张，奋起图强，发生了戊戌年的变法运动。

但当改革损害了既得利益集团的时候，实际掌握政权的旧势力进行反扑，“戊戌六君子”人头落地，戊戌变法偃旗息鼓。清政府又一次失去了改革前进的时机。腐朽的清王朝既不愿意也无能力承担中国现代化的任务。它对外不能抵抗外来侵略，保卫民族利益，对内不能进行改革，以图振作，完全沦为出卖主权、阻碍进步的反动政权。到 20 世纪初，客观形势已迅速变化。人民群众革命意识觉醒，不再寄希望于清政府而选择了武装起义推翻清政府的革命道路。

20 世纪初，伟大的革命先驱孙中山先生登高一呼，群起响应，建立同盟会，宣传三民主义，组织武装起义。客观的革命形势和主观的革命觉醒酝酿成熟，孙中山等革命党人走在历史的前头，完成了推翻帝制、建立共和的丰功伟绩，为中国的现代化扫除了政治障碍。

当然，辛亥革命虽然推翻了清政府，但却没有完成反帝反封建的历史任务。中国也没有很快实现现代化。因为现代化是一个极其漫长的过程，它分成若干阶段，不可能毕其功于一役。我们不可能在短期内解决所有的问题，一蹴而建立独立、富裕、强大的中国。辛亥革命已经过去 90 年，至今中国才刚刚进入小康社会。离繁荣富裕的现代社会还有相当的路程，还需要努力奋斗半个世纪。在现代化的每个阶段中，只能解决一个或两个当前的主要任务，例如：辛亥革命推翻了清政府，消除了现代化的政治障碍；五四运动反对旧文化，引进了民主与科学；北伐战争消灭了旧军阀；抗日战争打败了日本帝国主义的侵略；解放战争打败了帝国主义和封建主义、官僚资本主义，建立了中华人民共和国。许多阶段连贯起来，逐步解决了阻碍中国现代化的各种障碍，构成了中国现代化前进的历史运动。辛亥革命仅是现代化长河中的一个阶段，它很好地完成了这一阶段的主要任务，孙中山和辛亥革命的战士们为中华民族建立的功勋将永垂史册，彪炳千秋。他们值得中国人民永远尊敬和怀念。辛亥革命没有也不可能解决中国现代化过程中的全部问题。中国人民只有经过漫长艰苦的奋斗历程，只有踏踏实实地逐个解决摆在面前的已经成熟了的具体任务，积累一次又一次的胜利，才能越来越接近现代化的长远目标。今天，缅怀辛亥革命的光辉业绩，把它放在中国现代化的过程中进行考察，将能使我们更深刻地理解辛亥革命的贡献和伟大意义，将更能激励我们为实现现代化和民族复兴而努力奋斗。

辛亥革命的教训和社会主义的选择*

1991年是伟大的孙中山先生领导的辛亥革命80周年。

80年前，中国的大地上掀起了反对帝国主义、反对封建主义的轰轰烈烈的革命运动。武昌革命党人在与外界很少联系，准备又不充分的条件下，始举反清的义旗，发动突然袭击，驱逐清朝官吏，攻克武汉三镇，成立军政府，与清军展开战斗。武昌起义如春雷乍起，万象复苏，各省闻风响应，纷纷宣告独立。革命风潮鼓荡全国，不可遏抑。工农和青年群众满腔热情，奋起斗争；对革命一向心存顾虑的立宪派也加入反清营垒，甚至许多旧官僚、旧军官也为大势所迫，不得不顺应形势，反动阵营迅速分化。曾几何时，统治中国268年之久的清王朝在即刻间众叛亲离，迅速瓦解，末代皇帝不得不宣布退位。中华民国诞生，临时政府成立，孙中山当选为临时大总统，并成立临时参议院，制定了《临时约法》。

辛亥革命推翻清政府，结束了2 000多年的封建君主专制统治，其成果是极其伟大辉煌的。封建皇帝历来是反动统治的核心，是至高无上的神圣权威，皇帝的倒台使人民懂得了皇帝是应该也是可以打倒的，根深蒂固的忠君观念和统治信条发生了根本动摇。和清朝专制政府相联系的一些陈旧体制、封建陋习，如等级制度、官场礼仪、苛酷肉刑、尊卑身份以至缠足、蓄辫、服饰等等，都遭到了重大的冲击，人们在政治上、思想上得到了一次解放，社会风气有了很大进步，民主、共和、平等的观念深入人心。所以，列宁热烈地歌颂辛亥革命是真诚的民主主义的高涨，“如果没有群众革命情绪的蓬勃高涨，中国民主派不可能推翻中国的旧制度，不可能争得共和

---

* 原载《中国教育报》，1991年10月10日。

制度。这种高涨以对劳动群众生活状况的最真挚的同情和对他们的压迫者及剥削者的强烈憎恨为前提，同时又反过来产生这种同情和憎恨”①。

辛亥革命是历史和社会长期发展的结果，是无数革命烈士艰苦奋斗、流血牺牲所得来的革命成果。由于清政府的腐败无能，革命派从起义以后一直保持十分有利的态势。全国各阶级、各阶层一齐转变，反对清政府，致使清朝出人意料地迅速灭亡。胜利的到来看起来那样迅速、突然、轻而易举。领导这次革命的资产阶级革命派陶醉于巨大的胜利中，天真地以为清朝已经被推翻，革命已经成功，从此致力于建设，必能使国家迅速走向繁荣、富强。革命派匆忙地搬来了西方的政治制度，企图按照欧美国家的模式建立资产阶级共和国，在中国发展资本主义。革命派并没有估计到前进路上还会有丛生的荆棘和湍急的险滩。人们对事物的认识总是由浅入深，由局部、片面走向比较完整、全面，中国人民对革命的认识同样经历了这样漫长、曲折的过程。辛亥时期的革命派把妨碍中国前进的原因完全归于反动腐朽的清政府，并没有清楚地认识到站在清政府背后的帝国主义和封建势力，也没有认识到中国社会的半殖民地半封建性质以及革命的长期性和复杂性，对于革命迅速胜利后可能出现倒退、篡权、复辟等危险估计不足，缺乏思想准备。孙中山等一部分革命者把注意力转移到经济建设方面，正在规划筹资集款，建造铁路，兴办实业；宋教仁等一部分革命者醉心于议会政治、责任内阁；也有的革命者功成身退，转而进行学术研究；还有的革命者迷恋金钱、权力、地位，与旧势力同流合污，沦为其附庸。于是，随着辛亥革命胜利而来的是革命阵营的急剧分化和革命的迅速退潮，国家的权力机构和军事力量落入以袁世凯为代表的北洋军阀的手中。中国资产阶级革命派并没有把革命进行到底。当袁世凯集权于一身，向革命者挥舞屠刀时，革命派才憬然觉悟，奋起抗争，发生了所谓“癸丑之役”的二次革命。但是，革命与反革命的力量对比已发生了

① 《列宁全集》，中文1版，第18卷，154页，北京，人民出版社，1959。

不利的逆转，反袁起义失败了。这次起义是辛亥革命的继续，是孙中山等力图挽救革命的尝试，它的失败说明了中国资产阶级已无力领导革命向前发展，新兴的无产阶级行将肩负起革命领导的重任。

中国资产阶级不可能领导革命直至彻底胜利，其根本原因取决于中国的国情和资产阶级自身的弱点。中国是个半殖民地半封建国家，政治、经济、文化落后，发展很不平衡。帝国主义和封建主义十分强大、顽固，竭力阻碍中国进步，中国没有改良、请愿和进行议会合法斗争的条件，而必须以武装革命反对武装的反革命。由于种种主客观条件，革命不可能迅速成功，而要进行长期的战斗，通向胜利的道路漫长、曲折而艰难。在这种国情、条件下，中国资产阶级难以将革命引向胜利。

中国资产阶级在半殖民地半封建社会中成长，它和帝国主义、封建主义存在着矛盾，故有革命的、积极的一面。但中国资产阶级本身，很多是由官僚、地主、买办转化而来，他们的工厂、企业、矿山在资金、技术、原料、机器、市场等方面要依赖帝国主义，因此彼此有千丝万缕的联系。中国资产阶级和人民群众有利益一致的一面，特别在辛亥革命时期，中国资产阶级处在上升时期，在一定程度上能够信任民众、发动民众。但当人民力量壮大，群众运动空前高涨，资产阶级又会担心自己的地位和利益受到威胁。正是这种两面性、软弱性使得中国资产阶级在革命中瞻前顾后，犹豫妥协，使得革命功败垂成、半途而废。

资产阶级的两面性、软弱性反映在它的政治纲领上。革命派提出了三民主义，这在当时的历史条件下是救国的正确方案，起了动员民众、推进革命的作用，但也明显存在局限性。辛亥革命时期的三民主义，其民族主义着重于国内的反满，忽略了反帝，甚至对帝国主义抱有幻想；其民权主义着重于废除帝制，建立共和政体，而不是把政权真正交给人民，让人民群众当家做主；其民生主义主张采用英国亨利·乔治的单一税，实现土地国有。其实际意义是迅速发展资本主义，造成新的两极分化和贫富对立，而不是人民的共同富裕和普遍幸福。旧三民主义在理论上的局限性和模糊性是时代特征与中国资产阶级妥协性格所造成的。

中国资产阶级由于其两面性、软弱性，不能正确地分析帝国主义、封建主义，因此也就不能明确地分清敌我，甚至以敌为友、敌我混淆，不能集中力量打击革命的主要敌人。在组织上不能充分发动群众，形成千千万万、浩浩荡荡的革命大军去冲击反动营垒。在斗争形式上，没有建立真正的革命武装，不能也不敢把武装革命进行到底。作为革命领导核心的同盟会，组织散漫、纪律松弛、意见分歧，缺乏思想上、行动上的一致。其内部隐藏着不少不坚定分子，当革命失败，这些人萎靡消沉，甚至投敌转向，致使同盟会分崩离析，失去领导作用。孙中山先生在失败后进行痛苦而深刻的反思，觉察到了同盟会的种种弱点和弊端，曾经改组同盟会、国民党。他在革命低潮时期并不气馁，坚持斗争，在黑暗中探索前进，表现了革命领导者高瞻远瞩而又不屈不挠的伟大精神。后来，他在中国共产党的帮助下，终于走上了新三民主义的正确道路。

80 年前的辛亥革命，既有不可磨灭的伟大贡献，也有其局限与不足。立足今天的现实，回顾既往，并不是苛求和指责前人，而是求得对这场革命更真切、更深入的理解。当时革命派的思想和行动如何受环境、传统、阶级的制约？革命者的主观能动性能够发挥到什么程度？他们在面临一些重大问题时何以趑趄不前？历史研究正是通过对无限丰富、生动具体的事件、人物、过程加以科学的概括和客观的评判，去揭示规律，吸取经验，增长人们的智慧。历史的发展总是呈现出阶段性和连续性，人们只能完成当时条件下所可能完成的任务，而把尚未成熟的课题留给后人去解决。

五四运动是中国革命史上的伟大转折。无产阶级的兴起和中国共产党的诞生从根本上改变了政治局面。中国共产党是中国工人阶级的先锋队，是中国各族人民利益的代表。它从建党开始就以马克思列宁主义作为思想指导，有严密的组织和铁的纪律，以在中国实现社会主义、共产主义为最高奋斗目标。中国共产党在总结过去的历史经验和当前的革命实践中，把马列主义和中国的国情相结合，逐渐探索到革命的新路，即在民主革命中充分发动群众，坚持武装斗争，团结最广泛的革命力量，牢固地掌握革命的领导权，在取得反帝反封建民主革命的胜利后顺利地过渡到社会主义。中国共产党在成立以后28年的漫长岁月中，遵循从新民主主义通向社会主义道路的规律，英勇奋斗、历尽艰辛、不断前进，终于推翻了帝国主义、封建主义、官僚资本主义的统治，取得了革命的胜利。

中国在辛亥革命以后之所以能走上新民主主义、社会主义的新路，既是由于无产阶级力量的兴起、马列主义的传入和共产党的诞生，革命的主体发生了重大变化，随之革命的思想纲领、目标方式、战略策略出现了全新的飞跃，也是鉴于辛亥革命所暴露的种种矛盾和失误导致革命的失败这一历史教训。真诚的革命者不得不重新思索，改弦更张，放弃建立资产阶级共和国的幻想，而选择社会主义道路。

历史证明，资本主义道路在中国走不通。本来，世界资本主义的发展就是经历了苦难而漫长的历程，几百年的原始积累，血与火的殖民侵略，残酷的阶级剥削与奴役，资本主义发展史即是一部劳动人民的血泪史和资本家的并吞掠夺史。在欧美国家建立资产阶级专政曾使人类付出了巨大的代价。当欧美列强从资本主义过渡到帝国主义阶段，国际条件发生了极大变化时，殖民地落后国家再要走欧美国家的老路已十分困难，通向资本主义的道路变得非常狭窄。列强争霸和瓜分世界，不允许亚非拉国家挣脱奴役的锁链，插足于它们的行列中。特别是像中国这样的大国，长期遭受帝国主义的侵略、封建主义的压迫，不可能像当初的欧美国家那样独立自主地发展资本主义。帝国主义既不甘心在经济上失去广大的市场和丰富的资源，又不愿意在政治上出现一个强大的中国，因此千方百计反对中国的革命，阻碍中国资本主义的发展。而在中国国内，在革命斗争中迅速壮大的工农群众已经认清了当年被誉为“理性王国”的资产阶级专政的血腥本质，他们也不允许在中国土地上广泛发展资本主义剥削制度，把自己和自己的兄弟姊妹当作牺牲品送上资本主义的祭坛。资本主义在中国失去了正常发展的环境和条件，失去了必要的支持和对群众的吸引力，这就是当时中国的国情。资本主义道路在中国走不通，只有社会主义才能拯救中国，这是不以人们的意志为转移的客观规律。

值此辛亥革命80周年之际，我们在纪念这次革命伟大功绩、缅怀先烈们的英勇事迹时，要反思这次革命何以成功、何以失败，何以当时中国的先进志士毅然抛弃了资产阶级共和国的幻想而走上社会主义道路？在一定意义上，这是总结了辛亥革命失败的沉痛教训后而得出的结论，是根据世界潮流和中国国情所进行的历史性选择。由于做出了正确的选择，中国革命出现了崭新的局面，终于赢得了革命的胜利，社会主义的新中国得以诞生。

今天，社会主义制度已经在中国扎根30多年，国家的经济、文化建设取得了伟大成就，社会主义事业日益巩固。当前中国人民在共产党的领导下正在沿着建设有中国特色的社会主义道路奋勇前进。我们相信，我国的建设必将取得更大的胜利，辛亥革命时期革命先辈们梦寐以求的振兴民族、发展中国的理想一定能够实现！

孙中山的对外开放思想*

孙中山先生毕生尽瘁于中国的民主革命事业，反对帝国主义、封建主义，努力使国家独立富强。他曾设想过在民主革命胜利之后怎样建设中国。他在《建国方略》等著作和一系列讲演中，为中国的经济、文化发展描绘了一幅宏伟的蓝图。他极力主张对外开放，适应世界潮流，加强国际联系，积极引进外国的资本、专业人才、科学技术、管理知识，利用国际上经济和科技发展的成果，加快中国的建设速度。孙中山把这一思想称为“开放主义”。他说：“今欲急求发达，则不得不持开放主义。利用外资，利用外人，皆急求发达我国家之故，不得不然者。”①“仆之意最好行开放主义，将条约修正，将治外法权收回，中国有主权，则无论何国之债皆可借，即外人之投资亦所不禁。”②中山先生有时候也把这一思想称作“开放门户”或“开放政策”。他说：“现世界各国通商，吾人正宜迎此潮流，行开放门户政策”③，“何以名为开放政策？就是让外国人到中国办理工商等事”④。

自然，中山先生提倡开放主义，其前提条件是保持中国的主权和独立。外资的输入、人才的聘用、科学技术的引进、机器设备的购买，都要有利于国民经济的发展，而不能损害国家的主权利益。所以，中山先生在阐述“开放主义”时，总要反复强调“打破一切不平等条约”，“主权万不可授之于人”。

---

* 原载《北京社会科学》，1986 年第 3 期。

① 《在济南各国团体欢迎会的演说》（1912 年 9 月 27 日）。

② 《在上海中华实业联合会欢迎会的演说》（1912 年 4 月 17 日）。

③ 《在上海报界公会欢迎会的演说》（1912 年 10 月 12 日）。

④ 《在安徽都督府欢迎会的演说》（1912 年 10 月 23 日）。

孙中山的"开放主义"是针对传统的"闭关主义"而言的。闭关主义建立在封建小农经济和专制主义统治的基础之上，特别在清朝，政府和人民群众尖锐对立，清政府执行闭关政策更加严格，妄自尊大，故步自封，自我孤立，拒绝接受外来的新事物、新思想。中山先生斥之为"荒岛孤人"的政策。"素自尊大，目无他国，习惯自然，遂成为孤立之性，故从来若欲有所改革，其采法惟有本国，其取资亦尽于本国而已。其外则无可取材借助之处也。是犹孤人之处于荒岛，其所需要皆一人为之。不独自耕而食，自织而衣，亦必自炊而后得食，自缝而后得衣，其劳苦繁难，不可思议。然其人亦习惯自然，而不知有社会互助之便利，人类交通之广益也。"①

中国很早就进入了封建社会，但在汉唐盛世，对外政策是比较开放的，闭关和排外的意识还比较少。孙中山指出："开放主义，我中国古时已有之。唐朝最盛时代，外国人派遣数万留学生到中国求学，如意大利、土耳其、波斯、日本等国是。彼时外国人到中国来，我中国人不反对，因中国文明最盛时代，上下皆明开放主义有利无弊。"②但到了封建末期的清朝，由于国内民族矛盾的尖锐和专制统治的加强，清政府害怕人民和外国人接触会沾染"异端思想，会助长反抗的意识和活动。所以，利用闭关主义，不许外国人来，使人民将一国当作天下，自然没有国家思想，皇帝之位亦即无人干涉"③，这就是清政府严格进行"闭关锁国"的原因。"禁止中国人移居海外，违者处死"，并"立意要排斥外国人，希望中国人民憎恨他们，以免因受外国人的启迪而唤醒了自己的民族意识"④。

可是，清政府的闭关政策彻底失败了。它既阻挡不住外国的侵略，也防止不了人民的革命。1840 年以后，帝国主义对中国发动了一系列武装进攻，中国的门户被迫开放，丧失了领土和主权，签订了许多不平等条约，中国逐步变成了半殖民地半封建社会，人民受尽了苦难和屈辱。可是，有许多人还不觉醒，闭关主义的流毒尚未

---

① 《建国方略》。

②③ 《在安徽都督府欢迎会的演说》（1912 年 10 月 23 日）。

④ 《我的回忆》（1911 年 11 月中旬）。

肃清，仍然拒绝向外国学习，拒绝和外国交流，“虽闭关自守之局，为外力所打破者已六七十年，而思想则犹是闭关时代荒岛孤人之思想。故尚不能利用外资，利用人才，以图中国之富强也”[①]。孙中山全力反对闭关主义，因为这种思想违背世界的潮流，不利于国家建设和民族前途，不彻底否定闭关主义，中国就不可能迅速地繁荣富强。

孙中山指出，世界上工业发达的国家，无不采取“开放主义”。美国的经济发展很迅速，“其实业之发达，今已为世界冠矣”，它的一个重要经验是，“资本则悉借之欧洲，人才亦多聘之欧洲”[②]。我国的近邻日本，原来也是落后的封建国家，“日本先时亦不乐与别人交通，近数十年，因开放门户，遂成亚东强国”[③]。可见要进行经济文化建设，使国家繁荣富强，必须对外开放，“今人犹持昔日之闭关主义，实于时势不合”[④]。

孙中山提倡“开放主义”是他具有真知灼见和非凡勇气的表现。他说这些话是在70年以前，在当时尚有浓厚闭关主义思想的环境中，他的主张可能被视为“崇洋媚外”而遭到攻讦，也可能被卖国者加以曲解利用。孙中山的伟大之处，在于他很早就看清楚，只有对外开放才能使中国富强。他拨开了思想上的重重迷雾，能言人所不能言，敢言人所不敢言。即使周围的阻力很大，可能遭到他人的曲解或指责，仍然坚持自己的正确主张，不遗余力地阐述、宣传。可以说孙中山倡导的“开放主义”一直没有被很多人所充分理解。今天，在社会主义新中国现代化建设的过程中，遇到了和当年类似的问题，提出了社会主义的对外开放政策。这样，孙中山曾经倡导的“开放主义”愈益显示出其正确性和重要意义，他的远见卓识也被更多的人所理解了。

孙中山先生对于“开放主义”的具体内容做了详细阐述。他认

---

① 《我的回忆》（1911年11月中旬）。

② 《建国方略》。

③ 《在广东省第五次教育大会上的演说》（1921年6月30日）。

④ 《在上海报界公会欢迎会的演说》（1912年10月12日）。

为，革命成功以后，经济建设是当务之急，但中国是个贫穷落后的国家，既缺少兴办工矿、铁路以及其他实业的资金，也缺少机器设备、科学知识和专门人才。要迅速地进行建设，必须“效法泰西”，“循西方已有之规”。当辛亥革命刚刚发生时，孙中山还在国外，准备束装归国，与《巴黎日报》记者的谈话，表示新生的共和国将振兴实业，整理财政，以图富强，但是“本国资本有限，如开矿及筑路等事，不能同时并举，势必愿外债为挹注；况科学专门知识以暨工程上之经验，尚在幼稚时代，亦非取材异域不可”①。“我无资本，利用外资”；我无人才，利用外国人才；“我无良好方法，利用外人方法”②。后来，他在护法战争失败后居住上海，撰写《建国方略》，在其第二部分“实业计划”中提出了经济建设的宏伟蓝图，共有6个计划，涉及港口、铁路、工业、农业、矿产、水利、林业、移民等等，其宗旨是引进外资和科学技术，全面发展国民经济。他说：“欢迎列国之雄厚资本，博大规模，宿学人才，精炼技术，为我筹划，为我组织，为我经营，为我训练，则十年之内，我国之大事业必能林立于国中。”③所以，中山先生即以“国际共同发展中国实业计划”作为《实业计划》篇首的标题。

要发展中国经济，必须购买大批外国机器，“外国在物质文明上的进步，真是日新月异，一天比一天的不同”，“机器物品，也是天天改良，时时发明”④。中国只有效法西方，改变传统的手工业生产，采用机器生产，才能立足现代世界，并且将来才能赶上欧美国家。他说：“吾国既有天然之富源，无量之工人，极大之市场。倘能借此时会，而利用欧美战后之机器与人才，则数年之后，吾国实业之发达，必能并驾欧美矣。”⑤中山先生反复强调引进机器的重要性。按照他的想法，中国有4亿人口，平均每人配备10匹马力机器，则共需40亿匹马力的机器。这样大量的机器，只能借外资购入。“夫

① 《与巴黎〈巴黎日报〉记者的谈话》(1911年11月21日至23日间)。

② 《在北京招待报界同人时的演说和谈话》(1912年9月14日)。

③ 《建国方略》。

④ 《三民主义》。

⑤ 《中国实业如何能发展》(1919年10月10日)。

资本者，乃助人力以生产之机器也。……是故资本即机器，机器即资本，名异而实同也。”① 如果完全要靠自己积资制造，必定要花漫长的时间，“数百年恐不能致也”。即使自己制造，而造机器的工作母机也要从国外引进，“此机器之母，必当购之外国矣”②。

要建设中国，还必须学习外国的科学技术、管理知识以及社会科学。孙中山早就大力宣传用先进的科学技术来开发中国的富源。“煮沙以作玻器，化土以取矾精，煅石以为用料”，“以风动轮代替人工，以水冲机而省煤力”，“用火作氧，以运舟车”③。只有采用西方先进的科学技术，才能够促进生产，使国家富强。除了自然科学之外，中山先生又十分重视社会科学和生产管理知识。他在国外几十年，考察政治、经济、法律、文化，钻研各种学说，孜孜不倦，取其精华。他自己说：“兄弟底三民主义，是集合中外底学说，应世界底潮流所得的。”④ 他主张派遣大批留学生出国学习，“到各国之科学专门学校肄业。毕业而后，再入各种工厂练习数年，必使所学能升堂入室，回国能独当一面，以经营实业，斯为上着”⑤。除了学习专门知识外，还应该考察各国的社会，学习活的知识。他在和留法学生的谈话中说：“我希望你们到外国去不要以能读死书求得一点知识为满足。你们应该除了专门科目而外，随时随地留心考察研究各国的人情、风俗、习惯、社会状况，以及政治实情等等。这些活的知识于你们学成归国之后，对国家、社会会有很大贡献的。”⑥但是派遣大批留学生花钱很多，时间很长，缓不济急。另一办法是“广罗各国之实业人才，为我经营创造”。对于雇来的外国专家，要求他们培训中国人，以加快人才的成长。还有聘用什么专家，聘用多少外国专家都应按照我们的意图，“对于所雇外人，当可随意用舍”⑦。

---

① 中国国民党中央党史委员会编订：《国父全集》，第2册，167页，台北，“中央”文物供应社，1981。

② 《复李村农函》（1919年秋）。

③ 《上李鸿章书》（1894年6月）。

④ 《在中国国民党本部特设驻粤办事处的演说》（1921年3月6日）。

⑤ 《中国实业如何能发展》（1919年10月10日）。

⑥ 《与留法学生的谈话》（1919年11月中旬）。

⑦ 《建国方略》。

孙中山对外开放思想中最重要也最易被人误解的一点就是借用外债。要购买机器、派遣留学生、聘用专家、开发富源都需要大量资金，筹措这笔资金是极大的困难。孙中山先生认为，解决的途径是借用外债，“国家欲兴大实业而若无资本，则不能不借外债”①。他引用美国的例子来说明借用外资以振兴中国的实业。“照美国发达资本的门径，第一是铁路，第二是工业，第三是矿产。要发达这三种大实业，照我们中国现在的资本、学问和经验都是做不来的，便不能不靠外国已成的资本。我们要拿外国已成的资本来造成中国将来的共产世界。能够这样做起，才是事半功倍。”②

在我国的传统思想中，借债是不光彩的事，借外债以兴实业更被认为是想入非非。清朝末年，中国也确实吃了借外债的许多苦头。中日甲午战争以前，清朝虽然财政困难，但在传统思想的支配下，视外债为畏途，不肯多借外债。由于甲午战争和八国联军两次战争失败，赔款数目巨大，不得不借外债偿付。英、德、俄、法等国纷纷争夺对中国的贷款权利，乘机索取抵押，掠夺路权、矿权，划分势力范围，闹得乌烟瘴气。后来，盛宣怀等倡铁路国有政策，借外债以筑路开矿，丧失利益主权，而官僚们从中捞取回扣，以饱私囊。由此激起全国人民的反对，发生了收回利权运动，导致清朝控制的削弱以至清王朝的覆灭。前车之鉴不远，记忆犹新，当时许多人视外债如鸩毒，谈虎色变，望而却步。而孙中山了解资本主义国家的情形，深知借贷资本的作用。借外债可以酿成祸患，也可以造福国民，全在于如何运用。“发展之权，操之在我则存，操之在人则亡。”③ 所以，他一反时俗的看法和习惯，大力宣传引进外资，借债兴实业，借债筑铁路，努力为国家的经济建设找一条捷径。

孙中山先生认为，必须区别两种情况，一种是为了发展生产而借债，另一种是因政治目的或单纯消费而借债。“借外债以营不生产

---

① 《在南京同盟会会员特别会的演说》(1912 年 4 月 1 日)。

② 《三民主义》。

③ 《建国方略》。

之事则有害，借外债以营生产之事则有利。”① 他反对因政治、军事目的而大借外债，这种外债只能供军阀们扩充军队，挥霍浪费，于国计民生无益有害，“日本与其他国家如果把政治的借款强加于吾人之身，则他们自己也将面临自招祸患的境况”②。

即使是为了发展生产而借外债，也要坚持原则，谨慎对待。一不失主权，二不用抵押，三利息甚轻，注意这三点，则借外债“但能兴利，又无伤主权”。孙中山很早就把革命作为建设的前提，认为只有恢复国家主权，建立贤良的政府，才谈得上建设，谈得上对外开放，引进外资。如果革命不能胜利，那么其他的设想就都是梦幻泡影，这真是作为革命家的孙中山高出于改良主义者和实业救国、教育救国论者的地方。他说：“不完全打倒目前极其腐败的统治而建立一个贤良政府，由地道的中国人（一开始用欧洲人做顾问并在几年内取得欧洲人行政上的支援）来建立起纯洁的政治，那末，实现任何改进就是完全不可能的。仅仅是铁路，或是任何这类欧洲物质文明的应用品的输入（就是这种输入如那些相信李鸿章的人所想象的那样可行的话），就会使事情越来越坏，因为这就为勒索、诈骗、盗用公款开辟了新的方便的门路。” ③

孙中山批评了清政府以前所借外债，不是为了偿付赔款，就是为了购买军火，挥霍耗费。后来，借款筑铁路，帝国主义攫取种种权利，国家的主权、利益大受损失。“从前外人造路，路之所至，兵即随之。故路一经外人承修，不啻割地。”④ 这种外债祸国殃民，孙中山是坚决反对的。他说：“假如前清之借债筑路，实亡国之导线”⑤，“吾人更有不能不预为戒告者，即往日盛宣怀铁路国有之覆辙，不可复蹈也”⑥。

第一次世界大战以后，西方国家原来从事军工生产的机器大批

① 《民生主义与社会革命》(1912 年 4 月)。
② 《中国人之直言》(1920 年 4 月 3 日)。
③ 《中国的现在和未来》(1897 年 3 月 1 日)。
④ 《在济南各国团体欢迎会的演说》(1912 年 9 月 27 日)。
⑤ 《在上海中华民国铁道协会欢迎会的演说》(1912 年 7 月 22 日)。
⑥ 《建国方略》。

闲置下来。孙中山认为，这是个好机会，可用借贷的方式把机器运到中国来，转为民用生产。所谓借外债，并不是都要借进现金，也可用借贷方式引进机器设备，“我用外国之款，转购外国之材料……各国必争先投资，绝无观望之可虑”①。还有一种引进外资的方式，就是中外合办企业。孙中山曾经设想与外国资本家合资创办银行、大型的兵工厂、百货公司等。1912 年，他曾和几个外国资本家联系洽谈，打算成立中西商办银行。中外各出资本 1 000 万镑。“将来中国借债，即由该行出名，纯为经济问题，以免国家借债惹起政治交涉。且可利用该行发行公债票，销售外国市场。”② 他又说，中国向外国购买军火，每年耗费许多金钱，应该创办一个大型兵工厂，资本 1 亿元。但中国独自筹款有困难，“何如与外人合办，由外人入股五千万，我国自出五千万，如准外人入股，外人因有希冀可图，绝非如雇佣之关系可比，于我必有利益”③。孙中山先生还建议在全国建立一个统一经营的百货公司系统，这个公司的半数股份将为中国政府所有，另一半股份则属于外商。“在一定时期内，这一系统将完全由外国人管理，晚后，再由逐渐培训合格的中国人员取代之。”④

在辛亥革命以后的一段时间，孙中山先生特别热心于修筑铁路。1912 年 4 月，他卸任临时大总统，以后前往北京，和袁世凯多次晤谈，并在各地发表演说，提倡借债筑路。10 月，中国铁路总公司成立，负责办理“交通部所办已成未成及已经签字，或载在草约成案上应筑之路，或已核准他公司承办路外”的全国铁路干线。孙中山担任中国铁路总公司的总理，曾派王宠惠与英国波林有限公司的佛兰珠勋爵商谈关于广州至重庆、兰州的铁路借款，后因二次革命爆发，事遂中止。

孙中山视铁路为最重要的建设项目，“交通为实业之母，铁道又为交通之母。国家之贫富，可以铁道之多寡定之；地方之苦乐，可

---

① 《在北京报界欢迎会的演说》(1912 年 9 月 2 日)。
② 《在南昌百花洲行辕的谈话》(1912 年 10 月 21 日)。
③ 《在北京迎宾馆答礼会的演说》(1912 年 9 月 5 日)。
④ 《致戴德律函》(1914 年 11 月 9 日)。

以铁道之远近计之”①；“今日修筑铁路，实为目前唯一之急务，民国之生死存亡，系于此举”②。1912年，孙中山先生提出修铁路20万里，耗资60亿元的宏伟设想，修筑一条由上海到伊犁的干线，一条由广州至喀什噶尔的干线，一条由广州经云南至西藏的干线，而兰州将成为有13条铁路会合的交通中枢。在《实业计划》中，他又丰富、发展了原来的设想，计划修筑中央、西北、西南、东北、东南、高原等大的铁路系统，共长10万英里。当然，筑路资金极为庞大，从哪里筹集这笔巨款？办法是仿效美国。“美国之法为何？曰招徕外资、任用人才、政府奖励、人民欢迎。此四者可以助美国铁路之速成也”，“美国连贯国疆极端之铁路系统，大部分皆由外资敷设。在美国之富源未开发以前，早期敷设之铁路，事实上亦不得不利用外资也。但美国并未因此受害，且因此获巨利，臻于富强之域”③。中山先生还举京奉铁路（北京至沈阳）为例，说明我国有的铁路借债修筑，也获得了利益。“吾国借债修路之利，如京奉以三年收入，已可还筑路之本，此后每年所进皆为纯利。如不借债，即无此项进款。”④他主张借款由商办的铁路公司出面，与外国谈判立约，使借款筑路成为私人的商业性质，脱离政治范围，与政府不直接发生关系。“吾人将于创办之初，划清界限，以杜绝外来之干涉。”⑤他总结清末借债筑路和争路运动的教训，认为我们要争的应当是国家主权，而非铁路的修筑经营之权。“夫吾人所当争者主权也，非路权也。倘主权不失，路权虽授与人，不失其利也；倘主权旁落，路权争回，不能免受其害也。”他主张要“舍路权而争主权，一旦主权恢复，我便可大开门户，欢迎外资，放任路权，同力合作”⑥。

中山先生还具体提出借债筑路的三种办法。第一种办法是向外国立约借款，自行修筑；第二种办法是中外合组公司，共同投资举

---

① 《在上海与〈民立报〉记者的谈话》。
② 《在北京报界欢迎会的演说》（1912年9月2日）。
③ 《中国之铁路计划与民生主义》（1912年10月10日）。
④ 《在南京同盟会会员特别会的演说》（1912年4月1日）。
⑤ 《中国之铁路计划与民生主义》（1912年10月10日）。
⑥ 《〈铁路杂志〉题词》（1912年）。

办；第三种办法是批给外国资本家修筑，由其集资，由其建筑，由其经营管理，由其自负盈亏，条件是在40年后由我国无偿收回。他认为："在此种办法中，以第三种办法为最善。"因为这种办法有三个优点：一是事权不落外人之手；二是政府不承担债务；三是到期收路，不出赎资。"此在中国虽为创见，而在他国则已司空见惯矣。且利用此项办法者，无处不奏伟大的成效"①。

以上对孙中山的对外开放以促进经济建设的思想做了简略的叙述。总之，孙中山先生的这种思想是为了巩固国家的独立，促进经济的繁荣，这是伟大的爱国主义思想。一个国家要立足现代世界，求得生存与发展，必须实行开放。"今日欲救外交上之困难，唯有欢迎外资，一变向来闭关自守主义而为门户开放主义"②，"开放门户政策，利于保障主权"③。孙中山先生站在历史潮流的前头，具有世界眼光，把中国放在世界范围内，希望利用国际上雄厚的财力、物力和先进的科学技术，以促进中国经济、文化的发展。中国已经进入20世纪，迥异于隔绝闭塞的中世纪各国，任何国家和民族如果置身于国际联系之外，都不可能进行有效的建设，孙中山先生很早就认识到了这一点，这是超越时俗的远见卓识。他对于中国发展的前景十分乐观，充满信心。他认为：中国版图广阔，人民勤劳，资源丰富，物产众多，具有很多优越条件；只要放弃闭关政策，实行对外开放，努力学习外国，积极引进外资，富强指日可待，而且将来必定能够赶上和超过西方国家。他说："我们要学习外国，是要迎头赶上去，不要向后跟着他。譬如学科学，迎头赶上去，便可以减少二百多年的光阴"，"如果能够迎头去学，十年之后，虽然不能超过外国，一定可以和他们并驾齐驱"④。

孙中山希望能和世界各国建立平等、互惠、友好的关系。他建议，"美国的资本家们与中国人联合，共同开发中国的实业……合作

---

① 《中国之铁路计划与民生主义》(1912年10月10日)。
② 《在北京迎宾馆答礼会的演说》(1912年9月5日)。
③ 《在上海报界公会欢迎会的演说》(1912年10月12日)。
④ 《三民主义》。

的基础建立于平等互惠的原则上”①；又希望“日本实业界早日觉悟，对华投资须以非侵略的、对等的，而以增进中国人民幸福为要紧”②。孙中山先生相信，中国的繁荣富强将对世界有利。因为中国的经济发展了，工厂的开设、铁路的修筑、矿藏的开发、人民生活的改善，必然要求增加外国货物与资本，中国也将把自己精美的物质产品和精神财富贡献给全世界。中外的经济、文化交流将在广阔的领域展开，人民之间的友好往来将更加频繁，其结果为，“不但在我们的美丽的国家将会出现新纪元的曙光，整个人类也将得以共享更为光明的前景。普遍和平必将接踵而至，一个从来也梦想不到的宏伟场所将要向文明世界的社会经济活动而敞开”③。

孙中山在70多年前提出对外开放以加快国家建设的思想，在当时还只是一种理想。因为，那时候民主革命还没有完成，中国土地上还盘踞着帝国主义势力和大大小小的封建军阀，大规模地建设经济、文化的环境和条件尚不具备。因此，这一理想还不可能付诸实行。但他为中国的建设、民族的复兴提出了伟大的、有远见的战略设想，给后人留下了珍贵的精神遗产。今天，在社会主义的新中国，情况和条件已发生了根本的变化。我们在“四化”建设中也在实行对外开放政策，这在某种意义上说是对孙中山一贯主张的继承和发展，值此孙中山先生诞辰120周年之日，重读他这方面的有关论述，倍感亲切，其主张历久而弥新，对我们今天的社会主义现代化建设具有巨大的启发作用。

---

① 《中国人之直言》(1920年4月3日)。

② 《与东方通讯社特派员的谈话》(1921年2月26日)。

③ 《中国问题的真解决》(1904年8月31日)。

五四运动的光辉道路*

一场伟大的社会变革，必有思想解放为之先行。当社会变革的各种因素迅速积聚，变革的形势逐渐形成，先进之士会敏锐地感觉到变革运动即将来临，他们便会为之奔走、为之呼号，向着妨碍变革的旧思想、旧势力发起进攻，摧毁之、廓清之。这种思想战斗进行得越坚决、越彻底，社会变革就越容易开展，越容易广泛深入。1789 年的法国大革命为什么能获得横扫欧洲中世纪堡垒的伟大战果？其重要原因之一就是在大革命到来以前，法国发生了强大而持久的思想启蒙运动，一批先进思想家如伏尔泰、狄德罗、卢梭、爱尔维修等抨击专制制度，反对旧教会，反对封建压迫和迷信专断，在群众中播撒理性精神和自由民主的思想种子，法国大革命因此才能结出丰硕的成果。

80 年前的中国，正面临着一场伟大的社会变革。

一、五四新文化运动是为中国社会变革做思想准备

中国的辛亥革命是一场轰轰烈烈的资产阶级民主革命，它推翻了清政府，结束了延续 2 000 多年的封建君主专制制度。但是，革命的兴起很迅猛短促，思想准备不充分，与帝制相适应的经济基础和上层建筑并未被触动，造成帝国主义和封建主义仍统治着中国，政治上的专制、腐败、黑暗依然如故，人民的贫困、落后、愚昧依然如故。故袁世凯得以称帝，张勋借此复辟，军阀连年混战，反动派

---

* 原载《人民日报》，1999 年 5 月 4 日。

提倡尊孔读经，组织孔教会，欲以腐朽的封建纲常伦理作为治国的根本。一时社会上黑云压城，乌烟瘴气。先进分子为之痛心疾首，他们关心和考虑的主要问题是：中国的出路何在？怎样才能挽救被侵略、受压迫的中国？以陈独秀为代表的一部分激进的民主革命派认为，辛亥革命之所以没有成功，只挂起了一块“中华民国”的招牌，就是因为没有一次思想上的革命。他们决心投身于思想领域的战斗，呼唤新的社会变革运动的到来。他们进行战斗的口号有两个，就是“民主”和“科学”，即“德谟克拉西”(Democracy)和“赛因斯”(Science)。陈独秀说：“西洋人因为拥护德、赛两先生，闹了多少事，流了多少血，德、赛两先生才渐渐从黑暗中把他们救出，引到光明世界。我们现在认定，只有这两位先生，可以救治中国政治上、道德上、学术上、思想上一切的黑暗。若因为拥护这两位先生，一切政府的压迫、社会的攻击笑骂，就是断头流血，都不推辞。”可见，陈独秀等人进行这场思想革命的态度是十分坚决的。

1915 年创刊的《新青年》是新文化运动的喉舌，它对提倡三纲五常、尊孔读经的旧势力进行了猛烈抨击。五四时期的战士们指出，传统的伦理道德、儒家的纲常名教与现代生活格格不入，此类封建教条形成于古代封建的农业社会，已成为束缚中国人的思想枷锁，必须粉碎。今天的人格应该是独立自主的。“一切操行、一切权利、一切信仰，唯有听命各自固有之智能，断无盲从隶属他人之理。”五四前期，陈独秀还是一位民主主义者，信奉法兰西的模式，强调自由、平等。他认为，辛亥革命之所以未能成功，是因为缺少意识形态的大变革，因而封建思想普遍存在于国中，“所以我们要诚心巩固共和国体，非将这班反对共和的伦理文学等旧思想，完全洗刷得干干净净不可。否则不但共和政治不能进行，就是这块共和招牌也是挂不住的”。陈独秀认为，儒家的伦理道德是“别尊卑、明贵贱”的“奴隶的道德”，只对少数君主、贵族、统治者有利，和民主、共和背道而驰。他热情歌颂“法兰西文明”，对民主和自由十分憧憬，坚决反对封建专制及其精神支柱——传统伦理道德。“对于与此新社会、新国家、新信仰不可相容之孔教，不可不有彻底之觉悟、猛勇之决心，否则不塞不流，不止不行。”但是，儒家伦理精神的影响深远日久，积淀于人们的行为模式、思想方法、立身处事之中，凝集成积久难化的国民性格。陈独秀、鲁迅等十分重视改造旧的国民性格。陈独秀说，伦理问题“此而不能觉悟，则前之所谓觉悟者，非彻底之觉悟，盖犹在惝恍迷离之境。吾敢断言曰：伦理的觉悟，为吾人最后觉悟之最后觉悟”。

其他像李大钊、吴虞、鲁迅等都激烈反对封建礼教、儒家伦理。李大钊说，孔子是“历代专制之护符”；吴虞指出，“儒家以‘孝’、‘悌’二字为两千年来专制政治与家族制度联结之根干，而不可动摇，其流毒诚不减于洪水猛兽矣”；鲁迅则在《狂人日记》中借着“狂人”的口，愤怒地揭穿了延续几千年的封建礼教的真面目。

这种描写振聋发聩，石破天惊，唤醒了千万青年从封建思想中解放出来。

五四的战士们反对儒家学说，锋芒甚锐，凌厉无比，但他们并不是对孔子学说一概否定。被称为“双手打倒孔家店”的激烈反孔者吴虞曾说：“不佞常谓孔子自是当时之伟人，然欲坚执其学以笼罩天下后世，阻碍文化之发展，以扬专制之余焰，则不得不攻之者，势也。”当年的思想家们面对着长期统治中国的儒家思想这一庞然大物，不进行迅速而强有力的攻击，则新思想不能占领阵地，民主与科学也不能生根。他们在抨击儒家思想时，有的话可能说过了头，在激烈的搏战中，一刀一枪并非都能击中要害，这是在总的正确方向下表现出的某种片面性，这种缺点在当时的历史条件下是可以理解的。我们不应苛求五四时代的先进思想家对丰富复杂的传统文化都能进行恰如其分的分析、评价，因为这是需要长期细致的研究才能做到的。

和民主相伴随的是科学。中国封建社会中，科学得不到发展，人民受不到教育，普遍缺乏科学文化知识，这是阻碍中国进步的重要原因之一。在辛亥革命以后，各种封建意识卷土重来，甚嚣尘上，社会上流行着祭天、请神、祀鬼、修仙、扶乩的风气。有人组织灵学会，出版《灵学丛志》，研究人鬼之理、仙佛之道以及立身修养的种种要义，还胡说什么“灵学者，即谓之圣学可也”，“鬼神之说不张，国家之命运遂促”等狂言。

五四时期的先进思想家对这种装神弄鬼的现象进行了口诛笔伐，揭露其骗局。陈大齐说，绝诗、律诗始于唐代，而乩坛上的先秦诸子居然能作七绝、七律；草书始于东晋，而乩坛上的孟子居然大写草书。这是乩坛上骗子们露出的马脚。易白沙举出历史上王充、范缜的无神论，驳斥灵魂之说。陈独秀撰写《有鬼论质疑》，提出许多有鬼论者无法回答的问题。鲁迅则一针见血地指出有鬼论与科学的对立：“现在有一班好讲鬼话的人最恨科学，因为科学能教人道理明白，能教人思路清楚，不许鬼混，所以自然而然的成了讲鬼话的人的对头。”

什么是科学？当时的科学家任鸿隽回答：科学要研究事实，“以发明未知之理”，“唯其要研究事实，所以科学家要讲究观察和实验”。他批评中国的文化“只在文字上做工夫”，不如西方科学“在事实上做工夫”。五四时代的先进思想家提倡科学，赞美科学，认为科学能使社会进步。陈独秀说：“我们相信尊重自然科学、实证哲学，破除迷信妄想，是我们现在社会进化的必要条件。”

五四运动为中国近代科学事业的进一步发展扫清了道路。当时的留美学生赵元任、任鸿隽、杨铨、胡适等在美国发起组织了中国科学社，其宗旨是“联络同志，研究学术，共图中国科学之发达”，并创办了《科学杂志》。1918 年中国科学社从美国迁至国内。这是中国第一个科学家团体。这时正值五四新文化运动勃兴，提倡科学的呼声响彻全国各地，中国科学社在短短几年内有了很大的发展，至 1922 年社员发展到 500 余人，遍布国内 17 个省，都是“受专门高等教育，或在社会上办事著有成绩之人”。我国第一代科学人才在五四运动时期蔚然兴起。

五四时期，在提倡科学、民主的同时，又掀起了白话文运动。1917 年，胡适写了《文学改良刍议》，主张废弃文言文，使用白话文，提出写文章应通顺流畅，不用典故，不用套语，不讲对仗，不避俗话，讲究文法，不模仿古人，要言之有物。他说：“先要做到文字体裁的大解放，方才可以用来做新思想新精神的运输品。”接着，陈独秀发表《文学革命论》，主张“推倒雕琢的阿谀的贵族文学，建设平易的抒情的国民文学；推倒陈腐的铺张的古典文学，建设新鲜的立诚的写实文学；推倒迂晦的艰涩的山林文学，建设明了的通俗的社会文学”。

文学革命的号召顺应时代的潮流，得到了广泛的响应。《新青年》从1918年1月改组以后，全部刊载白话文，不再刊载文言文。文体的改革实际上不仅涉及文体形式，也涉及文章内容的问题。文章的形式和它所反映的内容是分不开的，传统的文言文难以反映现代生活，难以准确表达民主和科学的思想内容。因此，随着五四新文化运动逐渐深入，文体改革就不可避免地被提上了日程。白话文运动使文字和语言归于一致，改变了长期以来语言和文字相脱离、相割裂的现象，白话文更容易为广大群众所接受，故五四以后，白话的报纸杂志如雨后春笋，逐步取代了文言文的报纸杂志。当然中国的文言文有几千年演变的历史，古代历史文化遗产均以文言文为载体，学习和继承历史文化遗产必须了解和精通文言文，但现实生活中，以白话文代替文言文，以明白晓畅的大众化语言代替佶屈聱牙的古文，这是历史和文化的伟大进步。

二、五四运动揭开了中国新民主主义革命的序幕

五四运动是一场提倡民主、科学的新文化运动，又是一场反帝反封建的爱国运动。第一次世界大战后，在巴黎和会上帝国主义进行分赃，弱肉强食，中国虽名义上是战胜国，但却受日本的欺压，丧失了在山东的许多权利。这一消息传回国内，舆论大哗，群情激愤。北京的学生们首先在天安门集会游行，高呼“外争国权，内惩国贼”的口号，全国各地的学生、工人、商人纷纷响应。五四爱国运动规模浩大，影响深远，以彻底的反帝反封建的精神揭开了中国新民主主义革命的序幕。

新文化运动和五四爱国运动先后发生，平行发展，并且相互交汇融合。两者的融合使文化变革得以深入人心，也使爱国运动更加波澜壮阔，形成持久而声势浩大的群众斗争。这时，俄国十月革命已经爆发，世界上第一个社会主义国家刚刚诞生，使得正在探索拯救中国方案的先进分子翘首北方，把希望寄托在社会主义上。当时，李大钊写下了《布尔什维主义的胜利》《新纪元》等文章，讴歌十月革命是“世界人类全体的新曙光”，是“二十世纪革命的先声”，并指出十月革命所开辟的“新纪元”将“带来新生活、新文明、新世界”，中国应该沿着十月革命开辟的道路前进。

这样，中国人民企慕十月革命，选择了俄国的道路。中国的先进分子如饥似渴地学习马克思列宁主义，恪信它是唯一的救国真理。五四运动向着纵深发展，从弘扬民主和科学精神到促进马克思主义的传播，为中国共产党的建立做了思想上和干部上的准备。

三、中国共产党人是五四精神的继承者和弘扬者

中国共产党成立后，领导了中国的反帝反封建民主革命，把这场伟大斗争引向胜利，成立了中华人民共和国，初步建立了社会主义制度。党从诞生之日起，长期处于白色恐怖和战争环境中，在十分艰难的条件下，为倡导民主、科学进行了不懈的努力。党在建立初期，努力唤醒工农、组织工农，把马克思主义和工人运动相结合，在各地设立工人学校和农民运动讲习所，对工农大众进行革命教育和文化启蒙。党一直以发动群众、依靠群众为工作指针，大力发扬民主和科学精神。在内战和抗日战争时期，根据地内实行土地革命、二五减租、民主建政，抵抗帝国主义，削弱和限制封建主义。新中国成立以后，在全国范围内实行了旨在消灭封建剥削的土地改革，又颁布《婚姻法》，保障妇女的权利。1954 年诞生了新中国第一部宪法，规定了人民享有广泛的民主自由。尽管中国共产党领导全国人民为实行民主、发展科学做了大量工作，取得了极大成绩，但由于

中国经历了十分漫长的封建社会，又受帝国主义统治多年，封建残余势力十分顽固。尤其是在经济、文化还很落后的情况下，封建残余的影响还不可能很快消失。在“文化大革命”中，封建主义一度沉渣泛起，林彪、“四人帮”宣扬封建迷信与个人崇拜，他们践踏民主，抛弃科学，披着马克思主义的外衣，实行封建法西斯专政，使得人民和国家遭殃。这一沉痛的教训，值得永远记取。

十一届三中全会以来，拨乱反正，批判了林彪、“四人帮”的封建遗毒，在邓小平的领导下，制定了正确的路线、方针，实行了改革开放。20年来，社会主义建设的成绩伟大辉煌，有目共睹。我们在建设有中国特色社会主义道路上迈步前进的时候，深深感到弘扬五四精神、发展民主和科学的重要性。民主是我们国家政治生活的重要内容，人民当家做主，有参与政治、发表意见的自由，没有民主就没有社会主义，经济改革必须与政治改革协调进行。邓小平说：“就国内政策而言，最重大的有两条，一条是政治上发展民主，一条是经济上进行改革，同时相应地进行社会其他领域的改革。”科学技术则是实现四个现代化的关键。科学技术是第一生产力，现代化建设能否搞得更好更快，要看科学技术的发展，科教兴国是根本国策。邓小平说：“中国要发展，离开科学不行。”

但是，在中国这样一个封建残余影响严重而又贫穷落后、人口众多的大国，要实现民主、发展科学，不可能一蹴而就，需要进行非常艰巨而长期耐心的工作。民主并不能招之即来，科学也不能在一夜之间就拔高，实现民主和发展科学需要人民群众总体素质的提高。民主需要有制度做保证，需要有操作的程序和监督的机制，需要有健全的法制，民主和法制不可分。只有坚持民主精神才会有健全的法制，而日益完备的法制建设能够保证社会主义民主的实现，这一切都需要长期努力和精心培育。在中国的土地上要广泛实行民主，必须与中国的传统和国情相适应。今天人民代表大会制度的日益完善和法制工作的进展，正是实现更广泛民主的途径。

科学的提高更和教育相联系。中国近代科学的诞生比西欧晚了几百年。近代中国深受科学不发达之苦，文盲遍地，迷信流行，落后的风俗习惯影响着中国的许多地方。要克服愚昧迷信，发展科学技术，必须长远规划，普及教育，尊重知识，爱惜人才，破除落后的风俗习惯和根深蒂固的封建意识，重视高、精、尖科学技术。要破除非科学的思想，提高科技水平，只能通过发展社会主义的经济、政治、文化，提高社会文明的程度来解决。

今天纪念五四运动，发扬民主和科学精神，就应当紧密地团结在以江泽民为核心的党中央周围，努力学好邓小平理论，踏踏实实，埋头苦干，艰苦奋斗，热爱祖国，抓好社会主义物质文明和精神文明建设，使全体人民既富有当家做主的民主意识，又富有实事求是的科学精神，把建设有中国特色社会主义事业全面推向21世纪。

五四运动与传统文化*

70 年前，中国的天空满布阴霾。辛亥革命的胜利果实被窃取，袁世凯、段祺瑞等军阀势力统治着中国。日本帝国主义趁第一次世界大战之机，加紧侵华。封建主义的文化思想仍支配着神州大地，禁锢着人们的头脑。这时，一声春雷，爆发了五四运动，先进知识分子与青年学生率先点燃爱国救亡和思想启蒙的火炬，披荆斩棘，探寻救国救民的真理。他们如饥似渴地引进西方的各种理论、学说，批判儒学，反对旧礼教、旧八股，追求民主和科学，对几千年封建传统文化进行猛烈的抨击，开拓了中国革命文化发展的新纪元。

一、中国的传统文化

中国是个历史悠久、具有灿烂文明的国家。传统文化根深叶茂，源远流长，内涵十分丰富，既有精华，也有糟粕。中原地区在几千年之前进入农耕社会，自给自足的小农经济占优势，农民分散在广阔的土地上，辛勤劳动，备受地主阶级的剥削，虽有一定的社会分工与交换，但商品经济很不发达。在民族性格上，既有勤劳、朴实、坚韧的一面，也有保守、愚昧、散漫的一面。中国在政治上长期维持着封建大一统的局面，专制政府和官僚机构凌驾于民众之上，形成层层控制的严密结构。因此，中国古代文化留下了深刻的“官本位”烙印，政治与文化、帝统与道统密切结合。在古代士大夫身上存在着严重的依附性和不独立性，但在这统一的整体结构中，他们

* 原载《历史的选择》，济南，山东大学出版社，1990。

更多地关注集体的生存，培育了他们的参与意识、忧患意识、民族尊严感。中国盛行宗法家族制，家庭意识十分强烈，纲常伦理是天经地义的准则。这就形成了以家庭为细胞的强韧的民族凝聚力，发展了人际关系中敬老尊长、扶弱恤贫的美德，但同时也存在着违背人情的野蛮落后的父权、夫权观念。中国处在亚洲东部，东、南面临汪洋大海，西、北多沙漠草原，西南多高山密林，和世界上的其他文化中心相距较远。在生产力和运输能力尚不发达的古代，这一地理环境是与外部世界交流的巨大障碍。因此，中国发展了具有鲜明特色的古代文化体系，和欧洲、阿拉伯、印度的文化明显不同。中国自古以来是个文化输出国，亚洲毗邻国家和地区处在中国的文化磁场之内，深受影响，中国形成了强烈的自我中心意识。中国的封建统治阶级自以为文明声教高出于全世界，闭关自守，故步自封，不愿也不屑和外国交往，直到距今150年前的鸦片战争时，中国的统治者仍虚骄自大，自我封锁，在天朝上国的迷梦中酣睡。

总之，中国的封建传统文化植根于自己的土壤中，自成一种文明体系，适应自己的环境和条件，能够应付来自农业社会的种种挑战，顽强地维持自己的生命和活力。详细而具体地分析中国古代传统文化各个方面的特点，应该是许多学科领域专家们分工合作、长期努力的重大课题。在这里可以提出的是：每一种文化体系都是一个生长着的有机体，都是一种生命力的表现，各有其产生、发展、中衰、复兴、死亡的过程，都有自己区别于其他文化的知识结构、思维方式、价值取向、审美观念、符号体系，都包含着丰富多彩的知识内容和文化要素。这一切都是人们在不同时代、不同地区改造世界与发展自身所取得的文明成果的积淀，都有其真、善、美的方面，也有其假、恶、丑的一面。对任何国家、民族的传统文化都需要进行长期的研究和细微的分析，脱离其生成的历史条件，简单地对其绝对肯定或绝对否定，都是不慎重的、不可取的。

中国古代文化有长期发展的历史，表现出能够适应环境的强大生命力。它最早以黄河流域和长江流域为中心而形成，不断吸收其他地区和其他民族的文化，包括北方游牧民族、南方山地民族的文化，逐渐丰富、充实。它也像大河、大江一样，汇集百川，吞纳众水，浩浩荡荡地奔流，时间越长久，包含融合的文化品种越多样，涵盖和辐射的区域越广大，汪洋浩瀚，千姿百态，蔚为壮观。

中国古代文化以儒家文化为主干。儒学，经过 2 000 多年的演化、锤炼，具有严整的体系、丰富的内容、精细的论证和推理。它的影响既普遍深入，又持久不衰，不仅支配着历代朝廷的统治者、决策者，而且影响到中国社会各个角落以及士、农、工、商各个等级阶层。儒家的观念形态、伦理准则塑造了世世代代的中国人，规范和制约着他们的思想、言论、行动以至性格特征和深层心态。要研究中国和中国人，必须研究儒家文化。

儒家文化不是单纯不变的事物。它在长期的历史发展中饱历风霜，几经变化，其原型和后来的变型已大不相同。春秋战国时代，以孔子、孟子、荀子为代表的儒家，传述经典，修习六艺，传扬仁义，是当时百家争鸣中被称为“显学”的一家。到了汉代，儒家吸收了道家、法家的某些思想内容，受到政府的尊崇，立在学宫，经过今文学派董仲舒，到古文学派郑康成，出现了恪守师说、注经释经、与政治紧密结合的汉代经学，使儒学成为封建专制国家的官方意识形态。以后又屡经沧桑，经历了魏晋南北朝、唐宋元明，吸收了域内各民族文化和域外佛教文化，产生了程朱陆王的新儒学，即精深细密、强调思辨、标举性理的宋明理学。它既受佛学的影响，又与佛学相对立。理学统治封建社会后期中国的思想界数百年之久，影响极为深远。明清之际，随着经济和社会的变动以及西方文化的传入，产生了具有某些民主思想萌芽和科学务实色彩的新思想、新学派。2 000 多年来，作为中国传统文化主干的儒学不断发展，经常改变其具体形态。

应当指出的是：中国封建社会历史的变迁没有打破小农经济的格局，传统文化历经冲击、震荡，做出一定的反应和变化，随之仍然在旧的体系内得到了新的平衡。中国传统文化的坚韧性根源于中国社会经济结构的稳定性，如果没有经济结构的根本变化，没有社会生活和阶级构成的重大进步，要破除根深蒂固的儒家思想传统是不可能的。

二、近代中西文化的冲突

1840年鸦片战争，外国侵略者用大炮轰开了中国的大门，使中国逐步地变为半殖民地半封建社会。中国失去了许多国土、主权、利益，人民生活在水深火热之中，中国的传统文化遭遇到前所未有的挑战。欧风美雨带来了船炮机器、工厂铁路、声光化电，带来了进化论、物竞天择、商战、民权、立宪、共和。西方传来的新思想、新观念迅速传播，和以儒家为主干的中国传统文化体系格格不入，产生了严重的冲突。许多人做过中西文化的研究，评论两者的优劣得失。如果抽象地议论，那么，各种类型的文化各有其生成的根由，各有其精华和糟粕，都可以一一指陈其成就和局限。但是，如果放在历史的长河中考察，那么各种文化自有其特点和性质的不同，有先进和落后的差别。哪一种文化能够适应并服务于现实生活，便能够争得存在和发展的权利。鸦片战争以来的历史实践已经清楚地表明：中国传统文化的整个体系产生于封建的农业社会，不适应近代社会的需要，在以大工业生产为基础的近代世界中没有竞胜的能力。中国必须开放，大量引进西方的物质文明和精神文明，在破除传统文化体系的同时，吸收中国和西方文化中有价值的部分，在新的基础上建构新的文明大厦。中国近代的先进分子，从林则徐、魏源、洪秀全开始，经过康有为、谭嗣同、梁启超、严复、孙中山、章太炎，直至五四时代的陈独秀、李大钊、鲁迅、毛泽东、蔡和森、周恩来，都在向西方学习，都在中国旧文化衰落、新文化诞生过程中艰苦探索，寻求救国的真理。

文化是经济、政治的反映，并将给经济、政治以巨大的反作用。文化将随着经济、政治的改变而改变。鸦片战争之后，中国社会生活发生了翻天覆地的变化，文化领域内也掀起阵阵波澜。由于中国的传统文化深入人心，它尽管已不适应国家和民族的生存需要，但却在很长时间里仍支配着人们的思想和行为。近代史上的每一步改革都遭到了传统力量的强烈抗拒。当洋务派引进外国的枪炮机器、轮船火车、纺织矿冶等器物文化，企图改变中国的经济局面时，顽固派讥之为“奇技淫巧”“用夷变夏”。洋务派不能做出正面回答，而举着“中学为体，西学为用”的旗号，声称引进器物文化正是为了保卫中国固有的文化，为自己不敢违背圣贤之道辩解。张之洞说：“其心圣人之心，行圣人之行。以孝悌忠信为德，以尊法庇民为政。朝运汽轮，夕驰铁路，无害为圣人之徒也。”①戊戌变法时期，维新派要求君主立宪，在政治方面实行改革，但他们同样不敢违背传统的儒家学说，反而打起“尊孔”的旗子，把孔子打扮成变法改制的圣人。康有为尊儒学为“国教”，说“惟有孔子，真文明世之教主”，今所编撰，“特发明孔子为改制教主，六经皆孔子所作，俾国人知教主，共尊信之。皇上乙夜览观，知大圣之改制，审通变之宜民，所以训谕国人，尊崇教主，必在是矣”②。维新派要求中国实现近代化，却一心要在孔子的门下找荫庇，灵魂深处仍保存着与近代化格格不入的儒学世界观。孙中山自幼接受西方教育，受儒学的影响较小。他领导的民主革命的矛头指向清政府，提出“驱除鞑虏，恢复中华，建立民国，平均地权”的纲领，并没有正面反对儒学和传统文化。有些同盟会会员甚至标榜传统的“华夷之辨”以及恢复汉家衣冠，以增强反满的号召力。所以，有人说孙中山“一方面主张恢复固有的道德与智能，一方面主张学外国之所长，是为国粹与欧化的折中”③。自鸦片战争以来，中西文化的冲突日益尖锐，但直到清朝灭亡后，国人还没有对统治中国 2 000 多年的封建儒学进行正面的、系统的批判。这是由于近代的反帝反封建斗争此起彼伏，十分激烈，人们把注意力集中在当时迫切的政治问题上，无暇顾及比较隐蔽而又影响深远的文化传统问题。并且，封建儒学有着强固的根基，长期盘踞在大多数知识分子和人民的头脑中，维持相当的权威和影响力。因此，直到五四以前，文化领域的斗争虽然相当猛烈，

---

① 张之洞：《会通》，《劝学篇・下篇》。
② 康有为：《请尊孔圣为国教立教部教会以孔子纪年而废淫祠折》。
③ 蔡元培：《中华民族与中庸之道》。

但仍属于前哨战、外围战，而非攻坚战。辛亥革命推翻了清政府，旧的封建专制主义的政治中心倒塌了，这是民主革命的伟大胜利，但是，长期依附于封建政治的旧文化并未销声匿迹，它的游魂到处飘荡。袁世凯演出帝制丑剧，请来儒家，祭天祀孔；一些清朝遗老建立孔教会，在读经复古声中大做复辟梦。封建儒学与专制帝制相表里，不批判旧道德、旧文化，它必定会再次成为复辟的护符，不但革命不能向纵深发展，甚至已取得的革命成果也会化为乌有。新旧文化的冲突有着深刻的原因，已经历很长时间，郁积既久，其发必烈，文化领域的决战是不可避免的。就像陈独秀所说："政治界虽经三次革命，而黑暗未曾稍减，其原因之小部分，则为三次革命皆虎头蛇尾，未能充分以鲜血洗净旧污。其大部分，则为盘踞吾人精神界根深蒂固之伦理、道德、文章、艺术诸端，莫不黑幕层张，垢污深积，并此虎头蛇尾之革命而未有焉。此单独政治革命所以于吾之社会，不生若何变化，不收若何效果也。"① 既然单独的政治革命因意识形态的阻力而不能进行到底，那就必定会开辟文化领域的新战场。一批思想启蒙战士应运而生，披挂上阵，以排山倒海之势、雷霆万钧之力，冲击传统文化的堤防，锋芒直指儒家的伦理观、价值观以及孔子本人。陈独秀说："忠孝节义，奴隶之道德也"②，"民主共和的国家组织、社会制度、伦理观念和君主专制的国家组织、社会制度、伦理观念全然相反。一个是重在平等精神，一个是重在尊卑阶级，万万不能调和的。"③ 李大钊说："孔子者，数千年前之残骸枯骨也"，"历代帝王专制之护符也"④。鲁迅在《狂人日记》《我之节烈观》《随感录》中痛斥旧礼教和所谓"仁义道德"，鞭挞儒家所倡导的父权、夫权。吴虞说："孔二先生的礼教讲到极点，就非杀人吃人不成功，真是残酷极了。"⑤ 钱玄同、刘半农反对封建迷信，抨击乌烟瘴气的灵学与扶乩术。胡适提倡白话文，作白话诗，标举文

---

① 陈独秀：《文学革命论》。

② 陈独秀：《独秀文存》，3页，合肥，安徽人民出版社，1987。

③ 陈独秀：《旧的思想与国体问题》。

④ 李大钊：《孔子与宪法》。

⑤ 吴虞：《吃人与礼教》。

学革命，要求对文化媒介和传播工具进行改革，“先要做到文字体裁的大解放，方才可以用来做新思想新精神的运输品”。五四时期，这些知识分子的思想，虽有急进、缓进之分，以后更有进一步的分化和转向，但当时他们都站在民主和科学的旗帜下，对传统文化进行口诛笔伐。他们反对纲常伦理，要求尊重个性；反对盲从古人，提倡独立思考；反对传统的权威，要求“用自己的话写自己的主张”。五四运动对数千年之久的封建主义文化的马厩进行了一次大清扫，为中国新文化的建设奠定了基础，其伟大的历史作用应该充分肯定。

三、评价五四新文化运动中的若干问题

五四运动已经过去70年了。人们在经历70年沧桑巨变的同时，经常回顾这场伟大的运动，对它的是非功过进行评价，出版或发表了许多著作和文章，其中有很多真知灼见，对五四新文化运动的发生、发展及意义做出了深刻的阐发。但至今，处在改革开放的大潮中，对五四运动进行反思，仍有许多问题值得进一步研究和探讨。

五四运动激烈反对传统文化，当时的思想战士是不是态度偏激，感情用事？是不是完全摒弃传统文化，对传统一味进行非理性的、无意义的破坏？

五四运动确有片面性。早在47年前，毛泽东就说：

> 五四运动本身也是有缺点的。那时的许多领导人物，还没有马克思主义的批判精神，他们使用的方法，一般地还是资产阶级的方法，即形式主义的方法。他们反对旧八股、旧教条，主张科学和民主，是很对的。但是他们对于现状，对于历史，对于外国事物，没有历史唯物主义的批判精神，所谓坏就是绝对的坏，一切皆坏；所谓好就是绝对的好，一切皆好。这种形式主义地看问题的方法，就影响了后来这个运动的发展。①

① 《毛泽东选集》，2版，第3卷，831～832页，北京，人民出版社，1991。

在近代历史上，作为传统文化主干的儒家思想早已是社会进步和革命发展的障碍，因此，五四时期先进分子对其进行激烈的批判是势所必至、理所当然。在批判中发生某些形式主义的缺点也是可以理解的。因为，他们不是在书斋中慢条斯理地进行研究，而是处在战斗的环境中，面对着长期统治中国的儒家思想这个庞然大物，面对着尊孔复辟派的反动叫嚣和倒行逆施，不进行迅速的、强有力的攻击，新思想、新文化就不可能占领阵地，站稳脚跟。当时的领导人还没有掌握科学的思想武器，去正确分析中国的历史和文化，而是以强烈的愤慨补充了理论准备之不足。他们攻击的方向是正确的，态度是坚决的，但一刀一枪并非都能击中对方的要害。评判任何一种战斗，只能综论其全局的胜负得失，而不能斤斤计较局部的失利或误伤。五四新文化运动的功绩在于它对旧文化、旧教条的不妥协性，我们不应当要求它对丰富复杂的中国传统文化进行全面深入、恰如其分的评价和分析，因为这是需要长期细致的研究才能做到的。

尽管五四时期先进分子对传统文化的批判言辞锋利，十分激烈，但思想文化领域的任何激进主义者都不会同自己的先辈一刀两断，全部决裂。人生活在一定的社会环境和文化氛围中，总要受传统的教育和熏陶。每一个人都属于某种文化，是这种文化塑造的，不可能完全脱离自己成长的土壤，不可能离开传统，正如拔着自己的头发不能够离开地面一样。先进思想家可以和传统文化的核心部分进行激烈的、不调和的战斗，却仍必须利用先辈们遗留下来的许多理论观点和思想资料，不可能在一切方面和昨天宣战。五四时期反传统的战士其实都受过充分的传统教育。他们熟读经书，精通儒家学说，而又留学国外，涉猎西学，可谓学贯中西，通晓古今，知识渊博。一方面，他们认定儒学作为占主导地位的意识形态，不能适应近代社会的要求，因而对之进行了激烈的批判；另一方面，他们并非没有认识到传统文化中蕴藏着珍贵的宝藏，需要发掘、继承。如李大钊对中国社会经济史的阐明，鲁迅开展中国小说史的研究和校辑古籍，胡适整理国故并在哲学史和小说考证方面做出成绩。还有稍后的郭沫若、瞿秋白、茅盾、郑振铎、顾颉刚、傅斯年、罗家伦等，都曾潜心研究中国历史或中国文学而做出了贡献。从他们毕生的学问和事业看，说他们摒弃了中国传统文化是不合乎事实的。

五四运动的另一个巨大功绩就是彻底反对帝国主义。运动的爆发就是由于中国在巴黎和会上遭到列强的欺压凌辱。五四中提出“外争国权，内惩国贼”的口号，恰好是继承和发扬爱国主义传统的表现。中国人民一直具有反对异族入侵的优良传统，特别在近代史上，中国人民为反对帝国主义侵略而英勇战斗，前仆后继，正是这一爱国主义传统使中华民族在危急关头团结、凝聚在一起，全力反对外来侵略，使帝国主义不可能瓜分和灭亡中国。五四运动继承了这一爱国主义传统，并使启蒙和救亡相结合，掀起了波澜壮阔的群众运动。可见，五四运动虽然激烈批判了传统儒学，但并没有全部否定传统，反而把传统中的爱国主义精神发扬到新的高度。

反帝与反封建、救亡与启蒙，这是五四运动的两大任务，其相互关系如何？五四运动以后爱国救亡与政治革命风起云涌，延绵不断，成为历史的主旋律，这会不会掩盖和压抑了启蒙运动的发展？是不是使五四前后的新文化运动出现了断裂？民族生存和夺取政权的紧迫任务是不是压倒了个人对自由、平等、民权等理想的追求，因而使启蒙的任务长期没有完成？思想启蒙与革命救亡是否产生了矛盾？

事实上，革命救亡与思想启蒙是历史发展进程中不可分离、相互促进的两个方面。一切思想启蒙都和政治革命、社会改造相伴随。思想启蒙的根本目的是唤起群众、改造社会、拯救国家。而革命救亡也必须以群众的觉醒和奋起为前提。因此，启蒙必然在一个具体的历史环境中展开，必然和当时的政治任务相结合。18世纪法国的启蒙运动导致了颠覆欧洲封建制度的一场大革命，而中国戊戌前后的启蒙运动也与变法维新的政治浪潮相伴随，从来没有仅仅停留在书斋中、完全脱离社会改造的、抽象的思想启蒙。从中国的情况来看，思想启蒙长期在救亡和战争的环境中进行。严峻的客观现实自然不容许当时中国实施正规的义务教育，也不可能使中国有更多的经费和更完备的文化教育设施。一切因陋就简，文化启蒙的内容、形式和规模都要受历史条件的制约，但绝不能把启蒙任务未能完成的原因归于救亡和革命。恰恰相反，思想启蒙必须在爱国救亡和政治革命中寻找动力，逐步展开。五四运动之前，思想斗争已由为《新青年》杂志撰稿的少数作者所发动，但影响还不大，正是因为五四运动，全国的青年学生、工人、市民进行游行示威，发出爱国救亡的呼声，同时也把思想启蒙的成果大大地发展推广。救亡与启蒙联袂前进，相得益彰，在全国造成了如火如荼的轰动效应，可见两者是相互促进，而非矛盾对立的。

至于自由、平等、民权，确实是中国人民的理想和追求。但救亡和革命正是为了争取个体的生存，保障个人的自由、平等和民权。如果国家主权和民族生存受到威胁，那么就谈不上个人的任何权利。因此，从根本上说，救亡和革命不会压抑个性的发展、抹杀个体的价值，而正是为实现自由、平等和民权开辟了可能性。

的确，五四运动思想启蒙的任务并没有完成。至今，民主和科学仍然是我们要努力争取的目标。为什么中国思想启蒙的路程这样漫长而艰巨？五四运动是不是破坏太多，建树太少？它的主要功绩表现在哪里？

诚然，五四运动只是思想启蒙的开始。五四以后，愚昧、迷信、专制主义依然统治着中国。思想启蒙本来就是长期任务，在西欧花费了从文艺复兴到18世纪的几百年时间。在中国这样一穷二白的大国，要完成启蒙任务，建设高度文明的国家，必须依靠全民族世世代代的艰苦努力。我们本来就不能指望在五四运动的短暂时期解决这一根本问题。但五四运动在思想文化领域并非无所建树，它的巨大功绩是传播了马克思主义，在激烈批判了传统的儒学以后，人民选择了马克思主义的科学理论作为观察世界、分析中国、改造社会、推动革命的思想武器，从此揭开了中国共产党领导下的新民主主义革命的序幕。

五四运动以前，陈独秀创办《新青年》时所揭橥的是法国资产阶级革命中自由、平等、博爱的口号，仍想在中国建立资产阶级共和国。但第一次世界大战的爆发，使帝国主义世界的矛盾充分暴露，以前曾经非常具有吸引力的资产阶级理性王国竟把人类推入大规模相互残杀的绝望境地。因此，资产阶级理性王国失去了诱人的光彩。十月革命的胜利，犹如一声春雷，震惊了世界和中国，俄国的工农大众首先挣脱锁链而站立起来，这给长久处在沉重压迫下的中国人民树立了榜样，鼓舞起信心。五四运动中，传统的封建思想遭到批判，思想界释放出巨大的能量，形成生动活泼、蓬勃进取的新局面，外国的各种思想纷纷传入中国，理论繁多，学派林立，使人眼花缭乱，对青年们具有很大的吸引力。当时，人们在摆脱了传统儒家思想的束缚后，无所拘束，凭着各人的所学所感、所思所悟去判断是非，接触社会，体验人生，追求真理。经过一段时间的探索、争辩、选择，马克思主义赢得越来越多的群众，逐渐在中国生根成长、开花结果，取得了历史性的胜利。

中国人民之所以选择马克思主义，因为它是科学的、革命的理论。它使人能够正确地认识国情、洞察形势、制定战略策略，给人以智慧、力量和信心。它坚定地维护被压迫人民的利益，能够鼓舞群众，最大限度地动员群众。这一科学理论适应于已经成熟了的中国革命的要求。正像马克思所说：“理论在一个国家的实现程度，决定于理论满足这个国家的需要的程度。”①

五四运动最伟大的建树是在中国传播了马克思主义。中国革命自从有了马克思主义的正确指导，就很快走出了低谷，迎来了高潮。而思想启蒙也有了更锐利的武器。此后，经过长期奋斗，终于推翻了帝国主义、封建主义的统治，建立了社会主义的新中国。

四、当前的文化建设和对传统文化的批判继承

当前，我国正处于社会主义改革开放的大潮中，五四时期思想启蒙的任务尚有待完成。我国是个疆域广阔、人口众多，经过2 000

① 《马克思恩格斯全集》，中文1版，第1卷，462页，北京，人民出版社，1956。

多年封建统治的大国，底子很薄，一穷二白，改变这种情况需要长期努力。我国的文盲达两亿数千万，高素质人才占人口比例很小，文化教育设施落后，这是制约我们经济腾飞的重要因素。贫穷与愚昧，两者是牢固结合、互为因果的共存体，治贫必须治愚，治愚又必须治贫。我们当前最主要的任务是发展生产力，生产力中最重要、最活跃的因素则是人。生产工具、机器设备是由人制造和操作的，工厂、企业是由人进行管理的。现代化建设需要千千万万有理想、有道德、有文化、有纪律的人。改革的成功与否，取决于作为改革主体的人是否具备与改革相适应的文化素质。培育优秀文化，其中包括教育、科学、文化知识的发展，民主和法律的完善，以及人们思想、道德水平的提高，这是“四化”建设中刻不容缓的任务。

我们的目标是建设社会主义的新文化。文化是人类在改造世界中产生的物质和精神成果，有什么样的客观世界、社会制度和什么样的改造活动，就会产生什么性质的文化成果。我们今天正在创造的是社会主义性质的文化，从总体和发展前途看，必定会超越世界上存在过的其他文化，但当它处在社会主义初级阶段时，却未必能在很多方面赶上或超过形成已久、历经锤炼、充分成熟了的其他文化。社会主义文化必然要把其他文化作为自己的先驱，汲取营养，取材借鉴，以利于自己的成长。发展社会主义文化的根本源泉是生活实践。生活实践将决定文化发展的方向，提供文化建设的模式、素材和动力。创造文化的过程即是总结新生活、解决新问题、发展新观念、产生新成果的过程。文化如果离开了生活实践，就成了无源之水、无本之木，必定会枯萎死亡。我们的文化建设与当前的现代化建设密切结合，应适应现代化建设的要求，在知识和科学水平方面有大幅度提高，在价值取向和社会心态方面有重大转变，并发扬民主、法治意识，提倡效率、平等、功利观念，尊重人的尊严和权利，在保障集体价值的同时发展个体价值。总之，我们仍将沿着70 年前五四运动所开辟的道路前进。

今天，我们在文化建设中，也像五四时代的先辈们一样，面对着如何对待丰富而复杂的中国传统文化的问题，不过处境、条件已变化，所以任务就有所不同。五四前夕，是历史上最黑暗的时期之一，尊孔复古的议论甚嚣尘上，复辟丑剧一演再演。五四的先辈们处在一个紧迫的战斗环境中，以廓清雾瘴、荡涤污垢、开辟新路为己任。我们已经完成了民主革命的任务，建立了新中国，进行了30多年的社会主义建设。30多年中的挫折和失误深刻地教育了我们：要防止“左”的倾向，特别是不能重复“文化大革命”期间批判一切、否定一切的错误。我们的任务是对中国传统文化进行马克思主义的分析，深入研究，重新估价，取其精华，弃其糟粕，以丰富和发展社会主义的新文化。

文化传统是历史地形成的，是时代的、民族的产物。每个人都在传统的哺育下获得知识，培养能力，形成思维方式和价值取向。传统和我们的关系十分密切，我们既不能脱离传统，也不能自由地选择传统。但历史是不断前进的，传统只反映过去，一旦成为传统，它就凝固起来，偏离日益发展的新生活，有时会和新生活发生严重的冲突，成为前进中的包袱。传统和现代化是历史发展中的两个环节，既相互衔接又相互矛盾。传统是昨天的创造活动的积淀，又流注到今天和未来。而现代化是当前的行动目标，是前所未有的创造，是新生活的起点。现代化必然要冲击、改造、利用传统，为自己的胜利前进开辟道路。担负着现代化责任的人，对传统必然是有所继承、有所改造、有所革新、有所超越。

“取其精华，弃其糟粕”，这八个字是我们对传统文化的基本态度。既区别于全盘继承，无条件地接受；又区别于一笔抹杀，完全抛弃。我们既不是复古主义者，也不是民族虚无主义者。但对待传统文化需要长期研究，精心鉴别，不是乱套乱用这八个字的简单公式，分类处理，也不是拿这八个字代替艰苦、细致的工作。传统文化中，何者为精华？何者为糟粕？如何弃取？这些恰恰是难点之所在。精华与糟粕并非泾渭分明、一目了然，可以简单地挑拣。两者常常结合在一起，互相渗透、互相依存，在一定条件下甚至可以互相转化。研究传统文化，一定要结合它生成的历史环境，细致地解剖它的内容、多样化的形式以及发挥的功能，从宽广的视角进行考察，切忌简单片面、浮浅狭隘、急功近利的做法。

大概说来，传统文化有几种情况：

第一种属于自然科学、逻辑、语言、工艺技巧，以及全人类共有的知识内容、行为规范，这些都是人们在改造自然、改造社会中取得的共同成果，通常是没有阶级性或阶级性不强烈的部分。它有自身的发展规律，不是伴随经济基础的改变而急剧改变。它通过新知识的逐渐积累、新内容的不断丰富而代替、更新旧知识、旧内容。渐进性的积累、更新是其传承的特点，已有的知识内容和成果不是简单被抛弃，它们往往是取得新知识的基础，即使被取代以后，其合理内容仍被包容在新的文化成果中。这类传统文化的连续性和稳定性是很明显的。

第二种是传统文化中属于意识形态的部分，包括哲学、政治、法律、宗教、道德、文学、艺术的成果，也包括人们的心理、情绪、价值取向、某些典章制度、风俗习惯。这些属于观念和制度文化，较直接地反映时代特点和阶级利益。人们对其是非善恶的评价往往有较多分歧。相对于现实生活的发展变化，意识形态和制度、习俗相对滞后，这就会引发其与现实生活的脱节和冲突。我们所说评价传统文化的复杂性和难点就是指的这一部分，常常是精华与糟粕杂然并存，褒扬与贬斥截然对立，引起文化思想领域中激烈的两军对战。中国的传统文化产生于旧时代的农业社会，把它过分拔高，要它在中国以至世界的现实和未来生活中居于主导思想的地位，显然是一种奢望，是不可能做到的。但我们现在处在与五四运动不同的时代，是在从事长期的文化建设，有更多的时间进行细致的研究、探讨，有更大的可能去理解与宽容。除了坚决剔除确实有害于现代化建设的糟粕外，对历史文化遗产应当谨慎从事、小心保护，避免全盘否定、激烈破坏。

第三种是传统文化中的实物遗存，如名胜古迹、古器物、古建筑、古工艺品以及书籍字画等。这一类既非知识技能，又非观念制度，而是传统文化的物质载体，是中华民族的劳动创造和智慧结晶，体现着中国悠久灿烂的文明，可以鼓舞人们的爱国主义精神，增长人们的知识和能力，培养人们追求真善美和人们的高尚情操，可以在建设社会主义精神文明中发挥巨大的作用。这些历史文物是国家的瑰宝，当然要妥善保存和管理，不允许加以破坏。

第四种是传统文化中确属反动、落后的部分。如封建迷信，淫秽作品，荒诞不经的议论、传闻，野蛮、残忍的观念、习俗。这些理所当然要加以摒弃、淘汰。即使对待这些“有毒的内容”，也要慎重处理，区别包含在大量毒素中尚属合理的、无害的部分。全属糟粕的东西，自然不能使其泛滥，危害人民的身心健康，但从历史学、宗教学、民俗学、社会学、心理学的研究角度看，其中也包含着有用的研究素材，不可任意丢弃、消灭。对一切文化遗产，我们不能像封建统治者那样采取焚书、劈版、篡改、灭绝的愚蠢做法。

总之，我们所要建设的是富有创新精神的社会主义新文化，必须能够适应并促进现代化建设。我们既不能袭用传统文化的整个体系与思想观点，又不能与之脱离。正确的态度是改造、转换、创新、超越，用马克思主义进行细致的研究，使源远流长、内涵丰富的我国历史文化遗产能更好地为现实服务，以建立具有时代精神的、光辉灿烂的中华民族新文化。

第一次国共合作的酝酿*

在中国的新民主主义革命历史上，共产党和国民党是两个主要的政党。两党的性质、阶级基础、思想信仰各不相同。但在一定时期内，又有共同的奋斗目标，因此，曾经两次合作，但又两次分裂。国共两党统一战线的形成或分裂，决定着中国革命的进程，对中国近现代历史的影响极为重大。

统一战线的形成有其历史的必然性，因为中国革命的动力来自无产阶级、农民阶级、民族资产阶级和小资产阶级。甚至在反对帝国主义的侵略中，一部分地主和大资产阶级也可能参加反帝斗争。因此，以中国共产党为核心的革命统一战线，其基础和范围是十分广泛的。

第一次国共合作经历了酝酿的过程，早在 1920 年 7 月共产国际的第二次代表大会上，列宁就提出《民族和殖民地问题提纲初稿》，其中说“各国共产党必须帮助这些国家的资产阶级民主解放运动”，“共产国际应当同殖民地和落后国家的资产阶级民主派结成临时联盟，但是不要同他们混为一体”①。以后，中国革命统一战线的组成正是遵循列宁的这一思想的。

1921 年 7 月，中国共产党诞生。它是中国工人阶级的先锋队，是用马克思列宁主义理论武装起来的、生机勃勃的新生力量。中国共产党诞生以后，忙于建立各地的党组织，进行工人运动，一时还不能立即把组成统一战线提上日程。但是，共产党对孙中山及其领导的国民党一直抱着敬重的态度。孙中山先生是伟大的民主革命家，

---

* 原载《东方学报》（京都），第 57 册，1985 年 3 月。

① 《列宁全集》，中文 1 版，第 31 卷，129 页，北京，人民出版社，1958。

他领导辛亥革命，推翻清朝封建专制统治，做出了丰功伟绩。他在人民群众中享有很高的威信。中国共产党人也批评过孙中山先生和国民党的某些主张，但那是朋友之间的善意批评。共产党一直同孙中山先生保持着良好的友谊。在中国共产党建党前夕，共产国际派来远东的第一个代表维经斯基在陈独秀的建议下，在上海会见了孙中山，孙中山先生赞扬俄国十月革命的成就。1921 年底，共产国际驻中国代表马林在中共党员张太雷的陪同下，专程赴桂林谒见孙中山，和孙中山先生多次长谈，对中国革命提出有益的建议。

1922 年 1 月，远东各国共产党和民族革命团体在莫斯科举行会议，有共产党和国民党的代表参加，共同讨论了殖民地半殖民地国家的民族民主革命问题。会议期间，列宁接见了国共两党的代表，询问国共两党合作的可能性。这时，共产党成立还不久，但工作很有成效，全国的工人运动蓬勃发展。共产党发动工人群众支持孙中山先生建立和巩固广州的革命根据地，而孙中山先生也允许共产党在广州公开活动。所以，1922 年上半年，第一次全国劳动大会和中国社会主义青年团第一次代表大会都在广州举行。

1922 年 6 月 15 日，中共提出《中国共产党对于时局的主张》，认为无产阶级在目前最切要的工作还应该联络民主派共同对封建式的军阀革命，建议国共合作，要邀请国民党等革命民主派及革命的社会主义各团体开一个联席会议。接着，中国共产党第二次全国代表大会召开，通过民主联合战线的决议案，提出邀请国民党及其他进步团体、进步人士组织民主主义的联盟。这时，国共合作的原则已确定，共产党的意见已趋一致，可是采取什么方式进行合作还没有解决：一种意见是组成联合战线，许多共产党员持这种主张；另一种意见是共产党员可加入国民党，孙中山先生、共产国际和一部分共产党员持这种主张。

这时，发生了另外一些事情推动孙中山和不少国民党员向左转变，希望和共产党合作，这就是 1922 年 6 月陈炯明的叛变。陈炯明是国民党员，早先假意服从孙中山先生，在孙中山先生的扶植下掌握和发展武装力量，一旦羽翼丰满，便利欲熏心，和北方军阀勾结，反对孙中山，甚至炮轰总统府，公开叛变。孙中山逃离广州，到了上海。陈炯明的叛变暴露了国民党内的严重问题，组织涣散，缺乏纪律，党员没有坚定的政治信仰，个人发号施令，把军队当作私人工具。这些弊病不革除，革命就不可能胜利。孙中山先生在受到沉重打击以后，认识到必须改弦更张，重新改组国民党。他的眼睛更加注视着正在蓬勃兴起的新生的中国共产党，希望从共产党方面寻找力量，希望从俄国革命中获得经验。正像毛泽东主席所说，孙中山在绝望里“遇到了十月革命和中国共产党。孙中山欢迎十月革命，欢迎俄国人对中国人的帮助，欢迎中国共产党同他合作”①。

这样，国共双方都认识到了进行合作的必要性，组织革命统一战线的条件已经成熟了。

1922 年 8 月，中共中央在杭州西湖召开特别会议，讨论国共两党合作的形式，决定共产党员以个人身份加入国民党，帮助国民党改组，推动国民党的革命化。李大钊和共产国际的代表马林力持这一意见。会上发生激烈的争论，但终于说服了多数与会者，做出决议，要求全党执行。

李大钊、陈独秀等这时在上海与孙中山先生多次长谈，讨论两党合作。在孙中山先生的主持下，李大钊、陈独秀等参加了国民党。

此后，孙中山先生在上海举行了一系列会议，讨论国民党改组，阐明联俄、联共、扶助农工的新政策，两党合作的各项工作加紧进行。孙中山又和苏联代表越飞会谈，发表了《孙文越飞联合宣言》，正式确定了联俄政策和建立平等的中苏关系。孙中山先生在新的革命道路上迅速迈开了前进的步伐。

1923 年 1 月，陈炯明战败，孙中山先生又回到广州，重建大元帅府。这年 6 月，中国共产党第三次全国代表大会在广州举行，通过了《关于国民运动及国民党问题的议决案》，确定了和国民党建立统一战线的政治路线。会上，虽仍有少数人提出反对意见，但大多数人拥护党中央，拥护共产国际的主张。

---

① 《毛泽东选集》，第 4 卷，1471 页，北京，人民出版社，1991。

此后，国民党改组的步伐加快了，共产党帮助国民党在全国各地整顿和发展组织，帮助孙中山先生重新解释三民主义，帮助筹建黄埔军校，帮助巩固广州革命根据地。中共中央要求各地党组织和党员与国民党各级党部合作，成立国民党改组委员会，并选举代表，准备出席国民党的全国代表大会。

1924年1月，中国国民党第一次全国代表大会召开，标志着第一次革命统一战线的形成。这次大会上通过的《中国国民党第一次全国代表大会宣言》对三民主义做出了符合时势的新解释，成为第一次国共合作的共同纲领。

第一次国共合作已过去了60年，它在中国革命史上留下了光辉的一页。它更加巩固了广东革命根据地，促进了工农运动的新高涨，带来了黄埔建军，在全国造成了革命新局面，推动了第一次革命高潮的到来。

国内外许多专家学者很重视第一次国共合作，有了不少的研究成果。也有很多当事人，包括老一辈中国共产党党员、国民党党员以及共产国际的代表写了一些回忆录，追述当时的情况，这些是极宝贵的研究资料。在研究中也存在着一些问题，有一些不同的看法，以下简单地谈一些看法。

一是统一战线主张是怎样提出来的？应当说：统一战线主张是根据中国国情，在列宁和共产国际的指导下，由中国共产党和国民党反复磋商、共同商议而决定的。有的人说，国共合作完全是共产国际的主意，是共产国际下命令，中国共产党接受命令。这种说法有片面性。自然共产国际的指导作用是应当充分肯定的。因为，中国共产党是马列主义的政党，在政治路线、思想路线、组织路线等方面，都以马列主义思想为指导。特别是当时的中国共产党还在幼年，还不成熟，接受列宁和共产国际的指导是理所当然的，这一点正是共产党的优点，是它取得成功的原因。但是，接受指导并不完全是被动的，并不能简单地归结为命令与服从的简单关系。统一战线的方针及其形式在共产党内经过广泛的讨论，存在着不同意见，经过讨论之后才取得一致。中国共产党的第一次全国代表大会、杭州西湖会议、第二次全国代表大会都做了有关统一战线的决议。这种讨论和有关决议正是民主与集中原则的运用，最后正确的思想被全党所接受。

统一战线的思想之所以也被孙中山先生和许多国民党党员所接受，是因为当时孙中山被帝国主义和军阀反对，处在极大的困难中。苏联和中国共产党向他伸出了援助之手，孙中山认识到共产党和人民中存在革命的巨大力量，他需要这样的帮助。不用说当时许多国民党的左派抱这种主张，就是后来成为右派的戴传贤、张继，开始也是主张联共的，因为他们认识到，只有联合共产党并实行改组，国民党才能在迭经打击之后东山再起，重整旗鼓。

由于当时的中国国情，国共两党的合作成为必要和可能。大家逐步认到了这一点，才会提出和接受统一战线的主张。一种重要的路线、方针、政策，只有在客观条件成熟时，才会被提上日程，而且会得到多数人的拥护，成为决策。当然，在制定政策的过程中，列宁和共产国际起了重大的作用。

二是关于共产国际代表马林的作用问题。有人过分夸大马林的作用，说统一战线是马林的发明，把它称作“斯尼夫利特战略”，说马林早在印度尼西亚工作的时候，就发明了统一战线。他到中国工作，说服了共产国际，说服了中国共产党和国民党，接受他自己所发明的战略。这种看法是不妥当的。马林作为共产国际的代表，与国共两党相联系，十分热心于两党合作，积极促成第一次国共合作，这是应当肯定的。但马林的活动并不是孤立的个人活动，他受列宁和共产国际的指导与委托。马林个人的智慧、才能、经验、热情只有在共产国际和中国共产党的路线、政策所允许的范围内才可能起作用。他对统一战线自然提出过建议，付出了努力，但统一战线却是客观形势的产物，是在列宁和共产国际的指导下，经中国共产党以及国民党长期反复磋商而制定的，可以说是许多人共同创造的，是集体智慧的表现，而不是马林或其他人的发明。

三是关于杭州西湖会议。这是 1922 年 8 月中共中央的特别会议，确定共产党员以个人身份加入国民党，是第一次统一战线形成过程中的一次重要会议。有人根据马林的回忆，说有两次西湖会议，一次在 1922 年 4 月，另一次在 1922 年 8 月，这是马林记错了。西湖会议只有一次，事实上这年的 4 月不可能在西湖召开中央的特别会议。因为，当时李大钊还未离开北京，陈独秀、张国焘都在广州，而马林本人则风尘仆仆，奔走于北京和上海之间，不久又回国，于 4 月下旬到达莫斯科。马林指名参加所谓 4 月西湖会议的人都不在杭州，他把 8 月召开的会议错记为 4 月了。

四是中国共产党和陈炯明、吴佩孚的关系问题。有人说，中国共产党不但和孙中山保持联系，而且和陈炯明、吴佩孚保持过联系，存在着和他们联合的可能性。是的，中国共产党确实和陈炯明、吴佩孚保持过联系，也努力要争取与团结一切愿意进步的个人和团体。但是，陈炯明、吴佩孚的反动本性决定了中国共产党不可能和他们进行合作。中国革命的首要问题是分清敌友，统一战线政策是有原则和立场的。

共产党最初会和陈炯明、吴佩孚保持联系，是因为当时他们的反动面目还没有充分暴露，因此共产党人没有完全认识他们的反动本性。陈炯明以前打着孙中山的旗号，自称是孙中山的信徒，对共产党也表现出假惺惺的同情，连孙中山先生也受他的蒙骗，因此一些共产党员开始把他当成朋友，这是不足为奇的。但一旦陈炯明叛变革命，中国共产党就立即和他断绝联系，态度十分坚决，广州的个别党员继续和陈炯明往来，中共中央加以制止，给以纪律处分。

还有吴佩孚，他起先也有欺骗性，反对皖系、奉系军阀，表示同情工人运动。在那样的情况下，共产党也和他有过联系。但“二七”罢工，吴佩孚对工人群众挥舞屠刀，完全暴露了他的反革命面目，中国共产党和他进行了坚决的斗争。

中国共产党和孙中山之间是另一种关系，不同于和陈炯明、吴佩孚之间的关系。孙中山先生是伟大的民主主义革命家，能和共产党建立真诚的合作，而陈炯明、吴佩孚是投靠帝国主义的反动军阀，中国共产党不可能和他们合作下去。

五是关于共产党员以个人身份加入国民党的问题。这是第一次国共合作的形式，当时在中国共产党内部产生过争论。共产国际、孙中山都赞成这种形式，中国共产党在西湖会议上经过争论也赞同了这一形式，做出了决议。共产党员参加国民党，但保持自己的独立性，这在当时对于改组国民党、推进中国革命是十分必要的。张国焘一直反对这种形式，他在回忆录中说，由于共产党员加入了国民党，才产生了两党之间的摩擦、冲突。他甚至把统一战线的破裂、第一次大革命的失败归因于共产党员加入了国民党。按照他的说法，如果当时采纳了张国焘的意见，共产党员不加入国民党，只采取党外合作的方式，那么革命的失败就可以避免。这种说法是没有根据的，是错误的。众所周知，国共两党的摩擦、冲突以至破裂是由于孙中山逝世后，国民党内右派势力的膨胀以及共产党内右倾机会主义的发展，它们导致了革命失败。以后建立抗日民族统一战线，国共第二次合作，共产党员并没有加入国民党，同样也发生了摩擦、冲突。可见，摩擦、冲突并不取决于统一战线所采取的形式。

六是有人说第一次国共合作，共产党利用了国民党，发展自己的势力，国民党吃了亏。这种论调更是完全错误的。国共合作，对中国革命有利，对两党的发展都有利，不是谁利用谁的问题，也不是谁吃了亏的问题。陈炯明叛变革命后，国民党陷于瘫痪，丢失了军队和根据地，正是第一次国共合作为国民党输入了新鲜血液，使其奋发振作，迅速地扭转了不利局面。孙中山重新回到广州，巩固了根据地，发动了群众，建立了武装，以后东征、北伐，所向披靡，取得了全国政权，怎么能说国共合作使国民党吃了亏？如果要说吃亏的话，那就是当统一战线破裂时，出力最多、牺牲很大、功绩卓著的共产党员却遭到同盟者的突然袭击，措手不及，许多优秀的党员和革命群众被无辜杀害，共产党遭到严重损失，大革命惨遭失败。但这并不是由于建立了统一战线，而是由于帝国主义和封建主义分化、破坏统一战线以及共产党领导人对同盟者失去了警惕。

总之，第一次国共合作完成了北伐大业，促进了中国的前进。重温这段历史，希望国共两党能够排除干扰，顺应历史的发展，重新携手合作，促进祖国统一，努力建设，为复兴中华民族而共同奋斗。

纪念台湾“二二八”事件*

1997年是台湾“二二八”事件50周年。“二二八”事件是中国近代历史上的重大事件，是台湾人民反对国民党反动统治、反对专制暴政，要求政治改革、民主和自治的人民运动。它意义重大、影响深远，充分显示了台湾人民争取民主、自由，进行不屈不挠斗争的英勇精神。

1945年抗日战争胜利以后，根据《开罗宣言》和《波茨坦公告》，台湾脱离日本的殖民统治，回归祖国的怀抱。台湾同胞欢天喜地、张灯结彩，庆祝抗战胜利和台湾光复。

但是，随之而来的是国民党对台湾暴虐而腐败的统治，完全辜负了台湾同胞的殷切期望。国民党台湾省行政长官公署实行独裁统治，滥用权力，欺压平民，官吏贪污腐化，军警横行不法，接收大员掠夺财产物资，政府设专卖局垄断贸易，使台湾全岛经济萧条、物价飞涨、治安不良、民怨沸腾，埋下了社会动荡的根苗。

1947年2月，离台湾光复仅一年半的时间，就爆发了“二二八”事件，导火线是国民党专卖局人员与警察以缉私为名，殴打女烟贩，并开枪打死一名围观者。群众义愤填膺，于2月28日包围专卖局、警察局，并向行政长官公署请愿，要求惩办凶手，但遭到军队开枪射击，死伤多人，事态因而严重。台北民众罢工、罢课、罢市，全岛起而响应，群众运动迅速发展成燎原之势。

台北民众成立“二二八事件处理委员会”，与国民党政府交涉，提出了有关事件处理与政治改革的32条要求，反映了台湾人民要求民主、自由和实现地方自治的愿望。南京政府置台湾人民的正当要

---

* 原载《台湾研究论坛》，1997年3月特刊。

求于不顾，悍然出兵镇压，派遣全副武装的宪兵第四团和整编二十一师在台湾登陆，大肆屠杀，实行恐怖统治。“二二八事件处理委员会”被认为是非法组织而遭查禁，大批群众包括很多社会知名人士被逮捕处死，国民党政府把“二二八”事件镇压下去。

今天，“二二八”事件已经过去半个世纪。反思历史，当年台湾人民提出的民主与自治的要求是完全正当而合理的。孙中山先生在《建国大纲》中曾以地方自治为理想，认为“一完全自治之县”，其国民有选举和罢免官员之权，有创制和复决法律之权。抗战胜利后，国共两党谈判制定的《双十协定》规定：“积极推行地方自治，实行由下而上之普选。”“二二八”事件中，台湾人民的要求并未超出孙中山先生的建国理想和当年《双十协定》中的规定。故事件发生后，中共中央发表对台湾的广播，满腔热情地支持台湾人民的正义斗争，其中说：“台湾的自治运动是完全合理的、合法的、和平的。”虽然台湾人民要求民主和自治的呼声被淹没在国民党军队的枪声之中，但他们对理想的追求并未停止，一直为争取民主和自治的权利而不懈努力。

邓小平提出“一国两制”，实现全国统一的方针，这使台湾民主和自治的程度大大超过“二二八”志士们的要求。邓小平指出：“祖国统一后，台湾特别行政区可以有自己的独立性，可以实行同大陆不同的制度。”① 以“一国两制”的伟大构想实现和平统一，符合当年“二二八”志士们的要求，符合台湾人民的利益和愿望。祖国的统一是大势所趋、民心所向，海峡两岸和分布全世界的中国人应当携起手来，为实现“一国两制”，完成祖国统一的宏伟事业而努力奋斗。

---

① 《邓小平文选》，第3卷，30页，北京，人民出版社，1993。

近代中国人口的增长和迁徙*

一

人是社会活动的主体，有生命的个人的存在是人类历史活动的前提。没有一定数量的人口就构不成社会，也不可能有历史。人口的增减、迁徙、构成、素质和社会的发展密切相关。中国是个历史悠久、人口众多的国家。在中国历史书籍中有丰富的关于人口问题的记录，早在 2 000 多年前就已有全国人口的总数。西汉平帝元始二年（公元 2 年）全国人口 6 000 万，为汉代最殷盛时期。以后，历朝人户的数字，史不绝书。由于统计标准、方法和其他种种原因，统计数字和实际人口往往有较大的差距。比较正规的人口统计是从 18 世纪中叶开始的。清乾隆六年（1741），政府下令统计全国“大小男妇”，得 1.4 亿人。此后，人口的增长非常迅速，1766 年突破 2 亿，1791 年突破 3 亿，1836 年突破 4 亿。不到 100 年的时间，全国人口增加 3 倍，形成了中国现代庞大人口的基础。

1840 年鸦片战争以后，由于外国侵略，连年战争，灾荒频仍，社会动荡，人口减员，再加上各地经常不申报人口数目，故登记的人口数大为减少，中国的人口增长进入停滞状态。据《申报年鉴》称：1919 年全国人口 4.5 亿。此后又经过 34 年，到 1953 年，中华人民共和国成立以后的第一次人口普查数目为 5.8 亿。

在 18 世纪中叶以后的 100 年间，中国人口从 1.4 亿增至 4 亿以上，这样的高速增长和庞大数字在全世界历史上是没有的，究其原因是当时国家统一、社会稳定、经济繁荣。自 17 世纪下半期以来，

---

* 原载《清史研究》，1996 年第 1 期。

中国经历了清康熙、雍正、乾隆的统治，中原地区 100 多年没有发生战争，边疆的割据先后平定，国家得以统一，清政府实行了促进生产的政策，使经济发展、人口激增。

清政府促进生产的政策是多方面的：

首先是减免赋税。清朝入关，代替明朝统治，取消了明朝的“三饷”，即“辽饷”“剿饷”“练饷”。“三饷”是明朝为紧急军事需要而加派的赋税。“前朝弊政，厉民最甚者惟此三饷，数倍正供，苦累小民，剔脂刮髓，天下嗷嗷，朝不保夕。”① 清朝入关后，“三饷”即行停征。清廷又很快修订《赋役全书》，规定税额，归并税种，简化征税手续，以免官吏舞弊。康熙、乾隆年间，政府财政盈余，国库充实，故多次免征全国田赋，部分免征或因灾减征的次数更多。又进行赋税改革，1723 年实行“地丁合一”，即取消人头税，只按土地的多寡征税，减轻了贫穷人民的负担。

其次是奖励垦荒。清初，大力奖励开垦荒地，政府出资，借给垦荒者耕牛、种子，免除 3 年至 6 年的税收，并且责成地方官员劝民垦荒，以垦荒多少来考核地方官的政绩，决定他们的升迁或降黜。又将明朝分封的诸藩王的土地共 1 800 万亩，准许原承耕者作为自己的产业。

再次是兴修水利。如治理黄河，清政府投入了大量财力和人力，任用水利专家靳辅、陈潢、于成龙等为治河大臣，建堤坝、堵决口、浚河道、开引河、疏海口。有时，一年黄河工程疏浚费达银一千数百万两。乾隆皇帝说：“河工关系民生者甚巨。苟有裨益，虽费帑金一二千万，亦非所惜。”② 此外，治理淮河、运河、长江、永定河、海塘工程以及其他各地河渠湖泊的小型水利工程，不胜枚举。

最后是推广高产作物。甘薯、玉米、花生等高产作物原产于南美洲，明末传入中国。这些作物能适应恶劣的气候和土壤，不畏旱涝，产量甚高。18 世纪在中国得以大面积推广。福建人陈世元曾到山东、河南教种甘薯，得到乾隆皇帝的褒奖。“各地给种教艺，俾佐

① 《清顺治实录》，卷六。

② 《清乾隆实录》，卷一千二百一十二。

粮食，自此广布蕃滋。”[①] 玉米适合种植于山地丘陵，18世纪广为传布，显示出高产的优势，“延山漫谷，皆种玉米，农民恃此为终岁之粮”[②]。18世纪末，随同英使马戛尔尼来访中国的安德逊看到了天津附近有大片的玉米田，“品种之优良与耕作方法，与英国农村相等”[③]。高产作物的推广缓和了人口增长与粮食不足的矛盾。

由于以上种种原因，故18—19世纪前期农业发达，粮食丰富，中国人口急剧增长。到1840年鸦片战争发生时，已达4.1亿人，远远超过历史上人口的最高纪录。

二

18世纪以后，中国人口急剧增长，但土地开垦跟不上人口增长的速度。据估算，18世纪末时，中国耕地已有10.5亿亩，直到20世纪初，仅增至15亿亩。一百数十年间，人口增加3倍，耕地仅增加40%多。社会上出现了大量过剩人口，这不仅成为大规模农民战争的催化剂，也促使大量贫苦人民向地广人稀的边疆和海外迁移。

决定人口迁移的重要因素是自然条件和可资利用的资源的丰啬，但还有其他社会因素，如战争、赋税、政府的政策、强制迁徙以及风俗习惯、宗教信仰等。在中国古代，人口迁移多次形成自北向南的模式。北方的游牧民族与中原的农耕民族长期对峙、冲突，北方民族勇武善战，组织良好，他们每当势力强盛时，就一次又一次发动战争，进入中原地区，迫使中原人民向长江以南和珠江流域大规模迁徙。

中国历史上最早的一次大规模人口迁徙发生在公元前3世纪。当时秦始皇统一中国，徙六国之民以实咸阳，征发夫役修造陵墓，建造长城；同时又徙中原人民50万，跨越五岭，远戍岭南，定居珠

---

① 《武昌县志》。

② 《霍山县志》卷三。

③ 《安德逊英使访华录》。

江流域，这是政府为开辟边地郡县而进行的强制性迁徙。

公元4世纪初，西晋发生“永嘉之乱”，北方游牧民族匈奴、鲜卑、羯、氐、羌大举进入中原，西晋灭亡，政权南迁。黄河流域的人民为逃避战乱，纷纷渡过长江，估计南迁人口90万。移民到达的地方设置侨州郡县，到公元5世纪，长江流域的侨州郡县将近100个。

公元8世纪，唐王朝统治下发生“安史之乱”。战祸遍及黄河中下游，这里的人口又大规模南移，其数量比4世纪的移民更多，集中于长江中下游，湖北荆州是当时移民的集中地。长江流域得以补充大量劳动力，并获得先进的生产技术。经济、文化迅速发展，逐渐超过中原地区。

公元12世纪发生“靖康之乱”，女真族进入中原，北宋灭亡，中原人民又一次大规模南迁，江苏、浙江、江西、湖北、四川、福建是吸收移民的主要地区。至此，东南各地区的人口经过大规模迁入和长期的自然增殖亦逐渐饱和。以后，元灭南宋，江浙人民南迁福建、广东；清朝灭明，东北满族举族入关，关内汉民则往东南和西南迁徙。中国古代许多次大规模人口迁移是由于战争的影响，其移动轨迹则是自北向南。

中国古代黄河中下游，包括山东、山西、河南、河北、陕西五省是中华文明孕育的摇篮，当时人口稠密，居全国之冠，公元2年，这五省人口占全国总人口的67%，以后逐渐减少。唐玄宗天宝元年（公元742），五省人口占全国总人口的49%；明英宗天顺五年（1461），五省人口只占全国总人口的24%。可见长期以来，中原五省人口在全国人口中所占比例呈递减趋势。①

再看长江下游江苏、浙江、安徽、江西四省，古代为水泽沮洳之地，人口较少。西汉时四省人口仅占全国总人口的13%，唐代上升到20%，明代已达47%。

① 此处数据系参考葛剑雄的《中国人口发展史》和袁祖亮的《中国古代人口史专题研究》。

东南沿海广东、福建（含台湾），西汉时人口极少，只占全国总人口的不到1%，唐代占3%，明代上升到10%。

以上中原、东部和东南十一个省人口最稠密，古代人口常占全国总人口的80%左右。但三个地区的人口比例在不断变化，中原的人口比例递减而东部、东南递增，这显示了西汉至明朝1 000多年间中国人口自北向南迁移的趋势。

三

近代中国人口的增长远远超过古代，并达到了4亿以上人口的创纪录数字，其迁徙模式也和古代迥然不同。

其一，中国近代人口迁徙的主要原因，不是北方游牧民族南下所引起的长期战争的驱赶，而是中原、长江、珠江流域人口急剧增长，谋生维艰，出现了大规模、持续性的自发人口迁移。

其二，人口的流向不同，古代人口迁移自北向南，由黄河流域南迁长江和珠江流域，波浪式地层层推进，迁移的轨迹十分明显。迄至清代，黄河、长江、珠江中下游人口稠密，已呈饱和状态，这些地区已无人口移入（四川省除外），反而成为人口移出的中心。大量人口从这中心地区向周边地区和海外四面八方辐射式地迁徙扩散，这与古代自北向南的迁移模式显然有别。

在古代，由于生产力低下、交通不便以及政治上的阻隔、禁令，中国辽阔的边疆以及海外不可能成为中原人民向往和奔赴的目标。康熙、乾隆以后，边疆统一，秩序安定，经济、交通、技术条件进步，使得以往垵瘠不毛、人迹罕至的边疆、海岛成了可以开垦耕作的场所，谋生条件比人口稠密的中原和东南地区更为优裕。在中心地区的人口压力和边疆地区的人口引力的作用下，18世纪迅速增加的人口被强大的冲击波从中心地区甩向四面八方，四散辐射到边疆、海岛，以至海外各国。

四

近代中国中心地区（中原和东南）人口在国内的迁徙大体上有以下几个流向。

中国近代人口的第一种流向是从山东、山西、河南、河北、陕西迁往东北和内蒙古。这种自南向北的大规模持续性迁徙是历史上从来没有过的，恰恰和历史上自北向南的迁移趋势相反。1644年清军入关，东北地区数十万满人举族南迁，东北荒无人烟，因该地是清朝的发祥地，曾被封禁，清政府禁止移民开垦，但这一禁令逐渐被冲破。清乾隆十四年（1749）辽宁人口已有40万，此后，大批农民纷纷涌向东北，1786年辽宁、吉林两省人口达95万，1851年更激增至290万。近代东北，地邻俄国、日本，为其所觊觎，清政府亦一反封禁政策，移民实边，采取减税、补助、奖励措施，移民所垦土地，允其占有。至1911年东北三省之人口跃增至1 841万。60年间，增加数倍，这当然不是自然增殖的结果，而是由于移民如潮水涌入，其中尤以山东人、直隶人为多。

内蒙古的人口亦在迅速增加，早在18世纪初，谕旨中已指出："山东民人往来口外垦地者，多至十万余。"① 起先，他们"皆冬归春往"，并不"移家占籍"，后来才逐步定居下来。开垦最早的是承德周围，因是皇帝的行宫所在，"民物渐殷，商贾辐辏，酒旗茶旌，辉映相望，里闾栉比"，"康熙时万家，今不啻数倍"②。各地蒙古王公拥有的大批土地陆续招徕汉人租种，俗称"寄民"。19世纪初，归化、赤峰、丰镇、科尔沁等地人口已有42万。1884年山西巡抚张之洞说，内蒙古土地"自康熙年间以来，久已陆续租给民人，以田以宅，二百年于兹矣。该民人等久已长其子孙，成其村落，各厅民户，

---

① 《清康熙实录》卷二百五十。

② 柳得恭：《滦阳录》卷一。

何止烟火万家。……近来‘寄民’之久居者益多”①。至20世纪初，清朝在内蒙古实行全面放垦，放出土地757万亩，至1910年，内蒙古总人口增至352万，大多来自山西、陕西。

中国近代人口的第二种流向是从中原向新疆迁移。18世纪，清政府平定准噶尔与回部，天山南北俱处于中央的直接管理之下，秩序安定，屯政日兴。屯田有兵屯、遣屯、旗屯、回屯、民屯等名目，内地的军队、旗人、回民、汉民以及罪犯被安置在新疆各地，促进了当地的经济发展。清乾隆三十七年（1772）陕甘总督文绶巡视新疆，发现哈密一带，“屯田甚广，颇为丰美，城关内外，烟户铺面，比栉而居，商贾毕集，晋民尤多”，乌鲁木齐则“天气和暖，地土肥美，营屯地亩，日以开辟，兵民众多，商贾辐辏”，“在彼乐业垦田及佣工艺业之人，连年生聚，日益众多”②。1884年，新疆建省，移民更多。18世纪末巴里坤、乌鲁木齐二地人口只有12万，1857年增至31万，20世纪初新疆全部人口有201万。

中国近代人口的第三种流向是从长江中下游迁入四川。17世纪，由于长期战乱，四川遭到严重破坏，人口大量减员。据说，清初承粮民户，全省不到10万丁。该处人户稀少而土地广阔肥沃，是理想的移民目标。清政府又竭力奖励垦荒：凡外省客民在四川将荒地垦熟，许其占有，原主不准复问，故移民奔赴，如水就壑。1749年四川人口已达250万，1795年增至1 113万，1840年又增至3 833万，成为全国人口最多的省份之一，19世纪末增至8 474万。移民大多来自湖北、湖南、江西、陕西，故有“湖广填四川”之谚。19世纪中叶四川人口已达饱和状态，当时史籍称：“昔之蜀，土广为忧；今之蜀，人满为患。”③

中国近代人口的第四种流向是迁往西南云贵山区。这里原为少数民族聚居地，多山而贫瘠，但土地广袤，大多数地区为土司所管理。18世纪初实行“改土归流”，废除土司，设置和内地相同的府、

① 《张之洞奏稿》卷六。

② 《清经世文编》卷九十一。

③ 《道光新都县志》卷三。

州、县。自此汉民大量移入，流散各处。史载：贵州“地旷人稀，每有黔省下游及四川、湖广客民，携眷而来，租垦荒山，俱系极贫之户”①。云南的移民亦甚众多，“楚蜀黔粤之民，携挈妻孥，风餐露宿而来”，“旁山依寨，开挖荒土”②。云南、贵州两省的人口，1749 年为 500 万，1795 年达 1 000 万，20 世纪初增至 1 600 万。

中国近代人口的第五种流向是福建、广东人民流向台湾。台湾是中国的第一大岛，远古时代即有大陆上的古越族移居于此。至明代移民渐多，明末（17 世纪前期）全岛居民约有 5 万，郑成功收复台湾，曾从福建携往台湾大批官兵及眷属。1683 年康熙收复台湾，全岛人口约 12 万。此后，大批移民迁入台湾，1782 年台湾人口 91 万，1811 年增至 194 万，1893 年日本割占台湾前夕，全岛人口为 254 万。自 17 世纪末到 19 世纪末的 200 年间，台湾人口增加 20 倍，这是由于大陆人民大批移入，尤以闽南漳州、泉州人为多，其次则为广东潮汕人和客家人。故台湾的语言、民情、文化、风俗与闽南最为相似。

近代中国，以黄河、长江、珠江中下游为中心，人口已达饱和状态，并向四面八方扩散，流向人口稀疏的边疆山区和海岛，这一自发的移民过程，持续了两个世纪以上。它缓和了中心地区人口膨胀和耕地匮乏的矛盾，调整了中国人口分布不平衡的格局，使中原、东部、东南过分稠密的人口向东北、西北、西南地区疏散。近代的移民对国家做出了重大贡献，促进了边疆地区的发展，使荒芜的土地得到开垦，边疆和海岛兴屯筑城，建立行政、司法、文化机构，加强了边防、海防，巩固了中国多民族国家的统一。

五

近代中国人口迁移的又一个去向是离开中国，走向海外。

---

① 贺长龄：《复奏汉苗土司各情形折》，《耐庵奏议存稿》。

② 《（道光）广南府志》卷三。

古代中国已有移往海外的侨民，但由于政治社会条件和生产交通条件的限制，当时前往和留居国外的民人数量很少。明清以后，出国侨居者渐增。据顾炎武的《天下郡国利病书》称，东南沿海贫民“流寓夷土，筑庐舍，操佣贾杂作为生活，或娶妇长子孙者有之，人口以数万计”。清朝采取闭关锁国政策，禁止人民出国侨居，但是国内人口增长的压力和对外贸易的利益又使清政府不可能禁绝人民出海经商佣工，以谋生计。故东南沿海的人口逐渐流向海外。18 世纪，东南亚各地，包括印尼、菲律宾、马来亚、越南、泰国、缅甸的城镇乡村中已有不少华侨，他们或从事耕垦种植，或开挖金、锡矿山，或制造日常用品，或跋山涉水贩卖货物，在这里定居生活。

1840 年鸦片战争，中国的门户被打开，大量人口移居海外，其规模和数量大大超过了从前。移居除了由于福建、广东人满为患，更重要的是由于外国入侵，广大人民破产失业，故而不得不背井离乡，远渡重洋。当时，西方国家已经占领并正在经营开发东南亚和南北美洲的殖民地，急需廉价劳动力。因此，大量贫苦人民遭到贩卖或奴役，被强迫从事繁重的劳动，如非洲的黑奴、美洲的印第安人、欧洲的异教徒和罪犯，还有中国的苦力。近代中国人口迁移是在这一世界背景下发生的，是资本主义兴起时特有的移民现象，是为加速资本的原始积累而对劳动力的贩卖掠夺和强迫迁徙。

据估计，中华人民共和国成立以前华人出国人数在 1 500 万以上。其中 90%以上前往东南亚，其次是南北美洲，再次为欧洲、大洋洲、非洲。早期出国的华人处境艰辛，不易立足，能够在海外存活生根、成家立业者是少数。

近代中国早期出国者大多是契约华工，或称“苦力”“猪仔”。他们名义上是受雇到海外做工，与外国资本家或华人工头订立“契约”，实际上大多数被用欺骗、诱拐、绑架的手段运往海外，从事最繁重的工作，并且没有人身自由。契约华工出国的高潮在 19 世纪 50 年代至 20 世纪初，估计 70 年内就有 700 万华工被运往世界各地。据 1906 年清朝驻新加坡总领事孙士鼎说：“每年从香港、厦门、汕头、海口等地到达新加坡的华人约十万人，其中百分之七十是‘猪仔’。”① 新加坡是当年契约华工的集散地，契约华工经这里再被分散运往东南亚各地。

契约华工的命运是十分悲惨的，他们离开祖国，受尽折磨。载运他们的船只被称为“浮动地狱”，住地狭窄，饮水缺乏，远赴美洲者在海上颠簸数十天。华工进入船舱，“一辫相连，接成一串，牵往囚室”②。船上的死亡率极高，一般为 20%，许多人尚未到达目的地，便葬身大洋之中。到达工作地点，过着牛马不如的生活。例如，在古巴甘蔗园工作的华工，每天工作 14 小时以上，工资只有当地人的 1/10；秘鲁的一个海岛有 4 000 多华工在挖鸟粪，他们“有劳动过度而病毙者，有堕落鸟粪层中活埋者，有不堪苦役自绝壁上投海者，仅存之人数不过百人而已”③。美国横贯全国的太平洋铁路也洒满了华工的血与汗，他们不论严寒酷暑，工作在高山峡谷、人迹罕至之地，很多人劳累身亡，“据老华侨说：华工前后参加筑路的有四五万人，因筑路而牺牲的，不下万人”④。还有在加州采金矿的华工，劳动也十分艰辛。当时美国人克拉克的调查报告中说，白种人不愿做的活就强迫华工去做，“中国人用铁锹和铲搬动砾石，开出坑道，身体经常浸在水中，寒冷刺骨。天气又炎热，上炙下蒸，工作极其艰苦”⑤。还有在东南亚劳动的华工，1901 年清朝官员吕海寰考察印尼邦加的锡矿，该矿全用华工采掘，“矿厂大半在山涯，山水下流，厂主不设抽水机，华工日在水中，既患潮湿，又系枵腹。故染病最易。况天气炎热异常，时症不息，死者枕藉”⑥。又如苏门答腊有许多烟草种植园，华工数万人，劳动强度大，环境恶劣，丛山密林，蛇兽出没，瘴气弥漫，“初开辟时，华工触瘴而死者，十之八

① 《外务部档》，光绪三十二年八月初二日孙士鼎呈文。
② 容闳：《西学东渐记》。
③ 李长傅：《中国殖民史》。
④ 吉丽奇：《中国移民史》。
⑤ 转引自西华德：《从社会和经济考察中国的移民》。
⑥ 《光绪朝东华录》。

九”①。由此可见，中国近代早期的海外移民都是贫苦人民，既无权力后盾，又无武装自卫手段，受尽苦难，胼手胝足，于所在国辛勤工作，开发资源，属于和平的劳力型移民，与西方国家那些依靠武力征服、占有土地矿场、作威作福、奴役当地人民的殖民型移民是完全不同的。

出国华工是一支积极的建设力量，他们用勤劳的双手努力工作，创造财富，与所在国的人民一起为所在国的经济发展做出了贡献。如印尼的锡矿、金矿开采，烟草种植，马来亚的橡胶、香料种植，越南、泰国、缅甸的大米耕作和贸易，古巴的甘蔗园开辟，秘鲁的棉花、甘蔗种植与鸟粪采挖，巴西的蔬菜园艺，墨西哥的棉花种植，巴拿马运河的开凿，美国和加拿大的铁路修筑，美国和澳大利亚的金矿开采，近代勃兴的这些产业、工程，无不浸透着千万华工的血汗。

1840—1949 年的 100 多年间，出国华人有 1 500 万，但到 1949 年为止，全世界华侨总数仅 1 000 万，可见当时出国华人死亡率之高和安家落户之难。20 世纪下半期，海外华人华侨自然增殖与大陆的海外移民陆续增加，其处境有所改善，经济和社会地位有所提高。今天，海外的华人华侨总数在 3 000 万以上。经过漫长的历史过程，他们适应新环境，参与新行业，吸收新知识，与当地人民和睦相处，越来越成为当地经济、文化建设的重要力量。

---

① 《苏门答腊日里华工惨状》，载《中央侨务月刊》，1930（5—6）。

中国近代机器工业和旧式手工业的关系*

中国的旧式手工业同鸦片战争以后产生的近代机器工业有没有联系？这是研究中国资本主义发展史时必然要碰到的一个问题。在这篇文章中打算对这个问题做初步的探讨。

明清之际的中国社会离资本主义还有一段漫长的路程，当时的手工业并不具备立即跨入机器生产的充足条件。甚至在以后大多数经济部门中，机器工厂也并不是由原有的手工工场直接发展起来的，而是由地主、官僚、商人投资新创的。虽然如此，中国近代机器工业的产生又不是完全同原有的手工业无关。中国封建社会末期社会经济和手工业生产所达到的水平，是中国近代机器工业产生的出发点和内在根据。离开了这个出发点和内在根据，近代机器工业的出现就会成为不可理解的事情。外国的侵略可以改变中国经济发展进程的方向和速度，但是不可能一刀斩断这个进程。中国近代机器工业某些特点的形成，可以而且必须从以往经济发展的情况中找到解释。

那么，近代机器工业同原有的手工业究竟存在什么样的联系？由于内部和外部原因的交错作用，情况是十分复杂的。大致有以下三种情况。

第一种情况是原有的手工业直接转化为机器工业，如缫丝业和某些初级加工业。这种情况是少数。

在某些行业中，原有的手工业已发展到较高水平，在鸦片战争以后又受到外力的刺激，如缫丝业。一方面缫丝机器传入中国，另一方面丝的出口需要迅速增长，这就为缫丝业的进一步发展提供了

---

* 原载《人民日报》，1965年8月20日。

技术条件和市场条件，使手工缫丝率先跨入机器生产的阶段。1872年，陈启源在广东南海的简村设立继昌隆缫丝厂，开始使用蒸汽动力和传动装置。此后，新式缫丝工厂在南海、顺德等地迅速发展。1882年南海有机器缫丝厂11家，1901年顺德有机器缫丝厂200家。这些缫丝厂尽管规模很小，但发展快，数量多，犹如雨后春笋。为什么在南海和顺德很快冒出这样多的小型机器缫丝厂？原因在于，这里是历史上有名的产丝地区，本来就有发达的缫丝、织丝的手工业。据一个外国人1833年的记载，南海佛山镇附近受雇织丝的男女童工就有17 000。可见这个地区缫丝、织丝业具有相当发达的基础，那些小型机器缫丝厂正是在原有手工业的基础上发展起来的。没有原有的基础，就不会有日后机器缫丝厂的蓬勃发展，这是原来的手工业同近代机器工业直接联系的一个例子。

机器缫丝工业的出现是原有手工缫丝业的发展，同时又是对原有手工缫丝业的否定。机器缫丝的劳动生产率比手工缫丝提高大约10倍，它的产品称“厂丝”，比起手工生产的“七里丝”有很多优点。因此，机器缫丝出现之后，手工缫丝就进入了衰微的过程。从广州一地丝的出口数量来说，1882—1883年，共出口丝9 556担，其中七里丝占87%，厂丝和仿厂丝占13%；1894—1895年，丝的出口总数达20 338担，七里丝下降到只占10%，而厂丝和仿厂丝已占90%。这是新工业从旧工业中发生并在否定旧工业中得到发展的一个辩证过程。

新的机器工业从旧的手工业中脱胎而出，当然在很多方面依然保留着旧的痕迹。广东的机器缫丝厂规模很小，资金很少，机器设备简单，它同手工工场是很相似的。如从19世纪80年代顺德的35家机器缫丝厂来看，合计只有资金105万元，平均每厂资金只有3万元，而雇工却有17 300人，平均每厂494人。这就是说，每投资约60元就要雇用一个工人，它的资本有机构成是非常低的。每个工厂只有极少、极简单的机器设备，许多重要的操作过程仍是使用手工劳动。

广东缫丝业之所以能够从手工生产飞跃到机器生产，是因为缫丝在中国旧式手工业中是比较发达的一个行业，它在某些工序上进行的技术改革并不需要大量的资金和复杂的机器设备。中国手工缫丝业的基础同当时机器缫丝业发展水平之间的距离并不是很大，一般的手工工场就有可能跨越这段距离而跃升为小型的机器工厂。如果没有原来手工缫丝业的基础，那就不会有以后一大批小型机器缫丝厂的出现。而且，鸦片战争以后，帝国主义大肆掠夺中国的丝、茶，丝的出口数量连年激增，帝国主义也需要缫丝这一类加工工业为自己的掠夺性贸易服务。如果没有国外市场这个条件，那也就不会有机器缫丝厂的出现。这样，当内在的基础和外在的条件都已具备时，缫丝从手工生产到机器生产的飞跃就成为"水到渠成"的必然趋势。个别首先采用机器生产的手工业主大大提高了自己工厂的劳动生产率，提高了资本对劳动的剥削率，因而也大大增加了自己的利润。这就使得其他的资本家也不能不陆续地采用机器生产。马克思说："采用改良的生产方式的资本家，比同业其他的资本家，可以在一个劳动日中占有较大的部分作为剩余劳动了"①。资本家的活动是处在价值法则和竞争法则的支配下的。一旦内部和外部的条件都成熟，资本主义的客观法则便会强制地发挥作用，推动手工业向机器工业飞跃。

封建社会末期遗留下来的旧式手工业在帝国主义侵略下大多破产了，只有像缫丝一类少数的幸存者较早地跨入了机器生产阶段。机器缫丝业纵然一度繁荣，但它一开始就依赖外国市场，生丝贸易操纵在侵略者手里，他们抑勒丝价，予取予求，故而生丝的缫制就不能不寄人篱下，成为侵略者的附庸。它在发展前途上有着层出不穷的障碍，不可能有长足的进展。特别是在20世纪初，日本丝织业崛起，中国的机器缫丝业受到严重的打击。一直到抗日战争前夕，已有五六十年历史的广东机器缫丝业仍然停滞在陈旧落后的小型工业阶段。

从手工业直接转化到机器工业的例子在其他行业中也是有的。

① 马克思：《资本论》，第1卷，336页，北京，人民出版社，1963。

如浙江宁波的通久轧花厂，原来是一个使用手摇机和足踏机的手工工场，1887 年有人投资 5 万元，从日本购买了蒸汽机和新式轧花机，在旧工场的基础上建成了机器轧花厂。又如汉阳的周恒顺机器厂，在 19 世纪 60 年代只是一个小型的炉冶坊，甲午战争前后，该厂的资本家周仲宣在原有的基础上逐步扩充，采用了蒸汽机和现代翻砂技术，逐渐使它发展成一个近代化的工厂。不过，这类情况在甲午战争以前尚不多见，到了甲午战争以后，特别是进入 20 世纪以后才渐渐普遍起来，如榨油业、碾米业、采矿业，等等。

第二种情况是原有的手工业没有直接转化为机器工业，但为机器工业的产生准备了条件。

中国旧式手工业直接向机器工业转化的道路是很狭窄的。这一方面是由于封建社会末期中国资本主义的萌芽尚未充分发展起来，旧式手工业的内在基础比较薄弱；另一方面是由于这种转化遇到了帝国主义、封建主义强大力量的阻挠。外国资本的竞争、排挤和并吞，反动政府的禁令干涉和苛捐杂税，各式各样的外部阻力处处压抑着新工业的产生和发展。不同时间、不同地区、不同行业、不同企业单位所碰到的外部阻力的大小并不一样。某些手工业虽然有比较好的基础，但是碰到的外部阻力很大，因此旧的手工业不能向机器工业直接转化，而进入迂回曲折的过渡阶段。这就是我们所要讲的手工业同机器工业之间联系的第二种情况，可以用航运和采矿业作为例子。

中国沿海的航运事业在很早就发展到了较高水平。鸦片战争以前，“沙”“卫”“宁”“南”各个船帮拥有 10 多万船工和大量的船只、资金。[①] 但在鸦片战争以后，旧船帮并没有直接转化成新式的轮船公司。这主要是因为来自帝国主义方面的阻力很大，英商怡和、太古和美商旗昌等轮船公司很早就垄断了中国的沿海航运，不允许中国商人插足其间。连得到清政府大力扶植的轮船招商局也无法同外资竞争，更不用说一般的商人了。在航运业中所碰到的外部阻力

---

① “沙船”航行于东北、河北和江苏之间，此外航行至东南亚的船只亦泛称“沙船”；“卫船”航行于江苏、山东各口岸；“宁船”“南船”航行于长江以南的各海口。

远比广东缫丝业中要大得多，因此旧式船帮不可能完成这个转化。

旧式船帮虽然没有完成转化，但它同新式轮船公司并不是绝无联系的。上海和广东的商人，包括沙船商在内，很早也有购置轮船、向新式航运业转变的意图和尝试，但是他们不敢用中国商人的名义，而是借用了外国洋行的招牌。李鸿章说：“各省在沪殷商，或置轮船，或挟资本，向各国装载贸易，俱依附洋商名下”①，“近来华商附搭洋轮，亦有殷实沙户（按：指沙船帮商人）在内”②。像著名的买办唐廷枢、徐润等都有轮船往来于中国上海、香港和日本。

19世纪70年代初，轮船招商局成立，李鸿章就把那些依附于帝国主义的买办、商人拉到自己的身边。唐廷枢和徐润都当过轮船招商局的总办。招商局的发起人之一朱其昂就是一个出身于沙船帮的人物。李鸿章说：“朱守自家即有沙船，其亲友更多。”③ 通过朱其昂的关系，招商局所招的股金中即有一部分沙船帮的投资。在当时帝国主义和封建主义的阻挠下，旧式沙船帮根本不可能直接向新式轮船公司转化，它们必须找外国侵略者和封建大官僚作为靠山，这就形成了中国早期航运业史上“官督商办”“中外合办”等畸形状况。

采矿业的情况也是如此。中国的旧式采矿本来是比较发达的，但是在19世纪旧式采矿业直接转化为新式采矿业的事例也很少，这主要是由于封建势力的阻挠。封建官绅说什么用机器开采矿藏会破坏“风水地脉”，他们尤其害怕用机器采矿，认为大量矿工聚集在一起，容易爆发大规模的起义反抗。如果三三两两的采矿者用土法进行小规模的采掘，地主阶级还可以勉强容忍；如果集股鸠资，用机器进行大规模采掘，地主阶级就千方百计地反对和破坏。郭嵩焘说：“凡矿户自治其私，亦皆习而安之。一闻有集股开办，万目睽睽，必不能容，悉力倾之而后已。”④ 在这样强大的阻力面前，一般小矿主当然不敢也不能采用新式采矿机器，旧式矿场也就难于向新式矿场转化，所以早期的机器采矿绝大多数是用清政府和大官僚的名义开

---

①②③ 《试办招商轮船局折》，《李文忠公奏稿》卷二十。《复何筱宋制军》，《李文忠公朋僚函稿》卷十二。

④ 郭嵩焘：《养知书屋文集》卷十三，《与友人论仿行西法》。

设的。

由清政府和大官僚开设的新矿场虽然不是从旧式矿场直接转化而来，但是旧矿场在以下几个方面为新矿场准备了条件。

一是提供了矿址。采矿必须先行勘探，查明矿藏的地点、质量和丰富程度。中国开始用机器采矿的时候，根本没有什么勘探的准备。很多矿场主要是利用了旧的矿址，在旧矿井的附近，甚至就在旧矿井的基础上使用机器采掘。例如，福州船政局的用煤最初取给于台湾的小煤窑，后来船政局感到由自己直接用机器来采煤更加有利可图，于是索性吞并了许多小煤窑，投资购买机器，建立了中国第一个新式的大型煤矿——台湾基隆煤矿。另一个著名的新式大型煤矿——直隶开平煤矿，它是由李鸿章、唐廷枢等创办的，也同小煤窑有密切的关系。开平、唐山一带的小煤窑原来就很多。“该处煤井乃明代开起，遍地皆有旧址，现在开挖者亦有数十处”，“其煤井均系民业，已弃旧井，无不乐意出售”①。在官僚和资本家的巧取豪夺下，这些旧矿井都变成了开平煤矿的产业。开平的部分矿井就是利用旧井开凿的。其他很多新式矿场也同上述情形相似。

二是提供了技术和经验。新式矿场虽然在某些工序上采用了机器，但在其他更多方面却继承了旧矿场的技术和经验。这是因为早期的新式矿场资本很少，不可能购买大批机器，全面采用新技术，而且雇用旧矿场中技术熟练的矿工只须付给很低的工资。早期的新式矿场实际上只有一些用来排泄矿中积水的抽水机器（因为排水问题是旧式矿业解决不了的技术难题），在其他工序上宁肯接受土技术、土经验，采用手工操作，也不肯用高昂的代价去购买洋机器，聘请洋矿师。对矿业资本家来说，不管是洋技术还是土技术，最重要的是有利可图。有时候土法开采比机器开采能够带来更多的利润，资本家也不惜倒退一步，改用土法开采。② 可见新式矿场并不是把旧矿场的技术和经验一下子都抛弃了，而是在对旧技术、旧经验的

① 唐廷枢：《察勘开平煤铁矿务并呈条陈情形节略》。

② 热河三山银矿，本来用机器开采，雇工 500 余人，后来由徐润接办，改用土法，雇工 3 000 人，所得利润超过机器开采时。参见《徐愚斋自叙年谱》。

否定和继承中发展了自己。

三是提供了资金。新式矿场开办时，资金短缺。有些旧式矿业主投资于新式矿场，或者拿旧矿场的生产资料折价入股。如山东峄县煤矿开设的时候，“望族绅耆，殷实行户，亦皆入资搭股”①，这里所说的“殷实行户”，大概包括当地的小煤窑主在内。又如热河的三山银矿原是一个土法采掘的旧矿场，后来被洋务派官僚并吞，改为机器开采。旧矿主所有的矿井、山场、房屋和木柴，折合白银1万两，作为旧矿主对于新矿的投资。

由此可见，在航运和采矿业中，旧的企业虽然没有或很少直接跃升到新式企业，但是旧企业在很多方面为新企业准备了条件，两者之间明显地存在着联系。

第三种情况是机器工业同原有的手工业之间很少有联系，但机器工业的出现仍被整个中国社会发展的行程所决定。

早期工业中的纺织、炼钢、火柴、铁路等属于第三种情况，它们同旧式手工业之间没有或很少有联系。其中像火柴和铁路是帝国主义侵入中国以后新出现的行业，这些行业当然只能从头开始。

另外像纺织和炼钢业，也是这样。在封建社会末期，中国的棉纺织业还停留在家庭手工业阶段，炼钢作坊也陈旧落后，这些手工业的基础很薄弱，与经历了产业革命而大大发展的外国纺织厂、炼钢厂有天壤之别。一般手工业主不可能一步登天，把简陋的作坊、工场转变成规模庞大、技术先进的大纺织厂和大钢铁厂。恰恰相反，由于这些手工业和外国的大纺织、大钢铁厂生产同样的产品，推销于同一个市场，外国的机制商品很快就排挤了中国的手工制造品。因此，这些手工业所面临的不是什么进一步向大工业转化的问题，而是在外国竞争下滞销、破产、改组、歇业的问题。

尽管如此，这些手工业的滞销、破产、改组和歇业却又成为在这个行业中采用资本主义机器生产的契机。以棉纺织业为例，在中国封建社会里，棉纺织业是最主要的手工业部门之一，农耕和纺纱、

① 朱采：《清芬阁集》卷八，《禀丁宫保峄县煤矿地方官禀陈失实》。

织布密切地结合在一起，形成强固而停滞的自给自足经济体系，妨碍着纺织业的分工、独立和进步。鸦片战争以后，廉价的外国纱布被大量输入中国，手工纺织受到致命的打击。先是手工纺纱业被挤垮，农民和手工业者不得不放弃纺纱，购买洋纱来织布，之后是手工织布业遇到了危机，农民和手工业者又不得不放弃织布，购买洋布来做衣服。在外国资本的侵略下，耕、纺、织这三者强固地结合着的经济体系逐步地解体了。这个解体过程带来了亿万人民的贫困、饥饿和死亡，是中国农民和手工业者的一部辛酸血泪史，但却又使纺织业突破了自给自足体系的壁垒而取得了商品生产的性质。当自纺自织者不得不购买棉纱来织布或购买棉布来做衣服时，纺织业中的资本主义机器生产就具备了必要条件。资本主义产生、发展的过程就是农民和手工业者贫困、破产的过程。中国的第一批近代纺纱工厂就是在19世纪下半期农民和手工业者贫困、破产，不得不购买洋纱来织布的历史背景下建立起来的。在某种意义上说，手工纺织业仍然同近代纺织工业存在着内在联系。不过，近代纺织工厂不是从原有的手工纺织工场直接发展而来的，而是以手工纺织业的破产和改组作为前提而产生、发展的。

总之，观察鸦片战争以后中国经济的变迁状况，可以辨认出中国旧式手工业和近代机器工业的来龙去脉，两者之间存在着一定的联系。帝国主义的侵略是中国历史上前所未有的狂风暴雨，它严重地摧残了中国原有的手工业。但无论如何，它不可能完全阻塞中国经济发展的道路，也不可能完全割断中国经济前后的联系。中国近代工业有少数是从旧式手工业直接转化而来的，另一部分是凭借旧式手工业所提供的一些条件而建立的，还有一大部分是在旧式手工业破产的废墟上从头开始的。中国社会的经济基础以及在外国侵略下中国社会自身的变化，是产生中国近代机器工业的第一位原因。鸦片战争以后，处在剧烈变化中的中国社会既唤起了对近代机器工业的迫切需要，又提供了近代机器工业滋生的必要条件。如果没有中国社会自身的变化这个内部原因，那么外国的机器、技术即使再先进些，也不可能被接受，中国近代机器工业也就不会产生。

中国近代科学的先驱*
——徐寿父子

徐寿（1818—1884）、徐建寅父子是我国近代科学的杰出先驱，他们在外国侵略者刚刚进入中国时，率先抛弃科举考试，投身自然科学，翻译西方书籍，为引进先进的科学技术做出了巨大贡献。

1840年鸦片战争以后，极少数先进的中国人，如林则徐、魏源、徐继畬，既看到了西方资本主义的侵略本性，也看到了他们在声光化电、船炮机械以及经济、政治、军事、文化等各个方面的成就和优势，认识到向西方学习的必要性、紧迫性，主张“师夷长技以制夷”。徐寿就是早期先进中国知识分子行列中的佼佼者。当时，中国的知识分子日夜讽诵孔孟之书，沉溺于科举八股，以此为升官发财的途径，对高度发达的西方自然科学茫然不晓，且鄙夷之。徐寿和其他知识分子不一样。他青年时尝一应童子试，既以为不切实用，弃去。在举世以自然科学、机械制造为“奇技淫巧”的滔滔浊流中，他具有远见卓识，毅然选择了自然科学作为终身事业，遨游于科学知识的海洋，“专究乎致知格物之学……凡与格致有涉者，如数学、律吕、几何、重学、化学、矿产、医学，靡不穷源竟委焉”。当年，中国知识界在自然科学方面几乎完全是空白，既没有入门的教科书和起码的工具书，又缺乏可以咨询的老师和学友，要走进近代科学的殿堂，需要付出多少努力和汗水！徐寿孜孜不倦，奋力攻关，千方百计克服困难。当获知有一位知名的数学家李善兰在上海墨海书馆工作时，他就从无锡专程到上海去拜访，请教数学问题。学习和研究自然科学，需要做实验，徐寿既无现成的仪器设备，也不知道

---

* 原载《语冰集》，南宁，广西人民出版社，1999。

做实验的方法，仅凭一本简单的《博物新编》汉译本，自己动手，边学边干，成功地制造出了指南针、象限仪、古代乐器，又用水晶印章磨成三棱镜，做七色分光的试验。他心灵手巧，勤奋刻苦，自学成才，无师自通，在科技领域有很高的造诣。同治初，曾国藩以“研精器数，博涉多通”，奏聘徐寿入军中幕府。徐寿在儿子徐建寅、朋友华蘅芳的协助下，在南京制造了“黄鹄”号轮船，这是中国人自己制造的第一艘汽轮。以后，他又为江南制造局制造了“惠吉”、“操江”、“测海”、“澄庆”和“驭远”等轮船。

徐寿晚年把主要精力用于翻译科技书籍，所译有《化学鉴原》《汽机发轫》《化学考质》《化学求数》《西艺知新》《营城揭要》等。他在化学方面译书尤多，比较全面地介绍了近代化学的主要内容，为中国的化学学科奠定了基础，而且他译的书流传到日本，对日本的化学界也颇有影响。

徐寿致力于钻研科学技术，为的是使国家摆脱愚昧落后，走向文明富强。当然，要实现这一爱国宏愿，首先要进行政治改革，从根本上清除政治上的顽固、腐败、专制，否则，国家不可能得救，科学技术也不可能发展，徐寿父子一生的经历证明了这一点。徐寿鞠躬尽瘁，钻研科学，制造了大批轮船，翻译了几百卷科技书籍，贡献巨大，但像他这样杰出的科学家却得不到重用，连曾经聘他入幕的曾国藩也并不重视他，只保举他任八品县丞。和那些镇压农民起义有功，因而衣锦缠紫、翎顶辉煌的封疆大员相比，对徐寿太不公平了。大概徐寿父子在生活实践中也懂得了政治改革的重要性，所以徐建寅继承父业，不仅译出了《器象显真》《轮船布阵》等书，还在他当德国使馆参赞时，著译了《欧游杂录》《德国议院章程》等书，鼓吹学习西方的政治制度。徐建寅和康、梁维新派有交往，故戊戌变法中北京设立农工商总局后光绪帝下谕，任徐建寅为督理。但还没有等到徐建寅就任新职，一展抱负，西太后就扼杀了变法运动，农工商总局被取消，徐建寅也被罢斥。他后来到湖北做科学技术工作。1901 年，因试制无烟火药发生爆炸事故，徐建寅和 16 位技术人员、工人一起以身殉职。

徐寿、徐建寅父子孜孜矻矻、坚持不懈，把一生奉献给科学事业，对中国近代科技的始建和发展厥功至伟。他们热爱国家，执着地投入专业研究，刻苦自学，勤奋译书。他们在政治上不断前进的精神、在科学上求实与创新的精神，值得我们认真学习，永远崇敬。

中国近代教育的先驱*

——纪念张伯苓先生

张伯苓先生（1876—1951）生活在旧时代向新时代过渡的阶段。他是推动中国传统教育向近代教育迈进的先驱者，是私人办学、社会办学的楷模。他早年在严修先生家馆中教学，学习与采取西方近代教育的模式和方法，和严修先生一起创办南开中学（1906 年）、南开大学（1919 年），以及南开女校、小学，重庆南开中学等。在半个多世纪的教学道路上努力奋斗，艰苦卓绝，不慕名利，一心扑在教育工作上，创办了中国第一流的学府，造就了大批杰出人才。中国太需要像张伯苓先生这样的教育家、大学校长了。过去需要，今后也需要。我们今天纪念他，使我们想起当前的教育改革。我读了他的传记、著作，深深为他的品德、行为等所感动。

张伯苓先生强调德智体全面发展，这和今天的教育方针是一致的。其中，他在教学生怎样做人，即道德教育方面，是非常突出的。张先生要求学生人人爱国。他是从北洋水师学堂出来的，深深了解甲午战争这段历史。甲午战争那年他 18 岁，曾在军舰上做过工作，当时日军占领中国的威海卫军港，停战赔款以后，日军将威海卫交还中国，英国又跑出来强行租借威海卫，清政府只得又把威海卫让给英国。张先生亲历接收威海卫又把威海卫让给英国的过程。此事对他刺激很大，祖国衰弱，故领土在帝国主义强盗的手中随意转来让去。张先生的一句名言是：“做人第一要爱国。”办南开学校，为的是拯救祖国、复兴民族、造就人才、以图富强。他对学生的要求很严格，亲自给学生上修身课，在学校中建立起个人和集体的行为

---

* 原载《语冰集》，南宁，广西人民出版社，1999。系纪念张伯苓先生诞辰 120 周年学术研讨会上的发言。

规范，培植起良好的校风。听说过去的南开学校悬挂着 40 字格言，对师生的思想、行为、性情、仪态提出要求。如果对照后来过分偏重知识教育而忽略了道德教育的教育方式，我们会强烈感受到张伯苓先生的教育思想的可贵及其深远的借鉴意义。

张先生主张将传统道德和近代社会要求相结合，主张修养身心、熏陶人格、潜移默化，都是很有道理的。如果学校不管道德教育，培养出的人才就不能算合格。尽管你学问很大，才能很高，但缺德亏行，廉耻沦丧，也只能危害社会。今天的现实也让我们切实感受到了道德教育的重要性。一个民族如果不重视道德建设，结果导致道德沦丧，那是不会有前途的。

南开各级学校是私立学校、民办学校。当年严修和张伯苓能以私人力量创办第一流学校，实在令人敬佩和惊讶，也值得我们深入思索。长期以来，我们的教育都由国家包办，但国家的力量实际上又包不了，因此造成学校经费短缺，教师待遇菲薄。“学在官府”这一模式可不可以改变？至少可以做些试验。“广开学路”恐怕是教育走出困境的重要解决办法。听说社会上对私人办学有争议，一怕降低教学质量，二怕收费太高，三怕欺骗家长、坑害学生。当然不能说不存在这些弊病，但为什么在旧社会有像南开大学那样第一流的私立大学？为什么在外国有许多高质量的私立大学？当年的南开和北大、清华齐名，人才辈出，桃李满天下，曾在南开大学执教的有梁启超、胡适、范文澜、汤用彤、李济、罗常培、老舍、竺可桢、杨石先、陶孟和、饶毓泰、张彭春等知名人士。行政效率也很高。南开创办初期，学生 1 200 人，行政后勤人员只有 24 人，行政后勤工作人员与学生之比为 1∶50。现在的万人大学，职工人数可能高达 2 000，工作人员与学生之比则为 1∶5。南开的办学模式和经验值得借鉴。国家办学应和社会办学、私人办学并行，广开学路，相互竞争，这是推动教育更快发展的重要途径。

张伯苓先生是一位杰出的教育家，具有高尚的品德。他勤奋努力，兢兢业业，苦干实干，把一生奉献给了南开的教育事业。他艰难创业，经历了许多困难，几乎终生处在逆境中，然而他百折不挠，愈挫愈奋。南开是私立学校，经费一直很困难，他想尽办法，募捐张罗，到处奔波，心力交瘁，他说自己像个化缘的老和尚。而在生活上，他节衣缩食，自奉俭朴。抗日战争时期，南开的损失极严重。“七七”事变爆发后，南开的校舍被毁，搬到大后方，和北大、清华合组西南联大。又在重重困难中建立了重庆沙坪坝南开中学。抗战胜利后，南开大学复校。1946 年，国民党政府强制把南开大学改为国立大学，免去了张伯苓的校长职务。中华人民共和国成立后，张伯苓先生年事已高，1951 年辞世。他拥护党和政府的领导，在遗嘱中说：同学们要竭尽所能，为国为公，拥护人民政府，建设富强康乐之新中国。

张伯苓先生很尊重教师，在十分困难的条件下，尽力提高教师的待遇，使他们能在安定的环境中专心搞好教学。他能识别和提拔人才，有一些当初不知名的年轻学者，受他聘请到南开讲课，如语言学家罗常培原来是个速记员，历史学家范文澜原来是个银行统计员，文学家老舍原来是北京劝学所的职员。张伯苓不拘一格用人才，把这些学者聘请到大学授课。他们都脱颖而出，成为学术界的大师。张伯苓还关心学生，爱护学生。五四运动时期，北洋政府逮捕进步学生，张伯苓积极奔走，营救、保释学生。他的学生中英才济济，像周恩来、邓颖超、陶行知、曹禺、吴大猷、马骏、黄敬等都是出类拔萃的革命家、科学家、教育家、作家。他品德高尚，不慕名利，不贪官禄。八国联军占领天津时设立了都统衙门，当年懂英文的人很少，张伯苓擅长英语，八国联军请他任职，张伯苓坚决拒绝，不与侵略者合作。黎元洪任大总统时，张伯苓办教育已很有成绩，黎元洪请他在教育部做官，张伯苓也辞谢不就。后来奉系军阀统治京津地区，张学良非常钦佩张伯苓，请他当天津市市长，他也不干。蒋介石请张伯苓当考试院院长，起先他也不肯，以后被迫接受，但一直住在重庆沙坪坝，当南开中学的校长，而不肯去考试院。这种敬业态度，以及恪尽职守、热爱工作、不求荣华富贵的精神确实难能可贵。我们现在希望多出几位像张伯苓这样的教育家、大学校长。教育战线太需要这样的人才，太需要有理想、有学识、有道德、有干劲、有热情的教育家了。

中国近代的留学教育*

1992年是出国留学教育120周年。回顾并总结120年来留学工作的经验教训，加深对留学教育之重要性的认识，改进、加强这方面的工作，对当前实现进一步改革开放是非常有意义的事情。一方面，可以学习近代历史，了解出国留学教育的始末，增强爱国主义精神；另一方面，也可以把派遣、培养留学生的工作做得更好，广泛团结海外学子，使他们在国外能更加安心学习，回国后能更好地发挥所长，为社会主义建设服务。

120年来，出国留学教育的历史漫长而曲折，但成绩巨大，人才辈出，对近代中国的进步，对经济和文化的发展，起了极其重大的作用。120年的留学教育，可以用四句话概括：探求真理，学习科学，爱国革命，振兴中华。这四句话也是绝大多数留学生共同的思想、共同的态度。120年来，留学教育的道路随着国内外形势的发展变化而有所不同，每一个阶段、每一批留学生的规模、人数、所往国家、所学专业、学习期限长短、自费公费以及回国后发挥的作用，都不一样。但总的来说，留学生中涌现了大批出类拔萃的人才，包括政治家、革命家、军事家、科学家、文学家、艺术家，可以说是群星灿烂，光照长空。他们把世界上先进的思想、先进的科学引进中国，使近代中国的政治局面和思想文化发生了重大的、根本性的变化。

120年前，中国政府正式开始派遣留学生赴美学习。这是由曾国藩、李鸿章向清廷奏准的。第一批赴美留学生的出发日期是1872年8月11日，从上海乘轮船，横渡太平洋，经28天到达旧金山。这是

---

* 原载《中国高等教育》，1992年第5期。原题为《近代留学教育的光辉道路》。

中国派出的第一批留学生，标志着近代中国朝着实现开放和向西方学习迈出了极其重要的一步。

在这次派遣留学生之前，也有中国人出国学习的情况。明清之际，外国耶稣会教士到中国传教，带一些中国学生出国学习，但那是个别现象，人数很少，其目的不是有意识地向西方学习科学、文化，而是为了培养传教士，在中国传播宗教。这些早期留学生曾在法国、意大利等地学习，但回国后发挥的作用不大，有的学生即使学到了一些西方知识，也是英雄无用武之地。因为鸦片战争以前，中国是个自给自足的、封闭性的国家，在这样的环境中，留学生起不了什么作用。中国早期的留学生几乎无声无息，在中国史料的记载中没有留下他们的姓名和踪影，我们仅可从当时外国教会的档案中知道他们的点滴情况。

在鸦片战争以后，留学生中出现了一个重要人物，这就是容闳。他原在澳门教会学校读书。1847 年，容闳和几位同学被送往美国，后来进了耶鲁大学，至 1854 年回国。容闳力主学习西方文化，从而实现救国的愿望，因此向曾国藩建议派遣留学生赴美学习，并拟订了留学教育的计划。曾国藩、李鸿章奏请派遣第一批留学生，就是采纳了容闳的建议。

为什么清政府会采纳容闳的建议？这是因为洋务运动的进行，使派遣留学生成为社会的需要。鸦片战争和太平天国革命以后，清政府和外国的交往增多，需要有懂得外国语言文字、了解国际事务的外交人才。又因为引进了洋枪洋炮，设立了兵工厂，以及行驶轮船、开设工厂、采掘煤铁矿等，需要有大批科学技术人才。所以，洋务运动的兴起把派遣留学生提上了日程。

清政府计划派出留学生 120 人，分 4 年派出，每年 30 人，学生均为 12～14 岁的幼童，学习 15 年，派往美国，由陈兰彬和容闳带领照管。1872 年最早的 30 名幼童启程赴美。以后每年派遣 30 人，到光绪元年（1875）为止。

好事多磨！这些留美学生并没有按原定计划修完学业，清政府中途把他们召回。主要原因是，留学生在美国受西方文化影响，和清政府所派的官员发生冲突，且不说深层次的思想冲突，在生活上、服饰上、礼节上、信仰上，矛盾对立日深。有的留学生嫌辫子不雅观，剪掉辫子，改成短发；有的不愿对清朝官员叩头跪拜；有的不愿穿长袍马褂，改穿西装；有的进教堂做礼拜，甚至信仰基督教。这些行为都被清朝官员视为离经叛道，不能容忍。陈兰彬上奏清廷："外洋风俗，流弊多端，各学生腹少儒书，德性未坚，尚未究彼技能，实易沾其恶习，即使竭力整饬，亦觉防范难周，极应将局裁撤。"① 容闳虽极力抗辩，希望挽回，但未能成功。光绪七年（1881），这些留美学生被分批召回，他们的学业尚未完成。

第一批120名留学生回国后，在不同岗位上工作，以工矿、铁路、交通、电报领域为最多，其次为外交、行政、海军，还有教育、工商等。他们发挥了各不相同的作用，如唐绍仪是中华民国的第一任内阁总理，詹天佑是著名的铁路工程师，梁敦彦曾任外交总长，唐国安是清华大学校长，还有4名留学生在中法马江海战中牺牲，3名留学生在中日甲午海战中牺牲，为祖国奉献了宝贵的生命。

继120名赴美学生之后，中国派遣了一批又一批的留学生，奔赴世界各国。随着国内外局势的变化，他们的人数、派往国家、所学专业、回国后的贡献各不相同。在什么样的形势下，有什么样的需要，就会培养出什么样的人才。

清政府派遣第二批留学生，从清光绪元年（1875）开始，数年内陆续向欧洲的法、英、德等国派遣留学生。当时，李鸿章、沈葆桢分别建立北洋、南洋海军，建造或购买船舰、枪炮，设立军港，故所派学生集中于学习军事、造船、驾驶。派出人数较少，年龄较大，均为20岁上下的青年，出国之前已在国内学堂学习，掌握了外国语和基本科学知识。出国学习的期限亦较短，所学课程甚多，故学习紧张，学生们勤奋刻苦，成绩优异。当时，清朝出使大臣薛福成称赞他们："近年出洋学生试于书院，常列高等，彼亦知华人之才力不后西人也。"②

---

① 中国史学会主编：《中国近代史资料丛刊：洋务运动》（二）。

② 薛福成：《出使英法义比四国日记》卷三。

第二批留欧学生于1880年后陆续回国，大多在海军、造船厂、学堂供职。其中最有名的是严复，他初学驾驶，后来对西方的社会科学产生兴趣，孜孜钻研，曾将《天演论》等译成中文，对中国思想界影响极大。还有马建忠，学习法律、政治、语言，是早期的改良主义思想家。这批留学生中，最多的是海军将领。中日甲午战争中，参加黄海大战的12艘主力舰只，有8艘的管带（舰长）是留欧学生，有1艘的管带是第一批的留美学生。以身殉职的留欧学生有刘步蟾（“定远”管带）、林泰曾（“镇远”管带）、林永升（“经远”管带）、黄建勋（“超勇”管带）。另如“致远”管带邓世昌虽不是正式留学生，却曾到英、德等国考察、学习1年，也是一位短期的留学生。

孙中山也是在这期间出国，但他不是政府派遣，也不是往欧洲国家。他于1878年作为华侨家属前往檀香山求学，时年12岁。

此后，出国留学的第三批学生是辛亥革命前的留日学生。经过甲午战争、戊戌变法、八国联军侵华战争，帝国主义的侵略日益深入，中国面临灭亡的危机，越来越多的人了解到向西方学习的重要性，出国留学成为社会的时尚。他们主要是前往日本学习，因为日本是向西方学习最有成效的国家。日本在1894年甲午战争中打败了中国，又在1904年日俄战争中打败了俄国。日本崛起的成功引起了中国青年的歆慕，并且由于中国废止了科举取士，断绝了知识分子出仕的传统渠道，知识分子不得不另辟道路。日本距离中国很近，路费、学费、生活费较便宜，于是大批青年涌向日本，形成留学日本的热潮，从每年几百人发展到几千人、上万人，如1906年赴日学生达1.2万人，1907年达1万人。学习的科目主要是政治、法律、军事。因为甲午战争失败了，戊戌变法也没有成功，大家越来越认识到，不进行政治改革，中国就没有前途。一部分留学生主张渐进的改革，成为立宪派；一部分留学生主张推翻政府，进行彻底改革，成为革命派。革命派的影响极大，著名人物有黄兴、宋教仁、邹容、陈天华、秋瑾、吴玉章、鲁迅、陈独秀以及稍后的李大钊、郭沫若等。孙中山先生就是依靠这批留日的革命学生创立了中国同盟会，组织了许多次武装反清起义。黄花岗起义的烈士中如喻培伦、林觉民、方声洞等都是留日学生。1911 年发生辛亥革命，推翻了清政府，结束了中国 2 000 多年的封建君主专制统治，许多留日学生为革命筹谋划策、冲锋陷阵，做出了巨大贡献。

中国的第四批留学生，就是庚款留美学生。八国联军侵华后，帝国主义要求中国赔款白银 4.5 亿两，这笔巨款相当于当时中国五年的财政收入。后来美国国会决定退还它所得到的部分赔款，用此款培养中国赴美的留学生。帝国主义希望培养自己在中国的代理人，但恰恰和帝国主义的愿望相反，绝大部分留学生成为科学家、爱国者，为祖国做出了巨大贡献。

庚款留美学生从 1909 年起开始选派，办法是考试。第一年考试从 640 人中选出 47 人，入选率 7%，第二年从 400 人中选出 70 人，入选率 17.5%，可见考试之难与选拔之严。退还的庚款每年数目不等，少时近 50 万美元，多时达 80 万美元。为了解决选派和培养中的困难，1911 年创办清华学堂（后改名清华大学），作为留美的预备学校。从清华学堂建立到 1929 年，派往美国的留学生达 1 279 人，除庚款留学生之外，通过其他途径前往美国或欧洲各国的留学生还有很多。

第四批留学生的特点是：（1）学习自然科学者居大多数。和辛亥革命前留日学生大多学习法政、军事不同，辛亥革命前注意力集中于政治改革，故所学专业以法政、军事为多。辛亥革命以后，大家注意于国家建设，一股实业救国、科学救国的思潮弥漫于全国，故庚款赴美学生多学习理工农医。据竺可桢先生回忆：“恐怕全部庚款留学生中学工农理科的都要占百分之七八十。”① （2）有较多学生取得学位。据 1917 年和 1918 年编印的《游美同学录》，所列名单 537 人，其中博士 47 人、硕士 202 人、学士 227 人，无学位者仅 61 人。

留美学生在刻苦求学的同时，组织各种团体，相互联络交流，

---

① 参见 1961 年清华大学访问记录。

显示了中华民族强大的凝聚力。1913 年归国的留学生组织了欧美同学会，探讨学术，联络友情，成为全国性的留学生团体。1914 年，留美学生建立了中国科学社，出版《科学杂志》，开展学术活动，推动科学研究。

庚款留学生中卓有成就者甚多，如语言学家赵元任、气象学家竺可桢、化学家侯德榜、生物学家秉志、桥梁专家茅以升、经济学家马寅初、法学家王宠惠、哲学家兼文学家胡适、教育家蒋梦麟、名记者杨杏佛等。

第五批出国的留学生是留法勤工俭学的学生。1914 年第一次世界大战爆发，法国缺乏劳动力，10 万华工应募赴法。同时，在蔡元培、李石曾、吴玉章等的倡导下，大批青年学生赴法勤工俭学。1919 年后出现了赴法留学的高潮，许多青年经受了五四运动的洗礼，追求民主、科学，主张劳工神圣，倡导“工读主义”，纷纷赴法。1920 年，留法勤工俭学者有 1 600 多人。这些学生既无官费或庚款的支持，又无家庭和亲友的奥援，处境很困难。但他们怀着探求真理、学习科学的热诚，一面工作，一面读书，艰苦奋斗，自食其力。他们中的一批人在留学期间学习了马克思主义，吸收俄国十月革命的经验，完成了从民主主义到共产主义的转变，成为中国最早的一批优秀共产党员，对中国革命做出了伟大的贡献。其中有周恩来、邓小平、蔡和森、王若飞、李富春、陈毅、聂荣臻、向警予、蔡畅等。朱德也在那时留学，所去的国家是德国。

第六批是去苏联留学的学生。俄国革命成功，经过内战后，局面稳定。这时，中国国内共产党诞生，工农运动发展。走十月革命的道路，是青年的普遍要求，许多有志青年纷纷赴苏学习，较早的如刘少奇、瞿秋白、任弼时、张太雷等，所学的是马克思列宁主义的革命理论。后来，莫斯科创办了中山大学，专为中国革命培养干部，大批共产党员以至部分国民党员均曾留学苏联，如陈云、杨尚昆以及王稼祥、张闻天、博古、王明等，蒋经国也曾留苏学习。以前在欧洲留学的不少学生，也曾转往苏联学习，如朱德、邓小平、李富春、李立三等。这是在国际国内新形势下开辟的一条新的留学道路，为中国革命造就了大批领袖人才。

第七批是20世纪30年代和40年代去欧洲或美国深造的留学生。他们在国内外战火纷飞的年代负笈出洋，怀抱着建设祖国的希望，所学大多为理工农医，也有学习社会科学的，较早的如林巧稚（医）、钱学森（物理）、谈家桢（生物）、钱锺书（文学）、钱三强（物理）、费孝通（社会学）、钱伟长（物理）、汪德昭（声学），稍晚的如黄昆（物理）、唐敖庆（化学）、谢希德（物理）、裘维藩（农学）、林兰英（物理）等。新中国成立以后，他们响应祖国号召，陆续回国，数十年来站在生产和科研的第一线，毕生为社会主义建设做奉献。这批留学生中还有诺贝尔奖获得者杨振宁、李政道等，他们成为世界上第一流的科学家。

第八批是新中国成立以后派往苏联、东欧的留学生。由于当时国内外的形势，新中国只能实行“一边倒”的政策，即倒向社会主义阵营，不能再向欧美、日本派遣留学生（台湾尚有大批留美学生）。为了学习建设国家的本领，新中国成立初期曾派遣大批学生往苏联和东欧学习。李鹏、邹家华、李贵鲜、宋健都是留苏生，李铁映留学捷克，江泽民亦曾在苏联实习，成为今天党和国家的领导人。

第九批就是改革开放以来十余年公派或自费出国的留学生，人数达十多万，规模大大超过以往各个时期。所去的国家包括美国、欧洲、日本、澳大利亚，所学专业的涵盖面极为宽广。这批留学生在今天，尤其在即将来临的21世纪必定会发挥巨大的作用。

以上所说的九批留学生，只是勾画了120年来留学教育的大体轮廓，还有许多留学生分散出国，遍及世界各地，不一定能被纳入这个大的框架。这九次浪潮是近代留学教育的大致历程。“长江后浪推前浪”，每个历史时期的不同形势决定了该时期留学教育的不同特色，形成了一条漫长而又光辉的路程。留学生在中国近现代史上留下了不可磨灭的功绩，他们有理想、有知识、有能力，怀抱救国救民的一片赤诚，努力工作，鞠躬尽瘁，在政治上、思想上、科学技术上都发挥了先锋作用、骨干作用。差不多每个历史时期的重大事件，都有留学生参与其中，他们是中国革命和建设中不可缺少的力量。

留学生长期生活在国外，一方面，他们怀念祖国，希望祖国繁荣富强，具有强烈的爱国意识；另一方面，他们长时间生活在异国他乡，所见所闻和国内不同，思想观念、行为作风和国内的人有一定的差异，他们所学专业也要求较高的工作条件，因此对他们应多多理解、尊重、爱护。从历史上看，留学生不管通过什么途径出国，到什么国家去，也不管学什么专业，他们绝大多数是爱国的，是有用的栋梁之材。留学先辈们勤奋刻苦的事迹，对国家、民族的贡献，以及他们的人品、学问，值得敬仰。应该充分肯定 120 年来留学教育的成绩，其优良传统应该进一步发扬。特别在今后进一步改革开放中，出国留学的潮流是不可遏阻的，应当积极推动，善于引导，努力帮助。近代留学教育的历史是实行开放、学习和吸收世界先进文明成果的历史，是中国进入世界大潮，开展竞争、拼搏、奋力前进的历史，也是探求真理、振兴中华、发扬爱国主义的历史。其中许多先进人物、感人事迹以及宝贵的经验教训，值得我们学习、借鉴、吸取，以改进留学工作。

专制统治的延续、衰落和资本主义列强的入侵*

——明清（公元1368年至1911年）

明朝的建立及其政治、军事 洪武元年（1368）朱元璋即皇帝位于南京，是为明太祖。明朝建立之初，致力于加强封建专制主义中央集权。明太祖朱元璋借胡惟庸、蓝玉二案，诛杀大批功臣，铲锄异己，加强君权。废丞相，分中央权力于吏、户、礼、兵、刑、工六部，设锦衣卫（明成祖朱棣时又设东厂），直接听命于皇帝，侦查和镇压反对势力。全国各地设十三布政使司，由布政使、按察使、都指挥使分理民政、财政、司法、军事。军队分驻各地，屯田自给，设立卫所，由兵部和五军都督府管辖。科举取士，考试八股文，专以"四书五经"命题。调查各地居民的丁口、产业，载入黄册。丈量全国土地，将每户土地的数目、四至载入鱼鳞图册，作为征收赋役的依据。又实行里甲制，里甲内人民互保，以防止犯罪、逃亡、隐匿等情。

朱元璋分封诸子于各地，使之屏藩朝廷。他死后，皇孙建文帝即位，被其叔燕王朱棣起兵打败，史称"靖难之役"。朱棣即帝位，即明成祖。为了备御退往北方的元朝残余势力，明成祖多次领兵出塞作战，并迁都北京。此后，蒙古瓦剌部领袖也先率兵入内地，明英宗率兵亲征，被俘于土木堡（即土木之变）。也先兵临北京城下，兵部尚书于谦等与北京军民竭力防御，另立英宗之弟祁钰为景帝。也先战不胜，议和退兵，释放英宗。明英宗夺回帝位，杀景帝及于谦等。

明朝后期的社会矛盾和明末农民起义 明朝后期，社会矛盾继

---

* 原载《中国大百科全书》，北京，中国大百科全书出版社，1993。

续发展，土地集中十分严重。皇室和藩王、勋戚的庄田遍布各地，福王的赐田达两万顷，其他藩王的赐田也很多。地主豪绅则巧取豪夺。政府赋税迅速增加，所谓“三饷”每年共征银1 600余万两，超过了全年的正赋收入。

一部分官吏、士大夫希望缓和社会矛盾，要求抑制宦官和贵族的特权。他们在无锡东林书院讲学，议论时政，臧否人物，被称为东林党人。东林党人遭到权贵、太监的打击与迫害，增加了社会的不安定。

明朝后期，城市居民和手工业者进行了反对矿监、税使的斗争。首先是万历二十七年（1599），临清的市民、脚夫万余人反对宦官马堂滥收商税，残剥商民。随后湖北武汉等地市民反对宦官陈奉，苏州市民和织工反对税使孙隆，北京西山煤矿工人反对矿监杨荣。驱逐矿监税使的斗争在各地城镇此起彼伏。

农村中的斗争也在酝酿发动。天启七年（1627）陕西灾荒，官吏催逼赋税，激起民变。农民王二等攻入澄城，杀死知县。不久，王嘉胤、高迎祥、张献忠、李自成各部齐起，成千上万的饥民加入农民军的行列。崇祯六年（1633），闯王高迎祥联络各部义军入河南，号称十三家七十二营，众数十万。崇祯八年（1635），各路起义军集会于荥阳，商讨战略，一同东进，攻破凤阳。次年高迎祥战死，余部推李自成为首，仍称“闯王”，因转战不利，暂时隐避于商洛山中。崇祯十二年（1639），复出山，招集部众。张献忠亦再起于湖北谷城。时值河南灾荒，李自成军入河南，大批饥民从之，有些知识分子也加入起义军队伍，为其出谋划策，提出“均田免赋”的口号，并整顿队伍，申明纪律，实行平买平卖政策。起义军队伍迅速发展，所向克捷，攻克洛阳、襄阳、西安等地，建立“大顺”政权。张献忠在成都称帝，国号“大西”。崇祯十七年（1644）初，李自成起义军从西安出发，占领太原、大同、宣府，明朝官吏、将士望风归附。三月十八日，大顺军进入北京，崇祯帝自缢，明朝灭亡。

明朝加强中央集权，但许多皇帝或昏庸或年幼，不亲理朝政，大权旁落于宦官之手。司礼监代皇帝批阅奏章，发布政令，他们作威作福，贪污勒索，迫害正直的大臣，朝政日益腐败，社会矛盾尖锐。明朝中叶发生了许多次农民起义，但都被镇压下去。

嘉靖时，宦官势力一度受裁抑，但内阁又擅权。内阁成员用翰林院官吏，职责是协助皇帝处理政务，权力渐大。严嵩为内阁首辅，专权甚久。明朝贿赂公行，政治腐败，边疆的事态也很严重。蒙古鞑靼部势力复振，明廷设立九边重镇，修筑长城，屯驻重兵，仍不能挡住蒙古的进攻。俺答汗多次突入长城，逼近北京。

隆庆、万历年间，内阁首辅张居正为了缓和社会矛盾，挽救明朝统治，实行改革。他大力加强边防，整顿吏治，振兴农桑，修治河道。他还在全国范围内推行一条鞭法，把各种名目的赋税杂役合并为一，折银征收，杜绝征收中的许多弊端，在一定程度上减轻了人民的负担。

商品经济发展和资本主义萌芽　由于蒙古贵族、僧侣以及汉族大地主受到打击，明朝初年，社会上出现了许多无主荒地。明太祖招集流亡，减免赋税，自耕农的数量显著增加。不少奴婢获得了自由，佃户对地主的依附关系也有所削弱。手工业匠役除规定的劳役外，有更多的时间可以受雇用。明初在全国鼓励植棉，提倡种植经济作物，烟草、番薯、玉米、花生等农业新品种从国外引进中国。手工业方面，遵化铁冶、佛山铁冶、北京西山的采煤、景德镇的制瓷、苏州的丝织、松江的织布都发展到了较高的水平。丝织业中，一方面出现了拥有数十张织机的机户，是手工作坊主或工场主；另一方面出现了掌握生产技能、专受雇用的“机工”。机户与机工之间是雇佣关系，这表明，中国的资本主义已有了微弱的萌芽。

在发达的农业和手工业的基础上，商品经济更加发展。商品种类繁多，交换频繁。在物产丰富、交通便利的地方，形成了大大小小的商业中心，出现了如北京、南京、苏州、杭州、广州等大城市以及汉口、佛山等繁华城镇。农村中，集市庙会贸易更加兴旺，在全国范围内形成了流通贸易的渠道和网点。

满族兴起　清军入关　满族源于女真，分建州、海西、野人三部。其中建州女真从黑龙江流域逐渐向南迁移，定居于长白山之南，其领袖努尔哈赤，曾受明朝龙虎将军封号，于明万历十一年（1583）起兵，经多年征战统一了建州各部，又对海西女真作战，灭哈达（1601）、辉发（1607）、乌拉（1613）、叶赫（1617）。努尔哈赤在战争中创立八旗制度，将满族全体军民分别编入八旗，并创制文字，设官颁律。万历四十四年（1616），努尔哈赤称汗，国号“大金”。接着，他在萨尔浒打败了明军，攻取沈阳，席卷辽西。

清太祖努尔哈赤之子皇太极继位后，攻灭蒙古察哈尔部林丹汗，统一了漠南，又两次进军朝鲜，切断明廷与朝鲜的长期联盟。时明朝袁崇焕在山海关外筑城固守，皇太极避开明军的设防阵地，从其他关隘逾长城，入内地，攻掠河北、山西、山东。崇祯末，清军进攻松山、锦州地区。明督师洪承畴被俘降清，明朝在山海关外的要隘尽失。同时，皇太极努力整顿内部，建立内三院和六部，设立汉军八旗和蒙古八旗，任用汉族的官员、将领，大力加强君权，削弱满族皇室诸大贝勒的权力。崇德元年（1636），改国号为“大清”。

皇太极死后，其子顺治帝（清世祖福临）即位，多尔衮为摄政王。多尔衮在明将吴三桂的接应下，率兵入山海关，打败李自成的大顺军。李自成弃北京西走，清兵长驱而入，破陕西、入湖广，连败大顺军，又败张献忠于四川。明朝的残余势力在南方组织抵抗，但内部矛盾重重，互相倾轧，不能有效地防御。清兵南下，南明督师史可法战死于扬州。清兵先后击破南京的弘光政权、浙江的鲁王势力、福建的隆武政权、广东的绍武政权。由于清兵的烧杀抢劫和民族歧视，激起了汉民族的激烈反抗，其中有反对剃发令的江南士民，有北方的吕梁军、榆园军，有西南地区李定国的农民军余部，以及福建沿海郑成功的队伍。南明最后一个皇帝永历与农民军合作，得以维持 10 余年。顺治十八年（1661），清军攻取贵州、云南，李定国战败，永历帝逃奔缅甸，被清军俘杀。

康熙帝（清圣祖玄烨）继位后，从专权跋扈的鳌拜手中夺回了政权，但南方的反对势力尚未消除。吴三桂在镇压南明的战争中立了功，与耿精忠、尚之信起兵反清，史称“三藩之乱”。吴三桂等一度占据了长江以南以及四川、甘肃的广大地区，但经过 8 年战争，仍归失败，清朝终于确立和巩固了对全国的统治。

清朝经济的恢复和发展　清政府采取各种措施，恢复和发展经济：安抚流民、鼓励垦荒；实行更名田，将明代藩王和大官僚的土地给耕者永为世业；治理黄河、淮河、永定河，建立各种堤闸塘堰；推广番薯、玉米等高产作物；又减轻赋役，蠲免钱粮；发帑赈荒。康熙五十一年（1712）宣布滋生人丁永不加赋。雍正元年（1723）推行“地丁合一”，将应收的丁银分摊入地亩之内，废除了历史上长期存在的人头税，减轻了贫民的负担。又实行“耗羡归公”，将正税以外各地任意加派的附加税固定税额，由国家统一征收，作为补贴官员的“养廉银”。这些都使农业生产有所提高，手工业也有进步。当时，江南棉织业很发达，棉布行销甚广，多为家庭作坊所产，已有包买商人。苏州、杭州、南京出现了拥有织机数百张的机户。云南铜矿工人数十万，技术精良，分工细密，最高年产量达一千数百万斤。景德镇的瓷窑有二三百区，工匠人夫数十万。此外，采煤、冶铁、制盐、伐木、造纸等手工行业均有一定发展。手工业的生产规模、资金数目、雇工人数、技术水平、产品质量，都达到了历史上的最高水平。这意味着资本主义萌芽有了进一步的发展。但是，先进的经济因素集中在长江和珠江的下游，广大的腹地、山区和边疆地区经济、文化还很落后。整个中国，农业和小手工业相结合的自给自足的自然经济仍占主要地位，封建的经济结构远未解体。

多民族统一国家的加强　清承明制，政治上多所沿袭。所不同的是由内务府管理宫廷，由理藩院管理少数民族。雍正时，又设军机处取代内阁的职能，总揽政务。地方设巡抚、总督管辖一省或数省的军政。军队则以八旗、绿营为国家经制之兵，战时还组织团练、乡勇。

清朝平定三藩以后，把战略重点移到北方，和强大的准噶尔蒙古长期作战。康熙时，准噶尔领袖噶尔丹据有伊犁，占领天山以南，征服青海，影响西藏，又和喀尔喀蒙古冲突，打败喀尔喀三汗，三汗南奔。康熙二十九年（1690），清军败噶尔丹军于乌兰布通。以后，康熙屡次亲征，深入大漠，噶尔丹势穷自杀。以后，策妄阿拉布坦、噶尔丹策零相继为准噶尔汗，屡和清廷抗衡。噶尔丹策零死后，诸子互相残杀，达瓦齐夺取汗位。乾隆二十年（1755），清政府先后擒俘达瓦齐，打败阿睦尔撒纳，平定准噶尔。乾隆二十三年（1758），清军入南疆，平定大小和卓之乱，统一天山南北。

清朝入关以前，已和西藏发生联系。顺治时，五世达赖曾到北京觐见清帝。康熙末期，清廷设驻藏大臣，经济、文化交流日益密切。乾隆后期，廓尔喀入侵西藏，大掠日喀则，清军入藏驱逐廓尔喀军，制定章程，进行政治、军事、财政改革，并定"金奔巴"（金瓶）制，达赖、班禅死后，其继承人用金瓶掣签决定，以防止贵族操纵擅权。清朝还在西南地区实行改土归流政策，废除土司制度，设置行政官员。

清朝努力经营边疆，使边疆地区的经济、文化获得较大发展，国家统一更加巩固。

清朝中叶，国力中衰，社会矛盾日益尖锐。土地兼并严重，人口激增，天灾频仍，官府贪污腐败之风日盛，人民反抗，包括秘密组织白莲教、天理教的反清斗争，规模都不小，震撼了清王朝的统治。

明清的思想文化 明清统治者大力提倡程朱理学，特别推崇朱熹。他们编纂了许多解释儒家经典的书籍作为儒生的教材。他们也留意古代典籍的搜集编纂，明成祖编纂《永乐大典》，共近 23 000 卷；清乾隆编纂《四库全书》，共 79 000 余卷。

明朝王守仁提倡"致良知"，主张"良知"就在人心之中，他的学说风靡明代后期的学术界。明末，李贽激烈反对理学，并怀疑孔孟学说的价值，给沉闷的学术界带来了一阵清新之风。明清之际，随着社会的大变动，出现了黄宗羲、顾炎武、王夫之、颜元等卓越的思想家，他们趋向经世致用，反对专制政治，提倡唯物主义，思想界呈现出活泼的生机。清朝统治逐步稳定后，对思想文化加强控制，大兴文字狱，学术研究转向脱离现实。对古代儒家经典的诠释、考证，在文字、音韵、辨伪、校勘方面取得很大成就，这就是乾嘉时期的汉学。其中，戴震坚持唯物主义思想，主张"人欲"的正当性，指责理学家以“理”杀人。

明清的戏曲、小说成就最为辉煌。明中叶以后，出现了以汤显祖的《牡丹亭》为代表的一批优秀剧作，清初又有孔尚任的《桃花扇》和洪昇的《长生殿》。小说则有明后期吴承恩的《西游记》，写唐僧取经；《金瓶梅》，写市井的世态风俗。还有冯梦龙的《喻世明言》《警世通言》《醒世恒言》。清代蒲松龄的《聊斋志异》，以神鬼故事揭露社会病态；吴敬梓的《儒林外史》，刻画了科举制度下的知识界；曹雪芹的《红楼梦》，以一个大家族的盛衰反映了封建社会后期的种种矛盾。

在科学技术方面，李时珍的《本草纲目》、徐光启的《农政全书》、宋应星的《天工开物》、徐弘祖的《徐霞客游记》，以及清代编纂的《数理精蕴》《行水金鉴》，绘制的《皇舆全图》，都是中国科技史宝库中的瑰宝。

明清（1840年前）的对外关系　明初，中国的航海业位于世界先进行列。三保太监郑和七次“下西洋”，到达东南亚、印度、阿拉伯以及东非各地，船队多达数十艘，大船可容千人。

明中叶，日本一部分武士、浪人和中国沿海的富豪勾结，长期侵扰中国东南各省，被称为倭寇。名将戚继光、俞大猷等领导军民战斗多年，方得平息。明万历中，日本丰臣秀吉进攻朝鲜，朝鲜国王向明廷求援，明廷发兵败日军于平壤，日军退出朝鲜。

16世纪初，葡萄牙人首先来到中国，以租借为名，占据澳门。此后，西班牙、荷兰、英国、法国接踵而来。明末，荷兰侵占台湾，17世纪中叶，郑成功率兵渡海，驱逐荷兰侵略者，夺回台湾。

沙俄向东扩张，于明末清初跨越外兴安岭，达到黑龙江流域，清军和当地各族人民并肩抗击。康熙中期，发生了雅克萨之战，俄军战败，沙皇遣使与中国谈判。康熙二十八年（1689）签订了中俄《尼布楚条约》，划定了中俄两国的东段边界。雍正五年（1727）又签订了中俄《布连斯奇条约》，划定了两国的中段边界。

明清之际，西方许多耶稣会传教士来到中国，最著名的有利玛窦、汤若望、南怀仁等，他们在北京和中国其他各地建立教堂，传教布道，同时带来了西方的科学知识。利玛窦曾和徐光启、李之藻等士大夫合作，汤若望、南怀仁则和顺治帝、康熙帝交往。但是西方文化并没有在中国扎下根。罗马教廷因礼仪问题和清政府发生冲突，清政府禁止传教，并驱逐外国教士，活跃100多年的传教事业遂告衰歇。

18世纪，英国垄断了对华贸易。当时，中国的对英长期出超，茶叶、生丝、土布大批出口，而英国的机制纺织品遭到中国自然经济结构的抵制，难以打开中国市场。清政府将中外贸易限制于广州一口，外国商人来华贸易、交涉必须以行商为中介。英国先后派遣马戛尔尼使团和阿美士德使团来华，提出扩大通商、开放口岸的要求，遭到清政府一概拒绝，中英在商务和政治上的矛盾日益尖锐。19世纪初，英国商人从印度贩运鸦片到中国，以抵消对华贸易的逆差，榨取中国的财富。因为鸦片毒害中国人民，所以清政府三令五申加以禁止，但均无效，从而不得不采取严格的禁烟行动。

鸦片战争和太平天国革命 林则徐奉派为钦差大臣，前往广州禁烟。他雷厉风行地收缴和焚毁了大批鸦片，要求英商不得在中国贩运毒品。英国却以破坏商务为借口，武装入侵中国。道光二十年(1840)，英舰攻陷浙江定海，驶抵大沽口。清廷在威迫下发生动摇，将林则徐革职，派琦善赴广州谈判，琦善接受割地赔款的屈辱条件。清政府又不甘心不战而降，撤换了琦善，调集军队在广州、浙江两地和英军作战。广州三元里人民曾有力地打击了英国侵略军。而清军纪律废弛，指挥混乱，两战均告失败。英军入长江，兵临南京城下，清廷被迫议和。道光二十二年（1842）签订中英《南京条约》，规定赔款、割香港岛、开放五口通商、协商议定税则等。第一次鸦片战争是中国历史的重要转折点，从此，独立的、封建的中国逐步沦为半殖民地半封建社会。

此后，外国为扩大侵略权利，于咸丰六年（1856）发动第二次鸦片战争。英、法寻找借口联合派兵，占领广州，又北上至天津，胁迫清廷签订《天津条约》，清廷因此丧失了许多主权。第二年，英、法公使为交换条约前往北京，竟带军队向清军驻防地区挑衅，遭到中国军队的还击。英、法又以此为借口，大举进攻，于咸丰十年（1860）攻陷北京，清帝逃往热河。英法联军烧杀抢劫，焚毁了建筑宏丽、藏有大批文物珍宝的圆明园。清政府被迫接受《北京条约》。

《北京条约》签订后，咸丰帝病死热河，6 岁的同治继位，其生母慈禧太后与恭亲王奕䜣密谋，于回銮北京时发动政变，处死辅政王大臣载垣、端华、肃顺等。慈禧太后垂帘听政。从此，她总揽大权将近半个世纪之久。

在两次鸦片战争之间，以洪秀全为首的太平天国农民战争爆发了。洪秀全接受了外国基督教的某些思想，劝人信拜上帝，宣传朴素的平等观念，在广西桂平紫荆山区传教，赢得大批农民信徒，形成了包括洪秀全、杨秀清、冯云山、萧朝贵、韦昌辉、石达开等在内的领导集团。拜上帝会与地主、官府发生冲突，于 1851 年在桂平金田村起义抗清，建国号“太平天国”，尊洪秀全为天王。太平军击破清军阻拦，自广西北上，经湖南、湖北、江西、安徽，定都南京，并改名天京。太平天国颁布《天朝田亩制度》，规定将土地分配给农民，建立兵农合一的社会组织和守土乡官制，企图建立平均主义的理想社会。同时，分兵北伐、西征。北伐军到达直隶，遭清军阻击而失败；西征军遇到了曾国藩组建的湘军的顽抗。这时天京发生内讧，先是洪秀全与杨秀清不相容，韦昌辉利用洪杨矛盾，举兵杀杨。不久，洪秀全又杀韦昌辉。石达开奉调回京辅政，因遭猜忌，又领兵出走。这次内讧使太平天国元气大伤，幸赖青年将领陈玉成、李秀成等与捻军、天地会配合作战，才能渡过难关，支撑住危局。太平天国后期，在军事上取得了若干胜利，摧毁了清军的江南和江北大营，取得了苏州、杭州。但曾国藩、李鸿章、左宗棠的湘军、淮军从四面八方进攻，成为太平军的劲敌。外国侵略者在第二次鸦片战争后，和清政府勾结，枪口转向太平军。太平军内部则队伍散漫，纪律废弛，刑赏不公，战斗屡次失利。咸丰十一年（1861），安庆失守，太平天国在政治上和军事上开始变得日益被动。同治三年（1864），洪秀全逝世，清军攻破天京，幼天王和李秀成突围，先后被俘，坚持14年之久的太平天国农民战争遂告失败。

列强对中国边疆的侵略　沙皇俄国对中国的边疆觊觎已久。在英法联军侵华期间，它派军队沿黑龙江而下，迫使清政府于咸丰八年（1858）和十年（1860）签订了《瑷珲条约》《北京条约》，侵吞了中国黑龙江以北和乌苏里江以东的大片领土。俄国在勘分中俄西段边界时，又夺取了巴尔喀什湖以东大片地区。当浩罕国的阿古柏侵入喀什噶尔时，俄国也趁机占领伊犁。清廷派左宗棠率兵打败阿古柏政权，收复了大片领土。以后，清廷遣使与俄多次交涉，虽然收复了伊犁，但仍丧失了不少领土和主权。

英国以缅甸为基地，侵入云南。其译员马嘉理在云南被杀，英国借机讹诈，强迫清政府签订《烟台条约》。不久又武装入侵西藏，遭到西藏军民的抗击。日本也效法西方殖民主义者的行径，一度入侵台湾，勒索赔款。清政府为加强对西部边疆和东面海疆的管辖，将新疆和台湾建为行省。

列强还通过驻京使节、军事顾问、海关税务司加强对清政府的影响。清廷设立总理各国事务衙门及南北洋大臣，和外国打交道。在列强的影响、扶助下，清政府内形成了以奕䜣和李鸿章、张之洞为代表的洋务派，他们主张引进西方的枪炮、机器、科学技术以支撑摇摇欲坠的清朝统治，创办了中国最早的工厂、矿山、轮船、电报、铁路事业，主持了对外国的谈判，并用购买和制造的枪炮、船舰装备军队，创立了北洋水师和福建水师。

光绪九年（1883）爆发了援越抗法战争。法国侵略越南，并以此作为入侵中国西南的跳板。越南求援于清朝，驻越南的刘永福黑旗军英勇抗击法军，国内清军也进入越北，阻挡法军推进。法舰侵扰台湾，又入闽江发动突然袭击，福建水师几乎全军覆没。法国陆军进攻中国边防要隘广西镇南关，老将冯子材奋勇抗敌，大败法军。军事形势虽已转为有利，但清政府仍接受屈辱条件，停战议和，缔结了不平等的《中法新约》。

新经济、新阶级、新思想　19世纪下半期，中国对外贸易迅速增长。中国主要出口丝、茶，进口棉纱、棉布，连年入超。纱布和其他商品的大量输入，严重地打击了中国的手工业和家庭副业，破坏了农民和手工业者的生计，同时也刺激了中国商品经济的发展，催生了劳动力市场和商品市场。中国资本主义经济开始产生并初步发展。清政府引进外国的机器、技术，建立一批军事工业，如江南制造局、福建船政局、天津机器局等，这是封建政府的官办企业，也是中国人自己创办的最早的近代工厂。稍后，航运、采矿、纺织等行业中出现了官督商办企业、官商合办企业，如上海轮船招商局、直隶开平煤矿、上海织布局等。这些企业以营利为目的，在企业性质、经营方式上有了进步，但官和商的势力在一个企业中并存必然发生矛盾，使企业不能正常发展。纯粹商办企业最初在缫丝、制茶、碾米等行业中出现，后来推广到纺织、开矿等方面，但规模较小，资本不足，技术落后，发展缓慢。

随着资本主义经济的产生，中国社会的阶级构成发生了变化。一部分商人、地主、官僚投资近代工业，开始向资产阶级转化。他们既保持着浓厚的封建性和买办性，又为了自己的生存和发展与帝国主义、封建主义存在着矛盾。中国的无产阶级最早出现在外国人开办的工厂中，随着近代工业的发展，他们的力量日益壮大。在清朝灭亡以前，中国无产阶级追随资产阶级参加革命，虽然还没有独立地登上历史舞台，但已开展了许多次罢工斗争。

中国的思想界也相应地发生了变化。鸦片战争以后，林则徐、魏源等人开始睁眼看世界，主张了解外国，仿造船炮、机器，“师夷长技以制夷”。此后，要求学习外国、进行变革的思潮日益发展，薛福成、马建忠、王韬、郑观应等大力提倡开工厂、筑铁路、办学校、译书籍，要求发展经济，增加出口，以及改善君主官僚和绅商民众的关系。有的还提出了立宪、设议院的主张，为以后的维新运动做了思想准备。

帝国主义瓜分中国的危机　光绪二十年（1894），朝鲜发生东学党起义，清政府应朝鲜之请，派兵入朝。羽翼渐丰的日本早已觊觎朝鲜并企图向中国挑衅，把这看成发动侵略战争的好机会，立即派兵到朝鲜，与清军对垒。在两国并未宣战的情况下，日舰击沉了中国运送军队的轮船，迫使清军应战。清军在平壤设防，在日军的攻击下失败，退过鸭绿江。日军踏上了中国的土地，占领辽东，攻陷旅顺、大连。北洋舰队被日舰邀击于黄海，多艘舰船被击沉，日舰也受到较大的打击。中国舰队退守威海卫。日本海陆军封锁海面并在山东登陆，中国舰船被困在军港内，遭到海陆两路炮轰，势穷力竭，全军覆没。

慈禧太后和李鸿章始终抱着对日妥协的方针，乞求列强调停。在海陆军战败后，由美国干预，李鸿章赴日本求和，签订《马关条约》，赔款银二亿两，割让台湾，并允许外国人在华投资设厂。

《马关条约》的签订在国内引起强烈反响。许多主战派官吏要求停止谈判，继续抵抗。康有为集合在北京会试的举人，向光绪帝（清德宗载湉）上书，提出拒签和约、迁都抗战、变法图强三项主张，形成浩大的政治运动。这时，孙中山组织了兴中会，提出“驱除鞑虏，恢复中国，创立合众政府”的主张，并筹划在广州起义，因事机泄露而失败。台湾军民不愿脱离祖国，奋起反对日本占领军，在饷械俱缺、与祖国联系隔绝的艰苦条件下，进行了壮烈抵抗。

战后，清政府无力支付战争赔款，只得向帝国主义列强大量借款，以关税、盐厘作为抵押品。李鸿章赴俄京祝贺沙皇加冕，俄国诱使他缔结《中俄密约》，取得在中国东北修筑铁路的特权。于是各国纷纷效尤，强迫清政府接受多次铁路借款，夺取了中国津镇路（后改津浦）、卢汉路（即京汉路）、粤汉路和关内外铁路（即京沈路）的修筑权。帝国主义还垂涎中国的矿产资源，纷纷成立公司，攫取各省的采矿权。

光绪二十三年（1897），德国借口传教士被杀，派军舰占领胶州湾，租借青岛，把山东作为其势力范围；随后，俄国军舰强占旅顺、大连，把东北作为其势力范围；法国要求租借广州湾，把两广、云南作为其势力范围；英国除视长江流域为其势力范围外，又租借威海卫与九龙；日本则把福建作为其势力范围。帝国主义争夺势力范围，中国面临被瓜分的危险。美国为了与列强共享利益，提出“门户开放”政策，要求插足于列强的势力范围内。

戊戌变法　义和团运动　在帝国主义瓜分危机的刺激下，以康有为、梁启超、严复、谭嗣同等为代表的知识分子大声疾呼，要求变法自强，挽救危亡。他们主张学习外国，把西方的政治社会学说介绍到中国来，猛烈抨击中国的专制统治、科举八股、纲常伦理。各地纷纷成立学会，开办学堂，出版报纸，响应变法。光绪帝采用他们的主张，于光绪二十四年（1898）四月下诏宣布变法。康有为等建议发展农工商业，提倡私人设厂，奖励发明创造，改革军事和财政制度，精简机构，裁汰冗员，废除八股，创办京师大学堂，翻译西书，选派留学生等。这些有利于资本主义发展的主张，遭到顽固派的反对。同年八月，慈禧太后发动政变，囚禁光绪帝，康、梁逃往日本，谭嗣同、刘光第、林旭、杨锐、康广仁、杨深秀被杀，历时103天的戊戌变法遂告失败。

戊戌变法刚刚被镇压，以农民为主体并有城市人民参加的义和团反帝爱国运动又相继展开了。义和团起于山东北部，利用宗教迷信和武术发动群众，笼统排外，提出“扶清灭洋”的口号。义务团被山东地方当局镇压，遂向直隶发展，渗入天津、北京。部分官僚力图操纵义和团。为了镇压义和团，英、法、俄、日、德、美、意、奥八国组成联军从大沽口登陆，进攻天津、北京。义和团和爱国的清朝官兵抵挡不住八国联军的攻势，光绪二十六年（1900）七月，联军攻占北京，慈禧太后带着光绪帝逃奔西安。八国联军在北京及周围地区烧杀抢掠，沙俄则乘机屠杀黑龙江以东的数万中国居民，并占领中国的东北。清廷派李鸿章、奕劻乞和，签订《辛丑条约》，赔款银四亿五千万两，允许各国在北京附近驻兵，禁止中国人民进行反帝活动。此后，侵华各帝国主义国家间的矛盾更加激化。俄国和日本在中国的土地上发生了一场大战，英国和俄国对西藏展开了争夺。

辛亥革命和清朝灭亡　清廷为了缓和国内矛盾，也标榜“新政”，改革政府机构，编练新军，设立大、中、小学堂，但成效并不显著。新形成的近代知识分子接受戊戌变法失败的教训，走上反清革命的道路。各地出现了革命的小组织，出版许多鼓吹革命的宣传品，著名的有章炳麟的《驳康有为论革命书》、邹容的《革命军》、陈天华的《猛回头》《警世钟》等。光绪三十一年（1905），他们在日本东京成立中国同盟会，提出“驱除鞑虏，恢复中华，建立民国，平均地权”的纲领，推举孙中山为总理，以统一领导日益成熟的民主革命。同盟会创办《民报》，宣传反清革命，驳斥保皇党鼓吹立宪的论调，并发动了一系列武装起义，包括萍浏醴起义、粤桂滇边界的六次起义、徐锡麟的安庆起义、黄兴领导的广州黄花岗起义，但起义均告失败。

为了抵制革命，清廷宣布“预备立宪”，颁布《钦定宪法大纲》，各省成立谘议局，北京成立资政院，声称要实行“君主立宪”，成立“责任内阁”。但新内阁变本加厉地把权力集中到满族亲贵手中，连汉族大臣和立宪派也受到排挤。

宣统三年（1911），清廷宣布铁路国有，强夺商民的路权出卖给帝国主义，引起各地的保路运动，四川尤为激昂，数十万人罢市请愿，清军进行镇压。是年八月十九日（10 月 10 日），武昌新军起义，占领武汉，组织军政府。各省纷纷响应，宣布独立。资产阶级革命派发动和领导这次革命，依靠的是新军和会党。各地立宪派因在立宪、路权问题上对清政府不满，在革命高潮时也参加进来，但思想和政治主张与革命派有重大分歧，还有一些旧官僚军阀也混进反清阵营，于是革命内部发生了摩擦和权力争夺。

独立各省的代表集会，推举孙中山为临时大总统。1912 年 1 月 1 日，孙中山在南京就职，宣布中华民国成立，又组织南京临时参议院，制定《中华民国临时约法》。清政府手足无措，只得敦请已被罢黜但暗操兵权的袁世凯出山，任命他为内阁总理大臣。袁调动北洋军进攻武汉，迫使革命派妥协。而投入反清阵营中的立宪派、旧官僚甚至部分同盟会会员也向袁世凯靠拢。革命派不能控制局势，只好做出让步，同意如果清帝退位，可由袁世凯出任临时大总统。袁随即逼迫隆裕太后在接受优待清皇室的条件下交出政权。1912 年 2 月清帝宣统退位，清王朝覆亡。

图书在版编目（CIP）数据

清后期史/戴逸著．—北京：中国人民大学出版社，2018.11
（戴逸文集）
ISBN 978-7-300-26403-5

Ⅰ.①清… Ⅱ.①戴… Ⅲ.①中国历史-清后期-文集 Ⅳ.①K252.07-53

中国版本图书馆 CIP 数据核字（2018）第 248340 号

北京市社会科学理论著作出版基金重点资助项目

戴逸文集
清后期史
Qing Houqi Shi

出版发行	中国人民大学出版社		
社　　址	北京中关村大街 31 号	**邮政编码**	100080
电　　话	010－62511242（总编室）		010－62511770（质管部）
	010－82501766（邮购部）		010－62514148（门市部）
	010－62515195（发行公司）		010－62515275（盗版举报）
网　　址	http://www.crup.com.cn		
	http://www.ttrnet.com(人大教研网)		
经　　销	新华书店		
印　　刷	涿州市星河印刷有限公司		
规　　格	160 mm×230 mm　16 开本	**版　　次**	2018 年 11 月第 1 版
印　　张	20　插页 2	**印　　次**	2018 年 11 月第 1 次印刷
字　　数	276 000	**定　　价**	69.00 元

版权所有　侵权必究　印装差错　负责调换